SERVIDORES PÚBLICOS NA CONSTITUIÇÃO FEDERAL

O GEN | Grupo Editorial Nacional, a maior plataforma editorial no segmento CTP (científico, técnico e profissional), publica nas áreas de saúde, ciências exatas, jurídicas, sociais aplicadas, humanas e de concursos, além de prover serviços direcionados a educação, capacitação médica continuada e preparação para concursos. Conheça nosso catálogo, composto por mais de cinco mil obras e três mil e-books, em www.grupogen.com.br.

As editoras que integram o GEN, respeitadas no mercado editorial, construíram catálogos inigualáveis, com obras decisivas na formação acadêmica e no aperfeiçoamento de várias gerações de profissionais e de estudantes de Administração, Direito, Engenharia, Enfermagem, Fisioterapia, Medicina, Odontologia, Educação Física e muitas outras ciências, tendo se tornado sinônimo de seriedade e respeito.

Nossa missão é prover o melhor conteúdo científico e distribuí-lo de maneira flexível e conveniente, a preços justos, gerando benefícios e servindo a autores, docentes, livreiros, funcionários, colaboradores e acionistas.

Nosso comportamento ético incondicional e nossa responsabilidade social e ambiental são reforçados pela natureza educacional de nossa atividade, sem comprometer o crescimento contínuo e a rentabilidade do grupo.

MARIA SYLVIA ZANELLA DI PIETRO
FABRÍCIO MOTTA
LUCIANO DE ARAÚJO FERRAZ

SERVIDORES PÚBLICOS NA CONSTITUIÇÃO FEDERAL

3ª Edição

© 2011 by Editora Atlas S.A.

As edições anteriores (1. ed. 2011; 2. ed. 2014) traziam o título:
Servidores públicos na Constituição de 1988; 3. ed. 2015

Capa: Leandro Guerra
Composição: Luciano Bernardino de Assis

Dados Internacionais de Catalogação na Publicação (CIP)
(Câmara Brasileira do Livro, SP, Brasil)

Di Pietro, Maria Sylvia Zanella

Servidores públicos na Constituição Federal /
Maria Sylvia Zanella Di Pietro, Fabrício Motta, Luciano de Araújo Ferraz
– 3. ed. – São Paulo : Atlas, 2015.

Bibliografia.
ISBN 978-85-97-00224-9

1. Administração pública – Brasil 2. Brasil – Constituição (1988)
3. Brasil – Servidores públicos 4. Direito administrativo
5. Direito constitucional I. Motta, Fabrício.
II. Ferraz, Luciano de Araújo. III. Título.

11-05034
CDU-35.08:342 (81)

Índice para catálogo sistemático:

1. Brasil : Serviços públicos : princípios constitucionais :
Direito administrativo   35.08:342 (81)

TODOS OS DIREITOS RESERVADOS – É proibida a reprodução total
ou parcial, de qualquer forma ou por qualquer meio. A violação dos
direitos de autor (Lei nº 9.610/98) é crime estabelecido pelo artigo 184
do Código Penal.

Depósito legal na Biblioteca Nacional conforme Lei nº 10.994,
de 14 de dezembro de 2004.

Impresso no Brasil/*Printed in Brazil*

Editora Atlas S.A.
Rua Conselheiro Nébias, 1384
Campos Elísios
01203 904 São Paulo SP
011 3357 9144
atlas.com.br

Sumário

Nota introdutória xi

1 **Servidores públicos** *(Maria Sylvia Zanella Di Pietro)* **1**
   1.1   Terminologia   1
   1.2   Agentes públicos   2
         1.2.1   Agentes políticos   3
         1.2.2   Servidores públicos   5
         1.2.3   Militares   10
         1.2.4   Particulares em colaboração com o Poder Público   13

2 **Cargos, empregos e funções públicas** *(Fabrício Motta)* **15**
   2.1   Funções de confiança e cargos em comissão: semelhanças e diferenças   19
         2.1.1   Chefia, direção ou assessoramento   21
         2.1.2   Distinção entre cargos em comissão e funções de confiança   22

3 **Concurso público** *(Fabrício Motta)* **27**
   3.1   A ampla acessibilidade   27
   3.2   Concurso público, democracia e processo administrativo   29
         3.2.1   Princípio da isonomia   32
         3.2.2   Contraditório e ampla defesa   34
         3.2.3   Moralidade   36
         3.2.4   Motivação   38
         3.2.5   Legalidade   40

3.2.6 Vinculação ao Edital   43
3.2.7 Razoabilidade e proporcionalidade   45
3.2.8 Publicidade   49

3.3 Concurso público de provas ou de provas e títulos   50
3.4 Fixação do prazo de validade do certame   51
3.5 Prorrogação do prazo de validade e discricionariedade   52
3.6 O dever de nomeação e o direito dos candidatos aprovados   54
3.7 Planejamento do concurso público: requisito para a máxima efetividade do direito fundamental   60
3.8 Cadastro de reserva e respeito ao direito à nomeação   62
3.9 A proteção constitucional às pessoas portadoras de deficiência   66

3.9.1 A reserva de vagas nos concursos públicos como ação afirmativa   67
3.9.2 Caracterização da deficiência e definição de "portador de deficiência"   67
3.9.3 Compatibilidade entre a deficiência e as atribuições do cargo   69
3.9.4 O direito subjetivo à reserva e o cálculo do número de vagas   69

4 Provimento e investidura dos cargos públicos na Constituição e na legislação *(Maria Sylvia Zanella Di Pietro)*   75

4.1 Provimento e investidura   75
4.2 Provimento originário e derivado   76
4.3 Provimento efetivo, vitalício e em comissão   79
4.4 Provimento derivado e reestruturação de cargos e carreiras   81

5 Contratação temporária por excepcional interesse público *(Fabrício Motta)*   87

5.1 Lei autorizadora   87
5.2 Temporariedade   88
5.3 Excepcionalidade do interesse público   90
5.4 Regime jurídico   92

6 Acumulação de cargos, empregos, funções e proventos *(Fabrício Motta e Luciano Ferraz)*   95

6.1 Natureza do cargo   97
6.2 Compatibilidade de horários   102
6.3 Acumulação e remuneração   104

7 Regime remuneratório dos servidores públicos – fixação e revisão da remuneração *(Luciano Ferraz)*   111

7.1 Fixação e alteração de remuneração e subsídio   112
7.2 Revisão geral anual   115

8   **Isonomia remuneratória** *(Luciano Ferraz)*   117

    8.1   Necessidade de verificação das atribuições dos cargos   118

9   **Vinculação ou equiparação de vencimentos** *(Luciano Ferraz)*   121

    9.1   Vinculações e equiparações na visão da jurisprudência   123
    9.2   Desvio de função   124

10   **Acréscimos pecuniários** *(Luciano Ferraz)*   127

11   **Teto remuneratório** *(Luciano Ferraz)*   131

    11.1   Teto na redação originária da Constituição de 1988   131
    11.2   Teto na Emenda Constitucional nº 19/1998   133
    11.3   Teto na Emenda Constitucional nº 41/2003   134
    11.4   Fato remuneratório na Emenda Constitucional nº 41/2003: posições do STF   136
    11.5   Teto e empresas estatais   138
    11.6   Teto remuneratório e a exclusão de indenizações   139
    11.7   Teto remuneratório e procuradores municipais   141
    11.8   Teto remuneratório no caso de acumulação lícita de cargos, empregos e funções públicas, proventos e pensões   142
    11.9   Teto remuneratório incidente nas cessões de servidores públicos de um ente para o outro   144

12   **Irredutibilidade de vencimentos** *(Luciano Ferraz)*   145

    12.1   Conceito jurídico de irredutibilidade   146
    12.2   Irredutibilidade e direito adquirido   147

13   **Estabilidade do servidor público** *(Maria Sylvia Zanella Di Pietro)*   149

    13.1   Escorço histórico: a evolução da estabilidade do servidor público no direito brasileiro   150
    13.2   A estabilidade na Constituição de 1988   152
        13.2.1   As alterações trazidas pela Emenda Constitucional nº 19/1998   152
    13.3   Conceito de estabilidade   153
    13.4   Razão de ser do instituto   155
    13.5   Requisitos para aquisição da estabilidade   156
        13.5.1   Nomeação mediante concurso público   156
        13.5.2   Nomeação para cargo de provimento efetivo   157
        13.5.3   Três anos de efetivo exercício   159
        13.5.4   Avaliação especial de desempenho   163

13.6 Hipóteses de perda do cargo   164
    13.6.1 Sentença judicial transitada em julgado   164
    13.6.2 Processo administrativo em que seja assegurada ampla defesa   164
    13.6.3 Procedimento de avaliação periódica de desempenho   165
    13.6.4 Excesso de despesa com pessoal   165
13.7 A garantia da estabilidade para os servidores efetivos que exerçam atividades exclusivas de Estado   166
    13.7.1 A atividade exclusiva de Estado como limite à atuação do particular   168
    13.7.2 Definição de atividades exclusivas de Estado   169
13.8 Reintegração   172
    13.8.1 Direito do servidor estável   172
    13.8.2 Direitos do eventual ocupante do cargo   173
13.9 Disponibilidade   174
13.10 Estabilidade excepcional   175
    13.10.1 Constituições anteriores   176
    13.10.2 Destinatários da norma   176
    13.10.3 Estabilidade e não efetividade   178
    13.10.4 Concurso para efetivação   179
    13.10.5 Requisito de tempo de serviço   180
    13.10.6 Servidores não beneficiados pela estabilidade excepcional   181
    13.10.7 O artigo 18 do ADCT   183

14 Aposentadoria dos servidores públicos efetivos e pensão dos seus dependentes
(Maria Sylvia Zanella Di Pietro)   **185**

14.1 Aposentados e pensão   185
14.2 Regime previdenciário   186
14.3 Princípios da reforma previdenciária   187
14.4 Regimes previdenciários diferenciados   190
14.5 Modalidades de aposentadoria   196
    14.5.1 Servidor já aposentado ou que complementou os requisitos para aposentadoria voluntária até a publicação da Emenda Constitucional nº 41/2003   204
    14.5.2 Servidor que ingressou após a Emenda Constitucional nº 41/2003   204
    14.5.3 Servidor que ingressou antes da Emenda Constitucional nº 20/1998   206
    14.5.4 Servidor que ingressou no serviço público antes da Emenda Constitucional nº 41/2003   208
14.6 Valor dos proventos de aposentadoria e pensões   210
14.7 Disposições transitórias   214
14.8 Previdência complementar   218
14.9 Contagem de tempo para aposentadoria   221

15 A cassação de aposentadoria após a instituição do regime previdenciário do servidor *(Maria Sylvia Zanella Di Pietro)* 223

    15.1   A cassação de aposentadoria no direito positivo   223

    15.2   Jurisprudência do Supremo Tribunal Federal   224

    15.3   Da resistência à extinção da cassação de aposentadoria   226

    15.4   Termo inicial da instituição do regime previdenciário do servidor   231

    15.5   Conclusão: incompatibilidade da cassação de aposentadoria com o regime previdenciário do servidor   233

Referências bibliográficas   235

Nota introdutória

A Constituição de 1988 trouxe algumas inovações em matéria de servidor público, quando comparada ao regime constitucional anterior. Introduziu a distinção entre cargo, emprego e função; exigiu concurso público para todas as formas de provimento na Administração direta e indireta; impôs limitações à contratação de servidores temporários; definiu um teto salarial; garantiu a todos o direito de greve, nos termos de lei complementar, e o de livre associação sindical; impôs a reserva de vagas para deficientes nos concursos públicos. Em relação à aposentadoria e à estabilidade, praticamente manteve a mesma sistemática das Constituições anteriores.

No entanto, desde que entrou em vigor, o título relativo aos servidores públicos já recebeu consideráveis alterações por via de Emendas Constitucionais, especialmente nas matérias pertinentes à estabilidade, à aposentadoria e ao regime previdenciário.

A Emenda nº 19, de 4-6-1998, conhecida como Emenda da Reforma Administrativa, trouxe significativa inovação em termos de retribuição pecuniária do servidor público, com a instituição do sistema de subsídios para determinadas categorias de servidores, a definição de novo teto salarial e a fixação de limite de despesa com pessoal. Além disso, introduziu novas hipóteses de perda do cargo pelo servidor estável, novas restrições ao exercício de cargos em comissão e funções de confiança, bem como à acumulação de cargos, empregos e funções.

Ainda no mesmo ano, a Emenda Constitucional nº 20, de 15-12-1998, logo conhecida como Emenda da Reforma Previdenciária, previu o regime previdenciário de caráter contributivo para os servidores públicos, a ser instituído em caráter facultativo pelos Estados e Municípios, já que, para a União, esse regime já havia sido instituído com base na Emenda Constitucional nº 3, de 17-3-1993. Posteriormente, a Emenda Constitucional nº 41, de 19-12-2003, introduziu novas alterações, com maiores exigências para aposentadoria e tornando obrigatória, em âmbito nacional, para todos os servidores públicos, a instituição de regime previdenciário de caráter contributivo e solidário. Além disso, alterou, mais uma vez, a norma pertinente ao teto salarial. As alterações no regime de aposentadoria e previdência, bem como sobre o teto salarial, complementaram-se com a Emenda nº 47, de 5-7-2005.

Paralelamente a essas inovações, foram sendo promulgadas leis ordinárias, para disciplinar as inovações introduzidas na Constituição.

Com tantas inovações, era bem previsível o surgimento de litígios entre a Administração Pública e seus servidores, a serem resolvidos no âmbito do Poder Judiciário.

Daí a ideia de reunir, neste livro, textos preparados pelos autores, todos professores de direito administrativo: Fabrício Motta, da Universidade Federal de Goiás; Luciano Ferraz, da Universidade Federal de Minas Gerais; e Maria Sylvia Zanella Di Pietro, da Universidade de São Paulo.

Foram analisados os temas mais relevantes pertinentes ao servidor público, tal como tratados na Constituição Federal, com menção à legislação infraconstitucional e à jurisprudência, especialmente do Superior Tribunal de Justiça e do Supremo Tribunal Federal.

Os Autores

Servidores públicos

Maria Sylvia Zanella Di Pietro

1.1 Terminologia

A Constituição de 1988, na seção II do capítulo concernente à Administração Pública, emprega a expressão *Servidores Públicos* para designar as pessoas que prestam serviços, com vínculo empregatício, à Administração Pública **direta, autarquias** e **fundações públicas**. É o que se infere dos dispositivos contidos nessa seção.

No entanto, na seção I, que contém disposições gerais concernentes à Administração Pública, contempla normas que abrangem todas as pessoas que prestam serviços à "Administração Pública **direta e indireta**", o que inclui não só as autarquias e fundações públicas, como também as empresas públicas, sociedades de economia mista e fundações de direito privado instituídas pelo Poder Público. Na seção III, cuida dos militares dos Estados, do Distrito Federal e dos Territórios.

Isso significa que "servidor público" é expressão empregada ora em sentido amplo, para designar todas as pessoas físicas que prestam serviços ao Estado e às entidades da Administração Indireta, com vínculo empregatício, ora em sentido menos amplo, que exclui os que prestam serviços às entidades com personalidade jurídica de direito privado. Nenhuma vez a Constituição utiliza o vocábulo "funcionário", o que não impede seja este mantido na legislação ordinária.

Além disso, em outros capítulos existem preceitos aplicáveis a outras pessoas que exercem **função pública**; esta, em sentido amplo, compreende não só a função administrativa, de que cuida o capítulo referente à Administração Pública, mas também as funções **legislativa e jurisdicional**, tratadas em capítulos próprios.

E ainda há as pessoas que exercem função pública, sem vínculo empregatício com o Estado.

Daí a necessidade de adoção de outro vocábulo, de sentido ainda mais amplo do que servidor público, para designar as pessoas físicas que exercem **função pública**, com ou sem vínculo empregatício. De alguns tempos para cá, os doutrinadores brasileiros passaram a falar em **agente público** nesse sentido amplo.

1.2 Agentes públicos

Agente público é toda pessoa física que presta serviços ao estado e às pessoas jurídicas da administração indireta.

Antes da Constituição atual, ficavam excluídos os que prestavam serviços às pessoas jurídicas de direito privado instituídas pelo Poder Público (fundações, empresas públicas e sociedades de economia mista). Hoje, o artigo 37 exige a inclusão de todos eles.

Perante a Constituição de 1988, com as alterações introduzidas pela Emenda Constitucional nº 18/1998, pode-se dizer que são quatro as categorias de agentes públicos:

1. agentes políticos;
2. servidores públicos;
3. militares; e
4. particulares em colaboração com o Poder Público.

A expressão **agente público** não é destituída de importância, tendo em vista que utilizada pela própria Constituição.

Assim é que todas as categorias, mesmo a dos particulares, se atuarem no exercício de atribuições do poder público, acarretam a responsabilidade objetiva prevista no artigo 37, § 6º, da Constituição Federal, já que o dispositivo fala em danos causados por **agentes públicos**. Se o Estado for condenado, cabe ação regressiva contra o agente causador do dano, desde que tenha agido com dolo ou culpa.

Além disso, todas são abrangidas pelo artigo 5º, LXIX, da Constituição, sendo passíveis de mandado de segurança se, no exercício de atribuições do poder público, praticarem ato ilegal ou com abuso de poder, ferindo direito líquido e certo não amparado por *habeas corpus*. O dispositivo também se refere a **agente** e não a servidor.

Cabe aqui uma referência aos militares. Até a Emenda Constitucional nº 18/1998, eles eram tratados como "servidores militares". A partir dessa Emenda, excluiu-se, em relação a eles, a denominação de servidores, o que significa ter de incluir, na classificação apresentada, mais uma categoria de agente público, ou seja, a dos militares. Essa inclusão em nova categoria é feita em atenção ao tratamento dispensado pela referida Emenda Constitucional. Porém, conceitualmente, não há distinção entre os servidores civis e os militares, a não ser pelo regime jurídico, parcialmente diverso. Uma e outra categoria abrangem pessoas físicas vinculadas ao Estado por vínculo de natureza estatutária.

Entram na categoria de militares os membros das Polícias Militares e Corpos de Bombeiros dos Estados, Distrito Federal e Territórios (art. 42) e os membros das Forças Armadas, ou seja, Marinha, Exército e Aeronáutica (art. 142).

1.2.1 Agentes políticos

Não há uniformidade de pensamento entre os doutrinadores na conceituação dos agentes políticos. Para Hely Lopes Meirelles,[1] "**agentes políticos** são os componentes do Governo nos seus primeiros escalões, investidos em cargos, funções, mandatos ou comissões, por nomeação, eleição, designação ou delegação para o exercício de atribuições constitucionais". Ele inclui nessa categoria tanto os Chefes do Poder Executivo federal, estadual e municipal, e seus auxiliares diretos, os membros do Poder Legislativo, como também os da Magistratura, Ministério Público, Tribunais de Contas, representantes diplomáticos e "demais autoridades que atuem com independência funcional no desempenho das atribuições governamentais, judiciais ou quase judiciais, estranhas ao quadro do funcionalismo estatutário".

Celso Antônio Bandeira de Mello[2] adota um conceito mais restrito:

> "Agentes Políticos são os titulares dos cargos estruturais à organização política do País, ou seja, são os ocupantes dos cargos que compõem o arcabouço constitucional do Estado e, portanto, o esquema fundamental do poder. Sua função é a de formadores da vontade superior do Estado."

Para ele, são agentes políticos apenas o Presidente da República, os Governadores, os Prefeitos e respectivos auxiliares imediatos (Ministros e Secretários das diversas pastas), os Senadores, os Deputados e os Vereadores.

Esta última conceituação é a preferível. A ideia de agente político liga-se, indissociavelmente, à de **governo** e à de **função política**, a primeira dando ideia

---

[1] *Direito administrativo brasileiro*. São Paulo: Malheiros, 2003. p. 75.
[2] *Curso de direito administrativo*. São Paulo: Malheiros, 2011. p. 248.

de órgão (aspecto subjetivo: Administração Pública) e, a segunda, de atividade (aspecto objetivo: administração pública).

Ao tratarmos do assunto concernente à **Administração Pública**, vimos, com fundamento na lição de Renato Alessi, que a função política

> "implica uma atividade de ordem superior referida à direção suprema e geral do Estado em seu conjunto e em sua unidade, dirigida a determinar os fins da ação do Estado, a assinalar as diretrizes para as outras funções, buscando a unidade de soberania estatal".

Compreende, basicamente, as atividades de direção e as colegislativas, ou seja, as que implicam a fixação de metas, de diretrizes, ou de planos governamentais.

Essas funções políticas ficam a cargo dos órgãos governamentais ou do Governo propriamente dito e se concentram, em sua maioria, nas mãos do Poder Executivo, e, em parte, do Legislativo; no Brasil, a participação do Judiciário em decisões políticas praticamente inexiste, pois a sua função se restringe, quase exclusivamente, à atividade jurisdicional sem grande poder de influência na atuação política do Governo, a não ser pelo controle *a posteriori*. Matérias em que o Poder Judiciário participa do processo legislativo, por exemplo, dizem respeito a questões internas dos órgãos judiciários ou da magistratura (*v. g.*, art. 93, *caput* e II, *b*), incluídas as deliberações do Conselho Nacional de Justiça (art. 92, I, *a*).

O mesmo se diga com relação aos membros do Ministério Público e do Tribunal de Contas, o primeiro exercendo uma das funções essenciais à justiça, ao lado da Advocacia Geral da União, da Defensoria Pública e da Advocacia, e o segundo a função de auxiliar do Legislativo no controle sobre a Administração. Em suas atribuições constitucionais, nada se encontra que justifique a sua inclusão entre as funções de governo; não participam, direta ou indiretamente, das decisões governamentais.

Não basta o exercício de atribuições constitucionais para que se considere como agente político aquele que as exerce, a menos que se considerem como tal todos os servidores integrados em instituições com competência constitucional, como a Advocacia Geral da União, as Procuradorias dos Estados, a Defensoria Pública, os militares.

São, portanto, agentes políticos, no direito brasileiro, porque exercem típicas atividades de **governo e exercem mandato, para o qual são eleitos**, apenas os Chefes dos Poderes Executivos federal, estadual e municipal, os Ministros e Secretários de Estado, além de Senadores, Deputados e Vereadores. A forma de investidura é a **eleição**, salvo para Ministros e Secretários, que são de livre escolha do Chefe do Executivo e providos em cargos públicos, mediante **nomeação**.

É necessário reconhecer, contudo, que atualmente há uma tendência a considerar os membros da Magistratura (dos Tribunais de Contas, por equiparação) e do Ministério Público como agentes políticos. Com relação aos primeiros, é válido esse entendimento desde que se tenha presente o sentido em que sua função é considerada política; não significa que participem do Governo ou que suas decisões sejam políticas, baseadas em critérios de oportunidade e conveniência, e sim que correspondem ao exercício de uma parcela da soberania do Estado, consistente na função de dizer o direito em última instância. Nesse sentido, o STF, no Recurso Extraordinário 228.977/SP, em que foi relator o Ministro Néri da Silveira, referiu-se aos magistrados como "agentes políticos, investidos para o exercício de atribuições constitucionais, sendo dotados de plena liberdade funcional no desempenho de suas funções, com prerrogativas próprias e legislação específica" (*DJ* de 12-4-2002). Quanto ao vínculo com o poder público, é de natureza estatutária, regido pela Lei Orgânica da Magistratura.

Quanto aos membros do Ministério Público, a inclusão na categoria de agentes políticos tem sido justificada pelas funções de controle que lhe foram atribuídas a partir da Constituição de 1988 (art. 129), especialmente a de "zelar pelo efetivo respeito dos Poderes Públicos e dos serviços de relevância pública aos direitos assegurados nesta Constituição, promovendo as medidas necessárias a sua garantia" (inciso II). No entanto, quanto à forma de investidura e aos vínculos com o Poder Público, sua situação iguala-se à dos servidores públicos estatutários, ainda que submetida a estatuto próprio.

Para fins de responsabilidade política, o rol de agentes políticos é maior porque abrange todos os referidos nos artigos 29-A, §§ 2º e 3º, da Constituição (Prefeito e Presidente da Câmara Municipal), 52, I (Presidente e Vice-Presidente da República, Ministros de Estado e os Comandantes da Marinha, do Exército e da Aeronáutica, nos crimes de responsabilidade conexos com aqueles), 52, II (Ministros do STF, Membros do Conselho Nacional de Justiça e do Conselho Nacional do Ministério Público, Procurador-Geral da República e Advogado-Geral da União), 102, I (Ministros de Estado, Comandantes da Marinha, do Exército e da Aeronáutica, membros dos Tribunais Superiores, do Tribunal de Contas e chefes de missão diplomática), 105, I, "a" (Desembargadores dos Tribunais de Justiça dos Estados e do Distrito Federal, membros dos Tribunais de Contas dos Estados e do Distrito Federal, dos Tribunais Regionais Federais, dos Tribunais Regionais Eleitorais e do Trabalho, membros dos Conselhos ou Tribunais de Contas dos Municípios e os do Ministério Público da União que oficiem perante tribunais) e artigo 108, I, "a" (juízes federais, inclusive os da Justiça Militar e da Justiça do Trabalho, e os membros do Ministério Público da União).

1.2.2 *Servidores públicos*

São servidores públicos, em sentido amplo, as pessoas físicas que prestam serviços ao Estado e às entidades da Administração Indireta, com vínculo empregatício e mediante remuneração paga pelos cofres públicos.

Compreendem:

1. os **servidores estatutários**, sujeitos ao regime estatutário e ocupantes de cargos públicos;
2. os **empregados públicos**, contratados sob o regime da legislação traba- lhista e ocupantes de **emprego público**;
3. os **servidores temporários**, contratados por tempo determinado para atender à necessidade temporária de excepcional interesse público (art. 37, IX, da Constituição); eles exercem **função**, sem estarem vinculados a cargo ou emprego público.

Os da primeira categoria submetem-se a **regime estatutário**, estabelecido em lei por cada uma das unidades da federação e modificável unilateralmente, desde que respeitados os direitos já adquiridos pelo servidor. Quando nomeados, eles ingressam numa situação jurídica previamente definida, à qual se submetem com o ato da posse; não há a possibilidade de qualquer modificação das normas vigentes por meio de contrato, ainda que com a concordância da Administração e do servidor, porque se trata de normas de ordem pública, cogentes, não derrogáveis pela vontade das partes.

Os da segunda categoria são **contratados** sob regime da legislação trabalhista, que é aplicável com as alterações decorrentes da Constituição Federal; não podem Estados e Municípios derrogar outras normas da legislação trabalhista, já que não têm competência para legislar sobre direito do trabalho, reservada privativamente à União (art. 22, I, da Constituição). Embora sujeitos à CLT, submetem-se a todas as normas constitucionais referentes a requisitos para a investidura, acumulação de cargos, vencimentos, entre outras previstas no Capítulo VII, do Título III, da Constituição.

Os da terceira categoria são contratados para exercer funções em caráter temporário, mediante regime jurídico especial a ser disciplinado em lei de cada unidade da federação. Eles substituem os servidores a que fazia referência o artigo 106 da Constituição de 1967 (com a redação dada pela Emenda Constitucional nº 1/1969), que previa, também, um regime especial para duas hipóteses: servidores **admitidos** em serviços de caráter temporário ou **contratados** para funções de natureza técnica especializada. Não se submetem a concurso público, embora se tenha generalizado, especialmente após a edição da Súmula Vinculante nº 13 do STF, a aplicação de processos seletivos simplificados para a respectiva seleção.

O Estado de São Paulo, depois de 21 anos da entrada em vigor da Constituição, finalmente veio disciplinar a contratação de servidores temporários e o fez pela Lei nº 1.093, de 17-7-2009. Ela indica as hipóteses de contratação temporária prevista no artigo 115, X, da Constituição do Estado; exige processo seletivo simplificado, que poderá ser apenas classificativo nos casos de urgência expressamente referidos; estabelece como regime de contratação o estabelecido na Lei nº 10.261, de 28-10-1968 (Estatuto dos Funcionários Públicos Civis do Estado de São Paulo); veda a admissão de pessoal com fundamento na Lei nº 500/1974; prevê a extinção, na vacância, das funções-atividades submetidas à Lei nº 500; as que estiverem vagas serão extintas na data de publicação da Lei nº 1.093/1994. Vale dizer que respeitou a situação dos servidores já admitidos no regime da Lei nº 500, mas vedou a admissão de novos servidores nesse regime.

Na esfera federal, a contratação temporária, com base no artigo 37, IX, está disciplinada pela Lei nº 8.745, de 9-12-1993, alterada pelas Leis nºs 9.849, de 26-10-1999, 10.667, de 14-5-2003, 11.123, de 7-6-2005, 11.204, de 5-12-2005, 11.784, de 9-10-2003, e 12.314, de 19-8-2010.

Também na **esfera federal**, o regime de emprego público do pessoal da administração direta, autárquica e fundacional está disciplinado pela Lei nº 9.962, de 22-2-2000, segundo a qual o pessoal celetista será regido pela CLT no que a lei não dispuser em contrário, o que nem precisava ser dito, porque, sendo da União a competência privativa para legislar sobre direito do trabalho (art. 22, I, da Constituição), é evidente que ela pode derrogar, por lei específica para os servidores federais, a legislação trabalhista. A lei repete a exigência de lei para a criação de empregos, já prevista no artigo 61, § 1º, II, *a*, da Constituição, vedando expressamente a utilização de medidas provisórias para esse fim (art. 4º). Veda a aplicação do regime celetista para os cargos em comissão, para os servidores regidos pela Lei nº 8.112/1990, bem como para a criação de empregos não criados por leis específicas; repete a exigência constitucional, contida no artigo 37, II, de concurso público de provas ou de provas e títulos, conforme a natureza e a complexidade do emprego; cria certo grau de estabilidade para os servidores celetistas contratados por prazo indeterminado, ao estabelecer que a rescisão unilateral só poderá ocorrer nas seguintes hipóteses: I – prática de falta grave, dentre as enumeradas no artigo 482 da CLT; II – acumulação ilegal de cargos, empregos ou funções públicas; III – necessidade de redução de quadro de pessoal, por excesso de despesa, nos termos da lei complementar a que se refere o artigo 169 da Constituição; IV – insuficiência de desempenho, apurada em procedimento no qual se assegurem pelo menos um recurso hierárquico dotado de efeito suspensivo, que será apreciado em 30 dias, e o prévio conhecimento dos padrões mínimos exigidos para continuidade da relação de emprego, obrigatoriamente estabelecidos de acordo com as peculiaridades das atividades exercidas. Esse procedimento só é dispensado para as contratações de pessoal decorrentes da autonomia de gestão de que trata o § 8º do artigo 37 da Constituição Federal (a referência é aos órgãos da administração direta e entidades da administração indireta que celebram contrato – o chamado *contrato de gestão* com o Poder Público, para obtenção de maior autonomia, nos termos do dispositivo constitucional). A lei permite também a transformação de cargos em empregos, o que só poderá alcançar os cargos efetivos que estejam vagos, tendo em vista que os cargos em comissão foram excluídos da abrangência da lei; por outro lado, se o cargo efetivo estiver ocupado, estará o servidor regido pela Lei nº 8.112/1990 e, portanto, também excluído do alcance da lei (art. 1º, § 2º, II).

Menção à parte merece a situação dos **agentes comunitários de saúde** e **agentes de combate às endemias**. A Emenda Constitucional nº 51 acrescentou três parágrafos ao artigo 198 da Constituição, que trata do Sistema Único de Saúde – SUS. O § 4º prevê a admissão de tais profissionais pelos gestores locais do SUS, mediante processo seletivo público, de acordo com a natureza e complexidade de suas atribuições e requisitos específicos para sua atuação; o § 5º prevê lei federal que venha a dispor sobre o regime jurídico e a regulamentação das atividades desses agentes; e o § 6º prevê, para os servidores que exerçam funções equivalentes às dos agentes comunitários de saúde e agentes de combate às endemias, mais uma hipótese de perda do cargo, além das previstas no artigo 41 e no § 4º do artigo 169 da Constituição. É estranho que o § 4º fale em **processo seletivo** público e não em **concurso público**, o que seria exigido para que o dispositivo se harmonizasse com a norma do artigo 37, II, da Constituição, a não ser que se entenda que tais agentes são ocupantes de função pública e que o dispositivo constitucional somente exige concurso para o provimento de cargos ou empregos públicos.[3]

Dando cumprimento ao dispositivo constitucional, a Lei nº 11.350, de 5-10-2006, regulamenta o § 5º do artigo 198 da Constituição do seguinte modo: prevê a sujeição de tais servidores ao regime da CLT, salvo se, nos Estados, Distrito Federal e Municípios, lei local dispuser de forma diversa (art. 8º); cria, no artigo 15, **empregos públicos** de Agentes de Combate às Endemias (art. 15); prevê a contratação das duas categorias de Agentes mediante processo seletivo público de provas ou de provas e títulos, de acordo com a natureza e a complexidade de suas atribuições e requisitos específicos para o exercício das atividades (art. 9º); estabelece as hipóteses de rescisão unilateral do contrato de trabalho, que são exatamente as mesmas previstas para os servidores celetistas pela Lei nº 9.962/2000; proíbe a contratação indireta ou terceirizada das duas categorias de Agentes, salvo na hipótese de combate a surtos endêmicos.

Nos Estados e Municípios, os servidores celetistas reger-se-ão pela CLT com as derrogações constantes da própria Constituição Federal. Sendo da União a competência privativa para legislar sobre direito do trabalho, não é possível a promulgação de leis estaduais e municipais que derroguem total ou parcialmente as normas da CLT para esses servidores públicos.

Na vigência da Constituição anterior, utilizava-se a expressão **funcionário público** para designar o atual servidor estatutário. A expressão mantém-se em algumas leis mais antigas, como é o caso da Lei paulista nº 10.261, de 28-10-1968, que instituiu o Estatuto dos Funcionários Públicos Civis do Estado de São Paulo, ainda em vigor, com as alterações introduzidas pela Lei Complementar

---

[3] FERRAZ, Luciano. *Direito municipal aplicado*. Belo Horizonte: Fórum, 2009. p. 136.

nº 942, de 6-6-2003. Essa categoria só existia na Administração Direta (incluindo Executivo, Judiciário e Legislativo), pois apenas seus ocupantes possuíam cargo público criado por lei e se submetiam ao Estatuto; os servidores autárquicos ou tinham regime estatutário próprio ou se submetiam à CLT, sendo seus cargos criados pelo Poder Executivo.

A Constituição de 1988, que substituiu a expressão **funcionário público** por **servidor público**, previu, na redação original, **regime jurídico único** para os servidores da administração direta, autarquias e fundações públicas (art. 39). A partir da Emenda Constitucional nº 19, de 4-6-1998, a exigência tinha deixado de existir, de modo que cada esfera de governo podia instituir o regime estatutário ou o contratual, com possibilidade de conviverem os dois regimes na mesma entidade ou órgão, não havendo necessidade de que o mesmo regime adotado para a administração direta fosse igual para as autarquias e fundações públicas.

Ocorre que o Supremo Tribunal Federal, ao julgar a ADIn 2.135/DF, decidiu, em sessão plenária do dia 2-8-2007, suspender a vigência do artigo 39, *caput*, da Constituição Federal, em sua redação dada pela Emenda Constitucional no 19/1998. Em decorrência dessa decisão, voltou-se a aplicar a redação original do artigo 39, que exige regime jurídico único e planos de carreira para os servidores da administração pública direta, autarquias e fundações públicas.

O fundamento para a decisão foi o fato de que a proposta de alteração do *caput* do artigo 39 não foi aprovada pela maioria qualificada (3/5 dos parlamentares) da Câmara dos Deputados, em primeiro turno, conforme previsto no artigo 60, § 2º, da Constituição. A Ministra Ellen Gracie, ao proclamar o resultado do julgamento, esclareceu que a decisão tem efeito *ex nunc*, vigorando a partir da data da decisão (2-8-2007). Voltam, portanto, a ter aplicação as normas legais que dispunham sobre regime jurídico único, editadas na vigência da redação original do artigo 39, sendo respeitadas as situações consolidadas na vigência da redação dada pela Emenda Constitucional nº 19/1998, até o julgamento do mérito.

Algumas categorias se enquadrarão necessariamente como **servidores estatutários**, ocupantes de **cargos** e sob regime estatutário, estabelecido por leis próprias: trata-se dos membros da Magistratura, do Ministério Público, do Tribunal de Contas, da Advocacia Pública e da Defensoria Pública. Embora exerçam atribuições constitucionais, fazem-no mediante vínculo empregatício com o Estado, ocupam cargos públicos criados por lei e submetem-se a regime próprio estabelecido pelas respectivas leis orgânicas. Também os servidores que trabalham em serviços auxiliares da justiça serão ocupantes de **cargos**, conforme decorre do artigo 96, I, *e*, da Constituição.

Além disso, também ocupam necessariamente cargos públicos, sob regime estatutário, os servidores que "desenvolvam atividades exclusivas de Estado"; isso porque o artigo 247 da Constituição, acrescentado pelo artigo 32 da Emenda

Constitucional nº 19/1998, exige sejam fixados, por lei, "critérios e garantias especiais para a perda do cargo pelo servidor público estável que, em decorrência das atribuições de seu cargo efetivo, desenvolva atividades exclusivas de Estado". Ainda não foram definidas as carreiras de Estado, mas, com certeza, pode-se afirmar que abrangem, além dos membros da Magistratura, Ministério Público, Tribunal de Contas, Advocacia Pública e Defensoria Pública (os quais exercem atribuições constitucionais), os servidores que atuam nas áreas de polícia civil ou militar, controle, fiscalização, diplomacia e regulação.

Os servidores das empresas públicas, sociedades de economia mista e fundações privadas regem-se pela legislação trabalhista. Para as empresas que exercem atividade econômica, esse regime é imposto pelo artigo 173, § 1º, da Constituição. Para os demais, não é obrigatório, mas é o que se adota por meio das leis ordinárias, por ser o mais compatível com o regime de direito privado a que se submetem.

1.2.3 Militares

Os militares abrangem as pessoas físicas que prestam serviços às Forças Armadas – Marinha, Exército e Aeronáutica (art. 142, *caput,* e § 3º, da Constituição) – e às Polícias Militares e Corpos de Bombeiros Militares dos Estados, Distrito Federal e dos Territórios (art. 42), com vínculo estatutário sujeito a regime jurídico próprio, mediante remuneração paga pelos cofres públicos. Até a Emenda Constitucional no 18/1998, eram considerados servidores públicos, conforme artigo 42 da Constituição, inserido em seção denominada "servidores públicos militares".

No entanto, pelo § 9º do artigo 144, acrescido pela Emenda Constitucional nº 19/98, o legislador volta a utilizar a expressão "servidores policiais" (abrangendo polícia civil e militar), ao determinar que "a remuneração dos servidores policiais integrantes dos órgãos relacionados neste artigo será fixada na forma do § 4º do artigo 39", ou seja, sob a forma de subsídio.

De qualquer maneira, pela Emenda, ficaram excluídos da categoria, só lhes sendo aplicáveis as normas referentes aos servidores públicos quando houver previsão expressa nesse sentido, como a contida no artigo 142, § 3º, inciso VIII. Esse dispositivo manda aplicar aos militares das Forças Armadas os incisos VIII, XII, XVII, XVIII, XIX e XXV do artigo 7º e os incisos XI, XIII, XIV e XV do artigo 37. Vale dizer que os militares fazem jus a algumas vantagens próprias do trabalhador privado: décimo-terceiro salário, salário-família, férias anuais remuneradas, licença à ges- tante, licença-paternidade e assistência gratuita aos filhos e dependentes desde o nascimento até seis anos de idade em creches e pré-escolas. E estão sujeitos a algumas normas próprias dos servidores públicos: teto salarial, limitações, forma de cálculo dos acréscimos salariais e irredutibilidade de vencimentos.

Essas mesmas normas são aplicadas aos militares dos Estados, Distrito Federal e Territórios com base no artigo 42, §§ 1º e 2º. O § 1º ainda manda aplicar aos militares o artigo 40, § 9º, segundo o qual "o tempo de contribuição federal, estadual ou municipal será contado para efeito de aposentadoria e o tempo de serviço correspondente para efeito de disponibilidade".

Em decorrência do disposto no artigo 42, § 1º, são aplicáveis aos militares as seguintes disposições da Constituição:

a) o artigo 14, § 8º, que trata das condições de elegibilidade dos militares;

b) o artigo 40, § 9º, que prevê a contagem de contribuição federal, estadual ou municipal para efeito de aposentadoria e o tempo de serviço correspondente para efeito de disponibilidade;

c) o artigo 142, § 2º, que veda a propositura de *habeas corpus* em relação a punições disciplinares militares;

d) o artigo 142, § 3º, que define os direitos, obrigações e impedimentos dos integrantes das Forças Armadas, além de outros que vierem a ser previstos em lei;

e) o artigo 142, § 3º, inciso X, que prevê lei dispondo sobre o ingresso nas Forças Armadas, os limites de idade, a estabilidade e outras condições de transferência do militar para a inatividade, os direitos, os deveres, a remuneração, as prerrogativas e outras situações especiais dos militares, consideradas as peculiaridades de suas atividades, inclusive aquelas cumpridas por força de compromissos internacionais e de guerra. A lei prevista nesse dispositivo é de competência estadual, para os militares referidos no artigo 42; e é de competência federal para os mencionados no artigo 142, § 3º, X.

Seu regime é estatutário, porque estabelecido em lei a que se submetem independentemente de contrato. Esse regime jurídico é definido por legislação própria dos militares, que estabelece normas sobre ingresso, limites de idade, estabilidade, transferência para a inatividade, direitos, deveres, remuneração, prerrogativas (arts. 42, § 1º, e 142, § 3º, X, da Constituição).

Conforme artigo 142, § 3º, I, as patentes, com prerrogativas, direitos e deveres a elas inerentes, são conferidas pelo Presidente da República e asseguradas em plenitude aos oficiais da ativa, da reserva ou reformados, sendo-lhes privativos os títulos e postos militares e, juntamente com os demais membros, o uso dos uniformes das Forças Armadas. No âmbito estadual, as patentes são conferidas pelos Governadores do Estado, conforme artigo 42, § 1º.

O militar em atividade que tomar posse em cargo ou emprego civil *permanente* será transferido para a reserva, nos termos da lei (art. 142, § 3º, II); se for cargo, emprego ou função pública *temporária*, não eletiva, ficará *agregado* ao respectivo quadro e somente poderá, enquanto permanecer nessa situação, ser promovido por antiguidade, contando-se-lhe o tempo de serviço apenas para aquela promoção e transferência para a reserva, sendo depois de dois anos de afastamento, contínuos ou não, transferidos para a reserva (art. 142, § 3º, III). Vale dizer que não existe possibilidade de acumulação do posto de militar com outro cargo, emprego ou função.[4]

O artigo 142, § 3º, incisos IV e V, proíbe o direito de greve e sindicalização, bem como a filiação a partidos políticos, enquanto em serviço ativo. Podem votar e ser votados, mas não podem os *conscritos* alistar-se como eleitores, durante o período de serviço militar obrigatório (art. 14, § 2º).

Conforme artigo 142, § 3º, VI, a perda do posto e da patente só pode ocorrer se o militar for julgado indigno do oficialato ou com ele incompatível, por decisão do Tribunal Militar de caráter permanente, em tempo de paz, ou de Tribunal especial, em tempo de guerra; esse julgamento é obrigatório quando o oficial for condenado na justiça comum ou militar a pena privativa de liberdade, superior a dois anos, por sentença transitada em julgado (inciso VII).

Os militares submetem-se a regime estatutário estabelecido em lei. Para os militares federais aplica-se o Estatuto dos Militares, aprovado pela Lei nº 6.880, de 9-12-1980, que define os seus direitos, prerrogativas, impedimentos, regime disciplinar. Para os militares dos Estados, Territórios e Distrito Federal, o Decreto-lei federal nº 667, de 2-7-1969, estabelece as normas básicas, ficando para os Estados e o Distrito Federal a competência para complementar a legislação federal.

Alguns direitos dos militares são designados com terminologia diversa da empregada para os servidores civis: fala-se em **agregação** quando o militar passa temporariamente à condição de inativo, a pedido ou *ex officio*, permanecendo sem número (art. 80 da Lei nº 6.880/1980). A condição de inativo, nesse caso, é temporária, ficando o agregado sujeito à reversão, quando cesse o motivo da agregação. A agregação pode ocorrer, por exemplo, como decorrência de invalidez ou incapacidade temporária, extravio, idade limite para a reforma (até que esta se concretize). É a hipótese referida no artigo 142, § 3º, III, da Constituição, que prevê a agregação do militar da ativa que exercer, temporariamente, outro cargo, emprego ou função pública. Nessa situação, o militar ficará agregado ao respectivo quadro.

Outra hipótese de exclusão do serviço ativo é a **transferência para a reserva**, que pode ocorrer a pedido ou *ex officio*. Essa é a situação referida no artigo 142, § 3º, II, da Constituição, que ocorre quando o militar tomar posse em cargo ou emprego público civil permanente.

---

4   O STJ já entendeu possível "a acumulação de dois cargos privativos na área da saúde, no âmbito das esferas civil e militar, desde que o servidor público não desempenhe as funções tipicamente exigidas para a atividade castrense, e sim atribuições inerentes a profissões de civis" (RMS 22.765/RJ, 6ª Turma, Rel. Min. Thereza de Assis Moura, j. 3-8-10, *DJe* 23-8-10).

A **reforma** – que equivale à aposentadoria do servidor civil – ocorre quando o militar é definitivamente desligado do serviço ativo, nas hipóteses previstas em lei, como tempo de serviço, invalidez, idade-limite para permanência na reserva.

A **demissão** também constitui forma de exclusão do serviço ativo, mas não tem caráter punitivo, podendo ocorrer a pedido ou *ex officio*. Outras hipóteses de exclusão ainda são a **perda do posto ou patente** (prevista, com caráter punitivo, no artigo 142, § 3º, VI, da Constituição) e o **licenciamento** (aplicável a oficiais da reserva e praças, podendo ser a pedido ou *ex officio*, por conveniência do serviço ou a bem da disciplina).

1.2.4 *Particulares em colaboração com o Poder Público*

Nessa categoria entram as pessoas físicas que prestam serviços ao Estado, sem vínculo empregatício, com ou sem remuneração. Podem fazê-lo sob títulos diversos, que compreendem:

1. **delegação do poder público**, como se dá com os empregados das empresas concessionárias e permissionárias de serviços públicos, os que exercem serviços notariais e de registro (art. 236 da Constituição), os leiloeiros, tradutores e intérpretes públicos; eles exercem função pública, em seu próprio nome, sem vínculo empregatício, porém sob fiscalização do Poder Público. A remuneração que recebem não é paga pelos cofres públicos mas pelos terceiros usuários do serviço;

2. mediante **requisição**, **nomeação** ou **designação** para o exercício de funções públicas relevantes; é o que se dá com os jurados, os convocados para prestação de serviço militar ou eleitoral, os comissários de menores, os integrantes de comissões, grupos de trabalho etc.; também não têm vínculo empregatício e, em geral, não recebem remuneração;

3. como **gestores de negócio** que, espontaneamente, assumem determinada função pública em momento de emergência, como epidemia, incêndio, enchente etc.

# 2

Cargos, empregos e funções públicas

Fabrício Motta

A interpretação do inciso I do artigo 37 da Constituição implica primeiramente em definir o que se deve compreender por *cargo, emprego* e *função*, realidades que se têm de apresentar em harmonia com os demais preceitos constitucionais ligados ao tema.

A primeira observação cabível é de que os cargos, empregos e funções tratados são *públicos* – em consequência, obrigatoriamente imantados pela finalidade pública que norteia o agir estatal. Isso quer dizer que interesses privados não se comprazem com a criação, manutenção, alteração ou extinção desses postos de trabalho no âmbito do aparato estatal.[1]

No tocante à expressão *cargo*, o significado que se lhe atribui a Constituição é variado. Por vezes, está a se referir aos mandatos públicos eletivos, habilitados mediante sufrágio popular: posições estruturais componentes dos Poderes Executivo e Legislativo, ligadas à organização do Estado e criadas pela própria Carta, que também estabelece as principais notas do regime jurídico respectivo. Noutra vertente, mais difusa e genérica, o constituinte utiliza o vocábulo *cargo* ligado diretamente à estruturação da Administração Pública, com subclassificações, que serão posteriormente referidas.

Celso Antônio Bandeira de Mello define os *cargos* como

> "[...] as mais simples e indivisíveis unidades de competência a serem expressadas por um agente, previstas em número certo, com denominação

---

[1] A recente Lei nº 12.813, de 16-5-2013, dispõe sobre o conflito de interesses no exercício de cargo ou emprego do Poder Executivo federal e impedimentos posteriores ao exercício do cargo ou emprego.

própria, retribuída por pessoas jurídicas de Direito Público e criadas por lei, salvo quando concernentes aos serviços auxiliares do Legislativo, caso em que se criam por resolução, da Câmara ou do Senado, conforme se trate de serviços de uma ou de outra destas Casas".[2]

Alguns elementos que compõem o regime jurídico dos cargos públicos podem ser extraídos da própria Constituição, como, por exemplo, a criação por lei,[3] como regra (art. 48, X, e art. 61, § 1º, inciso II, *a*), e a remuneração (ou subsídio) fixada por lei específica, de acordo com a natureza, o grau de responsabilidade, a complexidade das atribuições e os requisitos para a investidura (art. 37, X, combinado com o art. 39, § 1º). As características próprias de cada cargo deverão constar na lei[4] de sua criação, que materializará sua existência no mundo jurídico. A iniciativa do processo legislativo para a criação de cargos, empregos e funções públicas na administração direta, autarquia e fundações é atribuída, como regra, ao chefe do Poder Executivo (art. 61, § 1º, inciso II, *a* da Constituição). Certas instituições possuem autonomia em razão das atribuições que lhes competem e, por essa razão, a Constituição lhes reservou iniciativa própria para a criação de cargos. Com efeito, a própria Carta estabelece iniciativas privativas para a criação de cargos na estrutura do Poder Judiciário (art. 96, inciso II, *a*),[5] Legislativo (art. 51, § 4º e art. 52, XIII), Ministério Público (art. 127, § 2º) e Tribunais de Contas (art. 73).[6]

Por efeito do princípio da simetria, as normas referidas devem ser replicadas para as demais unidades da Federação:

---

[2] BANDEIRA DE MELLO, Celso Antônio. *Curso de direito administrativo*. 28. ed. rev. e atual. até a Emenda Constitucional 53. São Paulo: Malheiros, 2011. p. 254.

[3] "[...] Decreto que cria cargos públicos remunerados e estabelece as respectivas denominações, competências e remunerações. Execução de lei inconstitucional. Caráter residual de decreto autônomo. Possibilidade jurídica do pedido. Precedentes. É admissível controle concentrado de constitucionalidade de decreto que, dando execução a lei inconstitucional, crie cargos públicos remunerados e estabeleça as respectivas denominações, competências, atribuições e remunerações. 2. Inconstitucionalidade. Ação direta. Art. 5º da Lei nº 1.124/2000, do Estado do Tocantins. Administração pública. Criação de cargos e funções. Fixação de atribuições e remuneração dos servidores. Efeitos jurídicos de legados a decretos do Chefe do Executivo. Aumento de despesas. Inadmissibilidade. Necessidade de lei em sentido formal, de iniciativa privativa daquele. Ofensa aos arts. 61, § 1º, inc. II, *a*, e 84, inc. VI, *a*, da CF" (STF. ADI 3232, Relator(a): Min. CEZAR PELUSO. Julgamento: 14-8-2008, Órgão Julgador: Tribunal Pleno. Publicação: *DJe*-187).

[4] Admitindo-se a desnecessidade de lei no caso de serviços auxiliares do legislativo, como visto no conceito escolhido.

[5] "É pacífica a jurisprudência do STF no sentido de que as leis que disponham sobre serventias judiciais e extrajudiciais são de iniciativa privativa dos Tribunais de Justiça, a teor do que dispõem as alíneas *b* e *d* do inciso II do art. 96 da CR" (ADI 3.773, Rel. Min. Menezes Direito, julgamento em 4-3-2009, Plenário, *DJE* de 4-9-2009).

[6] "A CB/88 estabelecendo que compete ao próprio Tribunal de Contas propor a criação ou extinção dos cargos de seu quadro, o processo legislativo não pode ser deflagrado por iniciativa" (ADI 1994/ES. Relator(a): Min. EROS GRAU, Julgamento: 24-5-2006, Órgão Julgador: Tribunal Pleno).

"OBSERVÂNCIA DO PRINCÍPIO DA SIMETRIA. É da iniciativa privativa do Chefe do Poder Executivo lei de criação de cargos, funções ou empregos públicos na administração direta e autárquica ou aumento de sua remuneração, bem como que disponha sobre regime jurídico e provimento de cargos dos servidores públicos. II – Afronta, na espécie, ao disposto no art. 61, § 1º, II, *a* e *c*, da Constituição de 1988, o qual se aplica aos Estados-membros, em razão do princípio simetria. III – Ação julgada procedente" (ADI 2192/ES, Relator: Min. RICARDO LEWANDOWSKI, Julgamento: 4-6-2008, Órgão Julgador: Tribunal Pleno).

É importante ressaltar que a criação de cargos, empregos e funções públicas está condicionada ao atendimento de requisitos de ordem orçamentária/financeira:

a) prévia dotação orçamentária suficiente para atender às projeções de despesa de pessoal e aos acréscimos dela decorrentes (CF, art. 169, § 1º);

b) autorização específica na lei de diretrizes orçamentárias, ressalvadas as empresas públicas e as sociedades de economia mista (CF, art. 169, § 1º);

c) estimativa do impacto orçamentário-financeiro no exercício em que deva entrar em vigor e nos dois subsequentes (arts. 16 e 17 da Lei Complementar nº 101/2000 – Lei de Responsabilidade Fiscal);

d) origem dos recursos para o custeio (art. 17, § 1º, da LRF);

e) comprovação de que a despesa criada ou aumentada não afetará as metas de resultados fiscais, devendo seus efeitos financeiros, nos períodos seguintes, ser compensados pelo aumento permanente de receita ou pela redução permanente de despesa (art. 17, § 2º, da LRF).

f) declaração do ordenador da despesa de que o aumento tem adequação orçamentária e financeira com a lei orçamentária anual e compatibilidade com o plano plurianual e com a lei de diretrizes orçamentárias (arts. 16, 17 e 21 da LRF).

O vínculo entre o ocupante do cargo público e o órgão ou entidade que congrega tal cargo é regido diretamente pelas leis, com o necessário respeito às disposições constitucionais; diz-se, por isso, que o regime jurídico é "estatutário".[7] Não há,

---

[7] A Lei nº 8.112/1990 dispõe sobre o regime jurídico dos servidores públicos civis da União, das autarquias e das fundações públicas federais. Em seu artigo 3º, o diploma define cargo público como "o conjunto de atribuições e responsabilidades previstas na estrutura organizacional que devem ser cometidas a um servidor". José dos Santos Carvalho Filho critica o conceito legal anotando que "cargo não é um conjunto de atribuições; cargo é uma célula, um lugar dentro da organização;

por essa razão, contrato de trabalho sujeito às leis trabalhistas, mas vínculo sujeito a regime jurídico delineado pela Constituição e por leis específicas.

Por imperativo da hierarquia existente entre as diversas normas, como cargo público é criado por lei, somente por intermédio do mesmo instrumento é possível a efetivação de qualquer alteração[8] em sua conformação ou mesmo sua extinção. De acordo com o entendimento do STF: "A extinção de cargos públicos, sejam eles efetivos ou em comissão, pressupõe lei específica, dispondo quantos e quais cargos serão extintos, não podendo ocorrer por meio de norma genérica inserida na Constituição. Incabível, por emenda constitucional, nos Estados-membros, que o Poder Legislativo disponha sobre espécie reservada à iniciativa privativa dos demais Poderes da República, sob pena de afronta ao art. 61 da Lei Maior."[9] Merece também referência a excepcional possibilidade de extinção de cargos públicos por ato do Poder Executivo, instaurada no ordenamento pela Emenda Constitucional nº 32, de 2001. A citada emenda alterou a redação do art. 84, inciso VI, e conferiu em sua alínea *b* competência privativa ao Presidente da República para dispor, mediante decreto, sobre extinção de funções ou cargos públicos, quando vagos. Independentemente de qualquer disputa semântica e da conhecida aversão acadêmica à utilização da expressão *decreto autônomo*, o ato referido assume *força primária*: extingue, por decreto, algo que foi criado por lei. Assim, o referido decreto e a lei têm a mesma natureza na Constituição.

A expressão *emprego público*, ao seu turno, possui significado *lato* semelhante ao de cargo público, com uma diferença principal: trata-se de relação jurídica regida pelas leis trabalhistas, com o Estado assumindo a qualidade de empregador. A relação entre empregado e poder público é firmada por meio de um contrato de trabalho, não sendo, por isso, estatutária. O regime de emprego público deve ser estabelecido, obrigatoriamente, nas entidades submetidas ao direito privado – fundações, empresas públicas e sociedades de economia mista. Ainda que não seja comum, é possível também a existência de empregos públicos na administração direta e em entidades de direito público. Nesse particular, é importante atentar para os efeitos da medida cautelar concedida pelo Supremo Tribunal Federal na ADI 2135 que suspendeu a eficácia do *caput* do art. 39 da Constituição, na redação dada pela EC 19/1998, com efeitos *ex nunc*, subsistindo a legislação editada nos termos da emenda declarada suspensa. É importante anotar que a presença do Estado em um

---

além do mais, as atribuições são, isto sim, cometidas ao titular do cargo" (CARVALHO FILHO, José dos Santos. *Manual de direito administrativo*. 17. ed. rev., atual. e ampl. Rio de Janeiro: Lumen Juris, 2007. p. 528).

[8] "Contraria direito líquido e certo do servidor público a alteração, por meio de portaria, das atribuições do cargo que ocupa. A inexistência de direito adquirido a regime jurídico não autoriza a reestruturação de cargos públicos por outra via que não lei formal" (MS 26.955, Rel. Min. Cármen Lúcia, julgamento em 1º-12-2010, Plenário, *DJE* de 13-4-2011).

[9] ADI 1521/RS, Relator Min. RICARDO LEWANDOWSKI, Julgamento: 19-6-2013. Órgão Julgador: Tribunal Pleno. Publicação: *DJe*-157.

dos polos da relação jurídica acarreta algumas alterações no regime trabalhista verificado nos vínculos totalmente particulares, regidos pela Consolidação das Leis do Trabalho, em razão da inolvidável ligação estatal com a defesa do interesse público. As alterações de maior substância devem-se à influência direta de regras e princípios constitucionais (como a exigência de concurso público e a existência de regras para a acumulação), no regime dos empregos públicos. Com efeito, pode-se dizer que no regime de emprego público não existem "prerrogativas", mas são impostas praticamente as mesmas sujeições relativas ao regime de cargo público.[10]

Na esfera federal, diante da competência privativa da União para legislar sobre direito do trabalho (art. 22, inciso I) outras características específicas podem existir, sendo atualmente a questão tratada na Lei nº 9.962/2000.[11] Por imposição do artigo 61, § 1º, inciso II, *a*, da Constituição, a criação de empregos públicos na administração direta e nas autarquias depende de lei de iniciativa do Presidente da República.

Resta verificar que tratamento o ordenamento constitucional dispensa às *funções públicas*. Um primeiro sentido, demasiado amplo, entende função como sinônimo de atribuição ou conjunto de atribuições, desempenhadas por qualquer agente público, independentemente de cargo ou emprego.[12] Outro sentido é o materializado na referência constante no inciso V deste artigo 37, adiante comentado, no tocante às funções de confiança exercidas exclusivamente por titulares de cargo efetivo. Por derradeiro, também se reconhece o exercício de função pública no caso das contratações temporárias efetivadas com fundamento no artigo 37, inciso IX, em razão de excepcional interesse público. Há, em todo o texto constitucional, normas que utilizam a expressão tratada nos três sentidos referidos, o que exige atenção do intérprete em cada situação.[13]

2.1 Funções de confiança e cargos em comissão: semelhanças e diferenças

Funções de confiança e cargos em comissão possuem semelhanças e diferenças, que devem ser atentamente analisadas. As semelhanças são basicamente: (a)

---

[10] Recentemente o Supremo Tribunal Federal entendeu que a dispensa dos empregados de empresas públicas e sociedades de economia mista que prestam serviços públicos deve ser motivada por imposição dos princípios da impessoalidade e isonomia (RE 589998, Relator Min. RICARDO LEWANDOWSKI, Julgamento: 20-3-2013, Órgão Julgador: Tribunal Pleno. Publicação: *DJe*-179).

[11] A Lei nº 9.962/2000 disciplina o regime de emprego público do pessoal da Administração federal direta, autárquica e fundacional.

[12] Esse parece ser o sentido da expressão *função pública* utilizada no artigo 37, § 4º, a saber: "Os atos de improbidade administrativa importarão a suspensão dos direitos políticos, a perda da função pública, a indisponibilidade dos bens e o ressarcimento ao erário, na forma e gradação previstas em lei, sem prejuízo da ação penal cabível."

[13] DI PIETRO, Maria Sylvia Zanella. *Direito administrativo*. 28. ed. São Paulo: Atlas, 2015. p. 666.

restrição das atividades desempenhadas; (b) existência de vínculo subjetivo de confiança; (c) instabilidade do vínculo; e (d) constituem exceções à regra da investidura mediante concurso público.

Quanto à primeira característica que aproxima os dois institutos: tanto as funções de confiança quanto os cargos em comissão destinam-se apenas às atribuições de direção, chefia e assessoramento. É dizer que a lei que cria cargos comissionados ou funções de confiança e lhes confere atribuições distintas das referidas encontra-se em descompasso com a Constituição.

A questão que naturalmente ganha relevância é a precisão do conteúdo dos termos utilizados no texto. Como se sabe, é comum e necessária a utilização, pelas normas, de conceitos vagos, rotineiramente intitulados indeterminados, que comportam interpretações mais ou menos abrangentes em sua aplicação. A utilização dessa técnica é verificada em todos os ramos do conhecimento jurídico e sua feição assume essencial relevância no direito público. Com efeito, sendo impossível prefixar qual acepção deve ser conferida para o atendimento da finalidade pública visada pela norma, é necessário atribuir ao intérprete a tarefa de, à vista do caso concreto, precisar o significado da dicção legal.

A principal divergência doutrinária no trato do assunto reside na existência ou não de discricionariedade na aplicação dos conceitos jurídicos indeterminados. Maria Sylvia Zanella Di Pietro aponta as dificuldades para se definirem aprioristicamente todas as hipóteses em que o uso de conceitos indeterminados implica a existência de discricionariedade, estando as conclusões, em cada caso, dependentes do exame da lei. A autora classifica esses conceitos em *técnicos, empíricos* e *de valor*, entendendo que somente nestes últimos pode existir discricionariedade, sujeita a controle diante das características do caso concreto.[14]

De qualquer forma, é interessante anotar que discricionariedade e conceitos indeterminados são expressões de um mesmo fenômeno: *a concreção de normas abertas, na fase de sua aplicação*. Trata-se de uma margem de atuação da Administração, controlada jurisdicionalmente em intensidades variáveis e caracterizada por elementos de eleição, ponderação e valoração.[15] Especificamente no tocante às funções de confiança e cargos em comissão, caberá à respectiva lei de criação integrar o comando constitucional, estando sujeita a controle jurisdicional posterior.

---

[14] DI PIETRO, Maria Sylvia Zanella. *Direito administrativo*. 28. ed. São Paulo: Atlas, 2015. p. 259.

[15] MUÑOZ MACHADO, Santiago. *Tratado de Derecho Administrativo y Derecho Público General*. Barcelona: Iustel, 2006. t. II, p. 549.

2.1.1 Chefia, direção ou assessoramento

O primeiro passo nesse rumo pode ser efetivado pela via da exceção, ou seja, pelo afastamento das atividades que, decididamente, não possuem um grau mínimo de direção, chefia ou assessoramento (*v. g.*, atividades materiais e subalternas). O passo posterior deve ser dado com o socorro à acepção comum dos termos utilizados. A peculiaridade verificada na redação do inciso é que os termos utilizados possuem significados aproximados, talvez complementares, o que impede uma conceituação precisa. A) *Chefia* evoca autoridade, poder de decisão e mando situado em patamar hierarquicamente superior na estrutura da organização. B) *Direção* liga-se a comando, liderança, condução e orientação de rumos, gerenciamento. C) *Assessoramento* envolve atividades auxiliares de cunho técnico e especializado.[16] Em cada situação concreta, competirá ao intérprete verificar se a descrição legal das atividades atribuídas aos cargos em comissão e funções permite concluir que possuem ligação com as atividades de direção, chefia e assessoramento.

A restrição à natureza das atividades correlatas aos cargos já foi apreciada pelo STF:

> "[...] Os cargos em comissão criados pela Lei nº 1.939/1998, do Estado de Mato Grosso do Sul, possuem atribuições meramente técnicas e que, portanto, não possuem o caráter de assessoramento, chefia ou direção exigido para tais cargos, nos termos do art. 37, V, da Constituição Federal."[17]

Outra característica comum às espécies comentadas é a existência de um *vínculo subjetivo de confiança*. Na lição de Cármen Lúcia Antunes Rocha,

> "[...] o elo de vinculação pessoal identifica o agente que é indicado para o exercício da função e denota a sua ligação com a política ou com as diretrizes administrativas estabelecidas. Cuida-se de situação excepcional, que precisa ser considerada e compatibilizada com a impessoalidade, posta como princípio constitucional intransponível e incontornável. A confiança haverá de ser considerada em relação às condições de qualificação pessoal e à vinculação do agente escolhido com a função a ser desempenhada".[18]

---

[16] Segundo o dicionário, *assessor* é "aquele que é adjunto a alguém, que exerce uma atividade ou cargo para ajudá-lo em suas funções e, eventualmente, substituí-lo nos impedimentos transitórios" (HOUAISS, Antônio; VILLAR, Mauro de Salles. *Dicionário Houaiss da língua portuguesa*. Rio de Janeiro: Objetiva, 2001. p. 321).

[17] ADI 3706/MS, Relator Min. Gilmar Mendes, Órgão Julgador: Tribunal Pleno; *DJ* 5-10-2007, p. 20.

[18] ROCHA, Cármen Lúcia Antunes. *Princípios constitucionais dos servidores públicos*. São Paulo: Saraiva, 1999. p. 177.

Percebe-se que as duas características anotadas – natureza das atribuições e vínculo de confiança – são cumulativas próprias à natureza de cargos em comissão e funções de confiança. No que toca aos cargos em comissão, a questão já foi objeto de apreciação pelo STF:

> "[...] É inconstitucional a criação de cargos em comissão que não possuem caráter de assessoramento, chefia ou direção e que não demandam relação de confiança entre o servidor nomeado e o seu superior hierárquico, tais como os cargos de Perito Médico-Psiquiátrico, Perito Médico-Clínico, Auditor de Controle Interno, Produtor Jornalístico, Repórter Fotográfico, Perito Psicológico, Enfermeiro e Motorista de Representação. Ofensa ao artigo 37, II e V da Constituição Federal".[19]

É evidente que o vínculo de confiança serve à finalidade pública almejada pelo ordenamento, e não para deleites ou privilégios. Nesse sentido, extrai-se do sistema constitucional que o bom desempenho de certas atividades relevantes à sociedade, ligadas ao estabelecimento de diretrizes, rumos e tomada de decisões fundamentais, deve ser coadjuvado pelo exercício de outras atividades instrumentais, levadas a cabo por pessoas que possuam a sobredita confiança. Dessa característica – a existência da subjetividade do vínculo – decorre sua *instabilidade*: o exercício das atividades é sempre precário, persistente apenas enquanto durar o vínculo de confiança entre nomeante e nomeado. Daí a constatação de que nomeação e exoneração são livres em se tratando de cargos em comissão e funções de confiança.[20]

Por último, é relevante anotar que os institutos versados consubstanciam exceções à regra do concurso público, e como tais devem ser interpretados. O desempenho impessoal das atividades públicas e a continuidade delas independem das mudanças dos governos. Tudo isso somente pode ser garantido com a predominância dos cargos efetivos, que constituem a base maior do pessoal no serviço público.

2.1.2 Distinção entre cargos em comissão e funções de confiança

Sobre a **distinção entre cargos em comissão e funções de confiança**, estas últimas consubstanciam-se em um conjunto de atribuições de direção, chefia ou assessoramento, criadas por lei e exercidas exclusivamente por servidores ocupantes de cargo efetivo. A lei de criação deve estabelecer os requisitos para acesso à função e a autoridade competente para a escolha e nomeação do servidor que

---

[19] ADI 3602, Relator Min. JOAQUIM BARBOSA. Julgamento:14-4-2011, Órgão Julgador: Tribunal Pleno. Publicação: *DJe*-108.

[20] Essa constatação não obsta a possibilidade do estabelecimento de requisitos mínimos de formação para o provimento das funções e dos cargos.

a ocupará. Geralmente, a mesma lei estabelece alguma gratificação pecuniária pelo exercício dessa função, a ser percebida transitoriamente, apenas enquanto durar tal exercício.

Já os cargos em comissão são espécies de cargos públicos[21] aos quais se acede sem a necessidade de concurso público; são excepcionais, criados por lei, destinados ao exercício exclusivo de atividades de direção, chefia e assessoramento, a serem desempenhadas por agente público em caráter não permanente. Além da limitação natural decorrente de sua própria natureza, outra foi inserida pela Emenda Constitucional nº 19: percentual mínimo dos cargos em comissão deverá ser preenchido por servidores efetivos, organizados em carreira. Essa limitação, ao mesmo tempo, reconhece a relevância das atividades desempenhadas pelos comissionados e a importância da participação do servidor permanente nessas atividades. A eficácia da determinação constitucional depende de lei (ou leis) de cada unidade federativa em que se insere o cargo.[22]

Poder-se-ia perguntar se existe limite à criação de cargos em comissão, diante da sistemática constitucional. Na correta lição de Márcio Cammarosano,

> "[...] a Constituição, ao admitir que o legislador ordinário crie cargos em comissão, de livre nomeação e exoneração, o faz com a finalidade de propiciar ao chefe do governo o seu real controle mediante o concurso, para o exercício de certas funções, de pessoas de sua absoluta confiança, afinadas com as diretrizes políticas que devem pautar a atividade governamental. Não é, portanto, qualquer plexo unitário de competências que reclama seja confiado o seu exercício a esta ou àquela pessoa, a dedo escolhida, merecedora da absoluta confiança da autoridade superior, mas apenas aqueles que, dada a natureza das atribuições a serem exercidas pelos seus titulares, justificam exigir-se deles não apenas o dever elementar de lealdade às instituições constitucionais e administrativas a que servirem, comum a

---

[21] Celso Antônio Bandeira de Mello, que define *cargos* como "[...] as mais simples e indivisíveis unidades de competência a serem expressadas por um agente, previstas em número certo, com denominação própria, retribuída por pessoas jurídicas de Direito Público e criadas por lei, salvo quando concernentes aos serviços auxiliares do Legislativo, caso em que se criam por resolução, da Câmara ou do Senado, conforme se trate de serviços de uma ou de outra destas Casas" (BANDEIRA DE MELLO, Celso Antônio. *Curso de direito administrativo*. 28. ed. rev. e atual. até a Emenda Constitucional 53. São Paulo: Malheiros, 2011. p. 254.

[22] Em importante iniciativa, o Ministério Público do Estado de Goiás ajuizou **mandado de injunção** diante da omissão do Município de Itumbiara na edição da lei regulamentadora do quantitativo mínimo de cargos comissionados a ser ocupado por servidores efetivos, nos termos do artigo 37, V. A sentença, que julgou a pretensão parcialmente procedente, declarou a mora do Poder Público municipal; fixou o prazo de 8 (oito) meses para que se ultime o processo legislativo da lei reclamada e autorizou, caso persista a mora legislativa, a instauração de liquidação por artigos na qual, em sede de cognição ampla, sejam definidos os percentuais mínimos e condições para a destinação de cargos comissionados ao servidores efetivos (Autos: 200802081589, 2ª Vara Cível, Juiz Fernando de Mello Xavier).

todos os funcionários, como também um comprometimento político, uma fidelidade às diretrizes estabelecidas pelos agentes políticos, uma lealdade pessoal à autoridade superior".[23]

Em complemento, cabe anotar que os cargos em comissão, por serem situações de exceção ao concurso público,[24] devem ser criados com parcimônia e cautela. A criação indiscriminada de cargos em comissão e sua previsão para o exercício de atividades que não sejam de direção, chefia e assessoramento atinge o princípio da igualdade.

Em razão de sua natureza excepcional, em princípio não se pode admitir a predominância numérica dos cargos em comissão em detrimento dos cargos efetivos. Em cada estrutura da Administração, é imperioso que existam mais cargos efetivos do que cargos comissionados, sob pena de se consagrar a exceção em detrimento da regra. O abuso na criação e persistência de cargos em comissão, resquício de nossa lamentável tradição patrimonialista, deve ser coibido por meio do controle de constitucionalidade das leis respectivas.[25]

A jurisprudência recente do Supremo Tribunal Federal tem corretamente interpretado a *natureza excepcional* do cargo em comissão. Nestes termos, entendeu aquela Corte que

"[...] ofende o disposto no art. 37, II, da Constituição Federal norma que cria cargos em comissão cujas atribuições não se harmonizam com o princípio da livre nomeação e exoneração, que informa a investidura em comissão. Necessidade de demonstração efetiva, pelo legislador estadual, da

---

[23] CAMMAROSANO, Márcio. *Provimento de cargos públicos no direito brasileiro*. São Paulo: Revista dos Tribunais, 1984. p. 95.

[24] "É evidente que se a Administração puder criar todos os cargos com provimento em comissão, estará aniquilada a regra do concurso público. Da mesma forma, a simples criação de um único cargo em comissão, sem que isso se justifique, significa uma burla à regra do concurso público" (DALLARI, Adilson Abreu. *Regime constitucional dos servidores públicos*. 2. ed. rev. e atual. de acordo com a Constituição Federal de 1988. São Paulo: Editora Revista dos Tribunais, 1992. p. 41.

[25] "[...] O número de cargos efetivos (providos e vagos) existentes nos quadros do Poder Executivo tocantinense e o de cargos de provimento em comissão criados pela Lei nº 1.950/2008 evidencia a inobservância do princípio da proporcionalidade. 4. A obrigatoriedade de concurso público, com as exceções constitucionais, é instrumento de efetivação dos princípios da igualdade, da impessoalidade e da moralidade administrativa, garantidores do acesso aos cargos públicos aos cidadãos. A não submissão ao concurso público fez-se regra no Estado do Tocantins: afronta ao art. 37, inc. II, da Constituição da República. Precedentes. 5. A criação de 28.177 cargos, sendo 79 de natureza especial e 28.098 em comissão, não tem respaldo no princípio da moralidade administrativa, pressuposto de legitimação e validade constitucional dos atos estatais. 6. A criação de cargos em comissão para o exercício de atribuições técnicas e operacionais, que dispensam a confiança pessoal da autoridade pública no servidor nomeado, contraria o art. 37, inc. V, da Constituição da República. Precedentes" (ADI 4125, Relatora: Min. CÁRMEN LÚCIA. Julgamento: 10-6-2010, Órgão Julgador: Tribunal Pleno. Publicação: *DJe*-030).

adequação da norma aos fins pretendidos, de modo a justificar a exceção à regra do concurso público para a investidura em cargo público".[26]

No mesmo sentido, em importante julgado foi reconhecido que

"[...] cabe ao Poder Judiciário verificar a regularidade dos atos normativos e de administração do Poder Público em relação às causas, aos motivos e à finalidade que os ensejam. Pelo princípio da proporcionalidade, há que ser guardada correlação entre o número de cargos efetivos e em comissão, de maneira que exista estrutura para atuação do Poder Legislativo local".[27]

---

[26] ADI 3233/PB, Relator Min. Joaquim Barbosa, Órgão Julgador: Tribunal Pleno; *DJ* 14-9-2007, p. 30. Destaque nosso.

[27] RE-AgR 365368/SC, Relator: Min. Ricardo Lewandowski, Órgão Julgador: Primeira Turma; *DJ* 29-6-2007, p. 49.

3

Concurso público

Fabrício Motta

3.1 A ampla acessibilidade

Nas Constituições brasileiras de 1824 e 1937, o direito ao amplo acesso aos cargos e empregos públicos constava expressamente no rol de direitos e garantias fundamentais. A Constituição Federal de 1988 não repetiu a orientação, o que não lhe retira só por si o caráter de direito fundamental, pois a Constituição Brasileira adota um conceito materialmente aberto de direitos fundamentais (art. 5º, § 2º)[1] e o direito de aceder aos postos de trabalho no serviço público decorre do regime republicano e do princípio da isonomia. Pode-se então afirmar que *o direito fundamental de concorrer, em igualdade de condições, aos cargos e empregos públicos, é decorrente do regime republicano-democrático e do princípio da igualdade.*

O regime democrático é marcado pela titularidade do poder conferida aos cidadãos, e de tal assertiva decorre o direito de participar ativamente do exercício e do controle das funções estatais. Por outro lado, o princípio isonômico determina um equânime tratamento dos cidadãos, de acordo com sua situação pessoal, não havendo amparo para tratamento injustificadamente privilegiado ou desfavorecido por parte do Estado. Também não se pode olvidar que, em razão do

---

[1] No entendimento de Ingo Sarlet, "a citada norma traduz o entendimento de que, para além do conceito formal de Constituição (e de direitos fundamentais), há um conceito material, no sentido de existirem direitos que, por seu conteúdo, por sua substância, pertencem ao corpo fundamental da Constituição de um Estado, mesmo não constando no catálogo. Neste contexto, importa salientar que o rol do art. 5º, apesar de exaustivo, não tem cunho taxativo" (SARLET, Ingo Wolfgang. *A eficácia dos direitos fundamentais.* 3. ed. rev., atual. e ampl. Porto Alegre: Livraria do Advogado Editora, 2003. p. 86).

princípio do interesse público, o concurso deve objetivar selecionar os mais aptos para titularizar as posições estatais, em atendimento ao princípio da eficiência administrativa. Conjugando-se as três ideias, conclui-se que o acesso aos cargos e empregos públicos deve ser amplo e democrático, precedido de um procedimento impessoal onde se assegurem igualdade de oportunidades a todos os interessados em concorrer para exercer os encargos oferecidos pelo Estado, a quem incumbirá identificar e selecionar os mais adequados mediante critérios objetivos.

O direito fundamental, que se efetivará com a realização do procedimento administrativo denominado "concurso público",[2] abrange cargos e empregos públicos. As funções públicas não são precedidas de concurso público ou porque somente podem ser ocupadas por servidores efetivos (concursados, obviamente, nos termos do art. 37, inciso V), em se tratando de funções de confiança, ou porque a realização do concurso poderia obstar a proteção temporária de interesse público excepcional (art. 37, inciso IX) ou são precedidas de processo seletivo.[3] Não é demais relembrar que o artigo 37 alcança as administrações direta e indireta, embora seus princípios, com mais ou menos intensidade, tenham transcendência para que se apliquem a entidades que, de uma forma ou de outra, se beneficiam de relações jurídicas com o poder público.

Fica clara a importância do concurso público como *procedimento administrativo indispensável à eficácia do direito fundamental de disputar, em igualdade de condições, os cargos e empregos públicos*. Nesse diapasão, mais do que um direito objetivo de se disputar certames, reconhece-se a existência de um *dever público* de realizá-los, de forma isonômica, sempre que o interesse público o exigir.

No ordenamento brasileiro, as normas definidoras dos direitos e garantias fundamentais têm aplicação imediata, por força do artigo 5º, § 1º, da Constituição. Essa norma ampara a vinculação de todos os poderes públicos à eficiência, acarretando-lhes forte compromisso com a efetivação. Dito entendimento é reforçado com a observância dos fundamentos e objetivos da República, constantes dos artigos que inauguram a Constituição. A conclusão não pode ser outra: no limite de suas atribuições constitucionais, Executivo, Legislativo e Judiciário estão jungidos à observância, proteção e implementação dos concursos públicos. Os titulares do direito fundamental são, em sentido amplo e na forma do *caput* do artigo 5º, os brasileiros que preencham os requisitos estabelecidos em lei, assim como os estrangeiros, na forma da lei.[4]

---

[2] A respeito do direito fundamental de concorrer, em condições de igualdade, aos cargos e empregos públicos, vide: MOTTA, Fabrício. Direitos fundamentais e concurso público. *Revista do Tribunal de Contas do Estado de Minas Gerais – especial concursos públicos*, ano 1, nº 1, Belo Horizonte: TCE-MG, p. 68-85.

[3] A respeito de função pública e processo seletivo, vide o capítulo específico.

[4] Nos termos da tradicional classificação de José Afonso da Silva, no que toca aos brasileiros, a norma é de eficácia contida e, no tocante aos estrangeiros, possui eficácia limitada.

Cabe à lei conformar o exercício do direito à livre acesssiblidade, estabelecendo os requisitos necessários para o ingresso nos cargos, empregos e funções públicas. As eventuais restrições à participação em concursos, por tais motivos, devem possuir justificação nos valores consagrados pela Constituição e consagrados em lei formal, como se verá. Anota Cármen Lúcia Antunes Rocha (1999, p. 149):

> "É a busca da igualdade de oportunidades que o princípio da acessibilidade aos cargos, funções e empregos públicos propicia, permitindo às pessoas e obrigando o Estado a dar concretude ao princípio da igualdade jurídica. Não se destratam os cidadãos de uma República segundo conveniências, privilégios, preconceitos ou quaisquer elementos externos à qualificação que se lhes exige para o desempenho dos encargos de que se devem desincumbir no exercício que lhes seja especificado. Mais ainda, no Estado Democrático de Direito, há que se obrigar as entidades políticas a cuidar para que todos os cidadãos se dotem das condições materiais, intelectuais, psicológicas, políticas e sociais mínimas que os habilitem à disputa do cargo, da função e do emprego público."

3.2 Concurso público, democracia e processo administrativo

A realização de certame competitivo prévio ao acesso aos cargos e empregos públicos objetiva realizar os princípios consagrados em nosso sistema constitucional, notadamente os princípios da república, *democracia* e *isonomia*,[5] e efetiva-se por meio de procedimento administrativo. Utilizando-se desse mecanismo, atendem-se também as exigências do princípio da eficiência, nesse momento entendido como a necessidade de selecionar os mais aptos para ocupar as posições em disputa e proporcionar uma atuação estatal otimizada.

Na interpretação das questões envolvendo concursos, deve o operador do direito guiar-se pelos princípios que ocupam o núcleo central da ideia de concurso público: os princípios republicano e democrático, fulcrados na premissa de titularidade de todo poder atribuída ao povo e no direito atribuído a todos de concorrerem para ocupar as posições estatais; o princípio da isonomia, consistente na garantia de igualdade de tratamento e vedação de privilégios e discriminações injustificadas; e o princípio da eficiência, que impõe à Administração a seleção transparente e objetiva dos que mais atributos – méritos, qualificações, aptidões – possuem para se adequar ao necessário oferecimento de um serviço eficiente. Destaca-se ainda a necessidade de obedecer aos "reclamos de probidade administrativa", utilizando a expressão de Celso Antônio Bandeira de Mello. Nessa linha

---

[5] Cármen Lúcia Antunes Rocha afirma que o princípio da ampla acessibilidade aos cargos públicos decorre dos princípios da participação política, da igualdade e da república, dentre outros (1999, p. 144).

de raciocínio, princípios outros como os da moralidade, razoabilidade e publicidade orbitarão em torno da ideia central composta pelo trinômio democracia-isonomia-eficiência, tendo como pano de fundo as necessidades impostas pela probidade na ação administrativa.

Como série de atos concatenados tendente a selecionar, de forma impessoal, os mais aptos a ocuparem cargos ou empregos públicos, o concurso público é ontologicamente marcado pelo conflito de interesses entre os concorrentes e, eventualmente, entre qualquer destes e a Administração. Ao entender processo como espécie do gênero procedimento, mas marcado pelo contraditório, ensina Romeu Bacellar Filho:

> "O procedimento configura requisito essencial da atividade estatal, pois é a forma de explicitação de competência. Mesmo os atos administrativos relativamente simples envolvem uma sequência de atos direcionados a um ato final. [...] Quando à competência adiciona-se a colaboração de sujeitos e contraditório, o procedimento expressa-se como processo. O processo administrativo é forma de exteriorização da função administrativa (procedimento administrativo) qualificado pela participação dos interessados em contraditório, imposto diante da circunstância de se tratar de procedimentos celebrados em preparação a algum provimento (ato de poder imperativo por natureza e definição), capaz de interferir na esfera jurídica das pessoas."[6]

Dessa maneira, o concurso público caracteriza-se inicialmente como procedimento administrativo do qual podem resultar processos administrativos, desde que caracterizadas situações demandantes de participação dos interessados em contraditório.[7] Nesse sentido, à possibilidade de existência de um procedimento sem questionamentos ou litigiosidade direta contrapõe-se hipótese diversa, marcada pela litigiosidade (entendida como conflito resistido de interesses) entre concorrentes ou entre estes e o poder público na disputa por uma situação jurídica determinada. Enfim, havendo controvérsia entre candidatos ou entre qualquer destes e a Administração, existe a possibilidade de atingimento da esfera jurídica de determinada pessoa por uma decisão administrativa desfavorável e, por isso, com fundamento no artigo 5º, LV, da Constituição Federal, exige-se o processo administrativo.[8]

A caracterização do concurso como *procedimento* ou *processo* determina a aplicação de uma série de princípios constitucionais e legais. De se realçar, imediatamente, que a Constituição assegurou como garantia fundamental aos acu-

---

[6] BACELLAR FILHO. *Princípios constitucionais do processo administrativo disciplinar*. São Paulo: Malheiros, 1998. p. 46. Em sentido contrário: DI PIETRO (2011, p. 623).

[7] BACELLAR FILHO (1998, p. 47).

[8] BACELLAR FILHO (1998, p. 67).

sados em geral e aos litigantes em processo administrativo o contraditório e a ampla defesa, com os meios e recursos a ela inerentes. Na mesma esteira, a lei que regula o processo administrativo na administração pública federal – Lei 9.784/1999, aplicável, ainda que subsidiariamente, aos concursos públicos – determina ainda a obediência a outros princípios não referidos explicitamente pela Constituição, mas identificáveis no sistema constitucional.

Um breve comentário é necessário a respeito da eficiência do processo administrativo. Segundo Egon Bockmann Moreira,[9] cinco requisitos são necessários para caracterizar o processo como eficiente: celeridade, simplicidade, predefinição da finalidade, economicidade processual e efetividade. Ao seu turno, Emerson Gabardo[10] arrola alguns meios para incremento do princípio, como: garantia do direito à informação, facilitação de vista dos autos, correta intimação dos atos processuais, publicidade efetiva, não utilização de "pareceres colados" de um processo para outro por mera similitude e não aplicação de efeito retroativo a mudança de interpretação pela Administração. Com relação aos concursos públicos, é importante registrar ainda que o processo objetiva selecionar, de forma democrática e isonômica, os mais aptos a proporcionar uma atuação administrativa eficiente no atendimento ao interesse público e ao cidadão. Por tais motivos, as regras seletivas hão de estabelecer parâmetros objetivos para que a escolha se funde nos aspectos meritórios necessários para que o poder público atue de forma otimizada, respondendo aos anseios sociais. Analisando o acesso ao funcionalismo público inglês, H. W. R. Wade[11] informa que o princípio fundamental que orienta as seleções é a preferência aos que mais demonstram capacidade de aprender que propriamente habilidades práticas, sendo necessária a demonstração de capacidade diretiva e neutralidade política.

Enfim, cumpre relembrar que também é objetivo do concurso selecionar os mais adequados para a realização do interesse público, em atendimento às exigências do princípio da eficiência. Contudo, a análise de critérios e parâmetros para identificar os mais aptos escapa dos estreitos limites da ciência jurídica. Por outro lado, a ofensa a qualquer dos demais princípios constitucionais poderá caracterizar, direta ou reflexamente, o processo administrativo como ineficiente. Por tais motivos, prescindindo-se de estudar especificamente o princípio da eficiência, passa-se a analisar a aplicação dos princípios e regras constitucionais mais relevantes para os concursos públicos.

---

[2] MOREIRA, Egon Backmann. *Processo administrativo*. São Paulo: Malheiros, 2007. p. 197.

[10] GABARDO, Emerson. *Princípio constitucional da eficiência administrativa*. São Paulo: Dialética, 2002. p. 126.

[11] WADE, H. W. R. *Derecho administrativo*. Trad. Mariano Baena Del Alcazar e Elena Bardon Fernandez. Madrid: Instituto de Estudios Políticos, 1971. p. 34.

3.2.1 Princípio da isonomia

Todas as ações a cargo do Estado devem visar ao atendimento dos objetivos da República, insculpidos no artigo 3º da Constituição Federal, e todos os objetivos ligam-se de forma direta ou indireta ao princípio da isonomia. É há muito conhecida a máxima aristotélica de tratar igualmente os iguais e desigualmente os desiguais, na medida em que se desigualam, caracterizando a chamada isonomia perante a lei (ou isonomia formal). O princípio da igualdade, previsto firmemente no artigo 5º de nossa Constituição, determina que "todos são iguais perante a lei, sem distinção de qualquer natureza, garantindo-se aos brasileiros e aos residentes no País a inviolabilidade do direito à vida, à liberdade, à igualdade, à segurança e à propriedade".

Em obra lapidar, Celso Antônio Bandeira de Mello cuidou de identificar o conteúdo jurídico do princípio da isonomia. Segundo o autor, há ofensa ao preceito constitucional da isonomia quando:

> I – a norma singulariza atual e definitivamente um destinatário determinado, ao invés de abranger uma categoria de pessoas, ou uma pessoa futura e indeterminada;
>
> II – a norma adota como critério discriminador, para fins de diferenciação de regimes, elemento não residente nos fatos, situações ou pessoas por tal modo desequiparadas. É o que ocorre quando pretende tomar o fator "tempo" – que não descansa no objeto – como critério diferencial;
>
> III – a norma atribui tratamentos jurídicos diferentes em atenção a fator de discrímen adotado que, entretanto, não guarda relação de pertinência lógica com a disparidade de regimes outorgados;
>
> IV – a norma supõe relação de pertinência lógica existente em abstrato, mas o discrímen estabelecido conduz a efeitos contrapostos ou de qualquer modo dissonantes dos interesses prestigiados constitucionalmente; e
>
> V – a interpretação da norma extrai dela distinções, discrímens, desequiparações que não foram professadamente assumidos por ela de modo claro, ainda que por via implícita.[12]

Ao princípio geral da isonomia constante do artigo 5º soma-se, para a Administração, a previsão do artigo 37, que determina a obediência ao princípio da impessoalidade. Dessa maneira, os concursos públicos não podem desigualar pessoas sem que o fator de discriminação possua correlação lógica com a desi- gualdade de tratamento e, mais ainda, esteja de acordo com inte-

---

[12] BANDEIRA DE MELLO (2002, p. 47).

resses constitucionalmente prestigiados.[13] Contudo, uma simples operação de subsunção de diversas situações comumente verificadas em concursos públicos às regras ditadas por Bandeira de Mello mostra que o elenco de violações ao princípio da igualdade perpetradas pela Administração é extenso, obrigando os cidadãos tratados de forma desigual a buscar a correção do ato discriminador junto ao Judiciário.

Nessa linha de raciocínio, não se admite que leis ou editais de concurso atribuam vantagens como atribuição de pontos, particularizando, ainda que indiretamente, um determinado destinatário ou categoria. Da mesma maneira, o fator de discriminação deve guardar correlação lógica com a diferença de tratamento jurídico, no caso, a atribuição de pontos por título. Estaria viciado, por tais parâmetros, um edital que atribuísse pontos, em prova de títulos, a determinado título que sabidamente só uma pessoa possui; ou então que atribuísse pontos a títulos que nenhuma relação possuam com a função a ser exercida.[14]

Citem-se exemplos colhidos na jurisprudência recente do Supremo Tribunal Federal para confirmar o que foi exposto – o STF considerou que ofende o princípio isonômico a atribuição de pontos ao tempo de exercício em cargo privativo de bacharel em direito na Administração superior aos atribuídos para igual exercício na iniciativa privada;[15] a mesma Corte repudiou igualmente o privilégio atribuído a candidatos que já são servidores em determinadas fases de concurso, como exclusão da prova de capacitação física.[16] Em julgado recente, o STF decidiu que o princípio da isonomia não implica no direito de remarcação de provas em razão de circunstâncias pessoais dos candidatos.[17]

Igualmente já decidiu a Suprema Corte, por reiteradas vezes, que a estipulação de limite de idade para inscrição em concurso público só é constitucionalmente admissível quando tal baliza possa ser justificada pela natureza das atribuições do cargo a ser preenchido, em razão do disposto no artigo 7º,

---

[13] Esse o breve "roteiro" para analisar o atendimento ao princípio da igualdade segundo Celso Antônio Bandeira de Mello (2002).

[14] Em caso exemplar, o STF declarou a inconstitucionalidade de texto legal que conferia vantagens, para fins de concurso público, aos detentores do título de "Pioneiro do Tocantins" (ADI 598-TO e RE 202489-TO; Rel. para o Acórdão Min. Maurício Corrêa).

[15] RE 221.966-DF, Rel. Min. Marco Aurélio; ADI 2206-AL, Rel. Min. Nélson Jobim. No mesmo sentido: "[...] Critério de desempate, consistente em ser o candidato servidor municipal, por sua carga subjetiva, não se compraz com a isonomia a que busca preservar o art. 37, II, da Lei Fundamental, a qual, ao demandar que os requisitos para habilitação em concurso público sejam fixados em lei, implica necessidade do legislador de guiar-se pelo estabelecimento de critérios portadores de objetividade" (TRF – 5ª Região, Remessa "Ex Officio" em Ação Cível nº 510269/RN – 2009.84.00.000468-0 [0000468-90.2009.4.05.8400], 3ª Turma, Rel. Des. Federal Geraldo Apoliano, *DJE* nº 43, 6-3-2013).

[16] ADI 1072-RJ, Rel. Min. Sydney Sanches.

[17] Tratava-se, no caso, de remarcação de teste de aptidão física em concurso público em razão de problema temporário de saúde (RE 630733 – Relator: Min. GILMAR MENDES. Julgamento: 15-5-2013 – Órgão Julgador: Tribunal Pleno – Publicação: *DJe*-228).

XXX, da Carta Magna. Tal entendimento hoje encontra-se consagrado na Súmula nº 683 do mesmo STF.

Registre-se ainda que, em atendimento ao princípio da igualdade, o valor fixado para as inscrições não pode ser desarrazoado, de forma a impedir a disseminação da mais ampla participação em razão dos altos valores cobrados. Incumbe à Administração somente obter recursos para fazer frente à realização do concurso, não devendo constituir tal oportunidade mais uma fonte de obtenção de recursos para o Estado. Por essa razão, é imperativa a previsão de regra para isentar do pagamento do valor da inscrição as pessoas que se declarem hipossuficientes.[18,19]

Por fim, o princípio da igualdade implica também idêntico tratamento dos concorrentes por parte da Administração, como alertam Sérgio Ferraz e Adílson Dallari:[20]

> "No processo administrativo o Estado é, ao mesmo tempo, parte e juiz, evidenciando, de plano, uma desigualdade fundamental. Mas essa inamovível desigualdade deve ser compensada por uma atuação a mais isenta possível na condução do processo, tendo como norte a igualdade entre as partes. O processo administrativo, obviamente, não pode ser uma pantomima, um ritual sem conteúdo ou, pior que isso, uma simples forma de enganar o administrado de boa-fé."

3.2.2 Contraditório e ampla defesa

Os princípios constitucionais do contraditório e da ampla defesa encontram-se intimamente ligados, de forma simbiótica, pois ao mesmo tempo em que o contraditório possibilita a defesa, a própria ampla defesa traz em si a garantia do contraditório. Prescinde-se, pois, em razão do escopo do presente estudo, de estabelecer distinção científica entre tais princípios. É relevante frisar que o confli-

---

[18] "[...] A inexistência de norma editalícia com previsão de isenção de pagamento de taxa de inscrição aos candidatos hipossuficientes viola os princípios constitucionais do amplo acesso aos cargos públicos e da isonomia, uma vez que os candidatos, com situações econômicas mais desfavorecidas, não terão a possibilidade de participação do concurso público e, consequentemente, de acesso aos cargos públicos, a configurar uma situação de privilégio aos candidatos com situações financeiras mais favorecidas, beneficiando-se, de forma indevida, uma categoria de pessoas com maior capacidade socioeconômica em detrimento de uma categoria hipossuficiente" (TRF – 2ª Região, Apelação/Reexame Necessário nº 2008.51.01.001116-7, 5ª Turma Especializada, Rel. Des. Federal Aluisio Gonçalves de Castro Mendes, e-DJF2R, 6-9-2013).

[19] O Decreto nº 6.593/08 prevê regras para a isenção aos hipossuficientes nos concursos realizados pela administração federal direta, autarquias e fundações.

[20] FERRAZ, Sérgio; DALLARI, Adilson Abreu. *Processo administrativo*. São Paulo: Malheiros, 2001. p. 53.

to de interesses caracteriza a existência de litigantes e traz consigo a necessidade de processo administrativo, assegurados o contraditório e a ampla defesa com os meios e recursos a ela inerentes. Com acerto, ensina Romeu Bacellar:

> "O contraditório e a ampla defesa com os meios e recursos a ela inerentes qualificam o agir estatal no âmbito da processualidade, sintetizando-o enquanto garantia de meios e de resultados. A suficiência constitucional de uma lei não se basta na estipulação de que tal atividade será operacionalizada através do 'processo' ou na simples qualificação de um procedimento como processo. É imprescindível a presença da possibilidade efetiva de cumprir todas as atividades processuais tecnicamente idôneas para fazer valer o direito, aliada à obtenção do provimento adequado ao pedido."[21]

Tais princípios identificam a dialética processual, conferindo ao cidadão, resumidamente, os seguintes direitos: ser informado dos atos e fatos tocantes ao processo; ser ouvido e produzir provas antes de qualquer decisão que possa afetar sua esfera de direitos e ter suas razões apreciadas e sopesadas pela autoridade julgadora. O conteúdo e os desdobramentos dos princípios do contraditório e da ampla defesa na esfera administrativa já mereceram exaustiva atenção doutrinária;[22] merecem realce os seguintes aspectos que dizem respeito diretamente aos concursos públicos:

a) aos candidatos deve ser assegurado o direito de ter vista de todos os atos e documentos tocantes ao concurso que não sejam resguardados por sigilo, especialmente provas[23] e atas de correção, como forma de possibilitar o exercício de seu direito de defesa;

b) o direito de recorrer de inabilitação de inscrição, correção de provas e avaliação de títulos, dentre outras situações possíveis, independe de expressa previsão legal ou editalícia em razão do disposto no artigo 5º, XXXIV, *a*, da Carta Magna. Aos recursos, na falta de regras específicas de tramitação, aplicam-se as normas das leis de processo administrativo respectivas;[24]

---

[21] BACELLAR FILHO, Romeu Felipe. *Princípios constitucionais do processo administrativo disciplinar*. São Paulo: Malheiros, 1998. p. 61.

[22] Confiram-se, a respeito, as referências bibliográficas deste artigo.

[23] Nesse sentido: "Administrativo. Constitucional. Concurso público. Auditor Fiscal do Tesouro Nacional. Direito de vista da prova e de interposição de eventual recurso administrativo. I – O direito de vista de prova, para fins de eventual recurso, na esfera administrativa, encontra respaldo na garantia constitucional da ampla defesa e do contraditório, nos termos do art. 5º, incisos XXXIV 'b' e LV. II – Remessa oficial desprovida, sentença confirmada" (TRF 1ª Região, REO no MS 1997.01.00.020609-1/DF, 6ª Turma, Rel Juiz Souza Prudente).

[24] Paradoxalmente, a Resolução do CNJ nº 75, de 12-5-2009, que dispõe sobre os concursos públicos para ingresso na carreira da magistratura em todos os ramos do Poder Judiciário nacional,

c) a correção das provas e as decisões atributivas de pontos ou referentes a classificação devem ser motivadas para permitir o exercício do contraditório;

d) as provas orais devem ser gravadas, taquigrafadas, ou por qualquer meio técnico idôneo registradas a fim de possibilitar eventuais recursos ou impugnações.[25] Admitem-se, para tais efeitos, exposição e motivação realizadas em ata ou instrumento semelhante;

e) o direito de produzir provas e juntar alegações, obviamente, deve ser exercido antes da decisão definitiva;

f) deve ser dada ao candidato ciência da tramitação dos recursos e impugnações interpostos, bem como do teor das decisões proferidas;

g) deve ser oferecida oportunidade de apresentar alegações a todos os candidatos que eventualmente puderem ter sua situação agravada em razão de alguma decisão administrativa. No caso de anulação do certame, essa oportunidade deve ser conferida a todos.[26]

3.2.3 *Moralidade*

Apesar de sua inegável importância, é difícil precisar os contornos do princípio da moralidade administrativa, insculpido no *caput* do artigo 37 da Constituição Federal. Assim, Juarez Freitas[27] identifica tal princípio com o da justiça, impondo-se à Administração lealdade e boa-fé no tratamento com os cidadãos.[28] Romeu Bacellar,[29] ao seu turno, destaca a importância de certeza, segurança ju-

---

estabelece: "Art. 70. O candidato poderá interpor recurso, sem efeito suspensivo, no prazo de 2 (dois) dias úteis, contado do dia imediatamente seguinte ao da publicação do ato impugnado. § 1º É irretratável em sede recursal a nota atribuída na prova oral."

[25] FERRAZ; DALLARI, ob. cit., p. 24.

[26] Em sentido contrário: "[...] O litisconsórcio passivo necessário dos aprovados em concurso público cuja nulidade foi decretada em sede de ação civil pública não se impõe, porquanto a jurisprudência do E. STJ é pacífica no sentido de que entre os mesmos não há comunhão de interesses mercê de ostentarem mesmas expectativas de direito, espécie diversa do direito adquirido à nomeação" (STJ REsp 968.400-ES, Rel. Min. Luiz Fux, Órgão julgador: 1ª Turma, *DJe* 3-5-2010).

[27] FREITAS, Juarez. *O controle dos atos administrativos e os princípios fundamentais*. 2. ed. São Paulo: Malheiros, 1999.

[28] Segundo o eminente professor: "O princípio da moralidade [...] não há de ser entendido como singelo conjunto de regras deontológicas extraídas da disciplina interna da Administração. Na realidade, é extremamente mais: diz com os padrões éticos de uma determinada sociedade, de acordo com os quais não se admite a universalização de máximas de conduta que possam fazer perecer os liames sociais" (p. 69).

[29] BACELLAR FILHO (1998, p. 181).

rídica e confiança como norteadores dos processos administrativos. Com clareza ensina Celso Antônio Bandeira de Mello que

> "a Administração haverá de proceder em relação aos administrados com sinceridade e lhaneza, sendo-lhe interdito qualquer comportamento astucioso, eivado de malícia, produzido de maneira a confundir, dificultar ou minimizar o exercício de direitos por parte dos cidadãos".[30]

Na esteira das lições referidas, é certo que a Administração deve pautar sua ação na mais estrita ética, buscando sempre aproximar-se da justiça na realização dos interesses que lhe são afetos. Além disso, por se tratar de processo seletivo pautado por julgamentos objetivos, a Administração deve conservar-se em posição neutra, isenta, sem qualquer aproximação maior que permita favorecer ou prejudicar candidatos determinados. É possível identificar como componentes do princípio da moralidade administrativa os subprincípios da boa-fé e da confiança, tratado por Juarez Freitas como "confiança recíproca".[31]

No tocante aos concursos públicos, a Administração deve primar pela absoluta boa-fé, vinculando-se estritamente às regras legalmente e normativamente regentes do certame. Não se admite, assim, que desrespeite as regras do jogo, estatua uma coisa e faça outra. A confiança na atuação de acordo com o Direito é o mínimo que esperam os cidadãos concorrentes a um cargo ou emprego público. Na mesma seara, também são vedados comportamentos administrativos que ofendam os padrões éticos exigidos do poder público.

Releve-se, inicialmente, que o princípio deve ser obedecido também na composição da comissão de concurso e na escolha dos membros de banca examinadora. Na aferição concreta, aplicam-se os parâmetros para identificação de impedimentos e suspeições determinados pelo Código de Processo Civil.[32]

---

[30] BANDEIRA DE MELLO (2002, p. 102).

[31] Odete Medauar, ao seu turno, apoiando-se na jurisprudência da Corte de Justiça da Comunidade Europeia, fala sobre o princípio da confiança legítima no sentido de respeito à continuidade das leis e à confiança dos indivíduos na subsistência das normas (MEDAUAR, Odete. *O direito administrativo em evolução*. 2. ed. rev., atual. e ampl. São Paulo: Revista dos Tribunais, 2003. p. 247).

[32] Confira-se os seguintes Acórdãos como exemplo: "CONCURSO PÚBLICO. EXAMINADOR QUE É SÓCIO DOS DOIS PRIMEIROS COLOCADOS NO CERTAME. 1. Qualquer que seja a extensão e o sentido que se dê ao princípio da moralidade administrativa (Carta Magna, art. 37, *caput*), não se poderá negar ofensa a ele quando um dos componentes da banca examinadora de concurso público mantém sociedade civil com os dois primeiros colocados no certame. 2. Por outro lado, a ausência de lei específica não impede a declaração de nulidade, pois nem tudo que é lícito é honesto. 3. Remessa improvida" (TRF 1ª Região, REO 1000048160-MA, Rel. Juiz Leão Aparecido Alves). "[...] A alegação de que a irmã do único candidato aprovado era apenas suplente da Banca Examinadora não é apta a afastar o deferimento da antecipação de tutela. Os princípios constitucionais da Administração Pública da impessoalidade e da moralidade devem ser encarados de forma qualificada. Os princípios referidos devem ser vistos não apenas sob uma ótica positiva, mas principalmente sob uma ótica negativa, isto é, de abstenção de certas condutas que possam gerar fundadas suspeitas

Ofende, por exemplo, a moralidade administrativa a presença, nas reuniões preparatórias do concurso, onde se delibera sobre a sua realização, programa, banca examinadora, de servidor ou cidadão que posteriormente se inscreva no referido certame.[33]

É certo que, em sede de controle de atos administrativos, a ofensa à moralidade dificilmente ocorrerá de forma isolada sem atingir legalidade, isonomia ou razoabilidade. Por tais motivos, os exemplos de práticas que atentam à moralidade encontram-se também na análise dos demais princípios.

3.2.4 Motivação

O princípio da motivação administrativa liga-se intimamente com o princípio democrático, apresentando-se também como espécie de "satisfação social" prestada pelo poder público à coletividade. A motivação apresenta especial relevância em razão de sua imprescindibilidade para o controle dos atos administrativos, em especial o exercitado pelo poder judiciário. Por meio da motivação conhece-se o pressuposto fático que antecedeu a ação administrativa, e, em cotejo com o ordenamento jurídico, é possível aferir a correção do que foi decidido.[34] O controle do correto manejo dos princípios administrativos em cada caso concreto só é possível por meio do exame da motivação.

Nota-se o vínculo do princípio estudado com o direito fundamental à ampla defesa. Esclarece Odete Medauar:

> "A oportunidade de reagir ante a informação seria vã, se não existisse fórmula de verificar se a autoridade administrativa efetivamente tomou ciência e sopesou as manifestações dos sujeitos. A este fim responde a regra da motivação dos atos administrativos. Pela motivação se percebe como e quanto determinado fato, documento ou alegação influiu sobre a decisão final."[35]

Como regra, devem ser motivados todos os atos administrativos, especialmente os discricionários, por ser essa a única forma de permitir seu controle. No tocante aos concursos públicos, como está-se sempre diante da possibilidade de afetar direitos ou interesses, a regra prevalece. Essas lições têm encontrado eco na jurisprudência do Supremo Tribunal Federal, merecendo citação integral o seguinte acórdão:

---

na população com relação à probidade administrativa. Os princípios constitucionais impõem a total isenção e imparcialidade dos membros das comissões examinadoras de concursos, a fim de proporcionar a todos os candidatos a efetiva igualdade de acesso aos cargos públicos" (TRF – 2ª Região, Agravo de Instrumento nº 2013.02.01.001352-2, 7ª Turma, Rel. Des. Federal José Antônio Lisboa Neiva, e-DJF2R 22-3-2013).

[33] TRF 4ª Região, AC 9204156678-RS, Rel. Juíza Luiza Dias Cassales.
[34] FERRAZ; DALLARI, ob. cit., p. 58.
[35] MEDAUAR (1993, p. 107).

"Concurso público: magistratura estadual: lei que concede ao Tribunal de Justiça poder de veto a candidato: inconstitucionalidade. 1. Embora a Constituição admita o condicionamento do acesso aos cargos públicos a requisitos estabelecidos em lei, esta não o pode subordinar a pressupostos que façam inócuas as inspirações do sistema de concurso público (art. 97, § 1º), que são um corolário do princípio fundamental da isonomia. 2. Além de inconciliável com a exigência constitucional do concurso público e com o princípio de isonomia, que a inspira, a eliminação de candidatos, mediante voto secreto e imotivado de um colegiado administrativo – ainda que se trate de um Tribunal – esvazia e frauda outra garantia básica da Constituição, qual seja, a da universalidade da jurisdição do Poder Judiciário: tanto vale proibir explicitamente a apreciação judicial de um ato administrativo, quanto discipliná-lo de tal modo que se faça impossível verificar em juízo a sua eventual nulidade. 3. A circunstância de tratar-se de um concurso para a carreira da magistratura – ao contrário de legitimar o poder de 'veto de consciência' a candidatos – agrava a sua ilegitimidade constitucional: acima do problema individual do direito subjetivo de acesso à função pública, situa-se o da incompatibilidade com o regime democrático de qualquer sistema que viabilize a cooptação arbitrária, como base de composição de um dos poderes do Estado. 4. O STF – por fidelidade às inspirações do princípio do concurso público – tem fulminado por diversas vezes o veto a candidato a concurso, ainda quando vinculado a conclusões de exame psicotécnico previsto em lei, se a sua realização se reduz a 'entrevista em clausura, de cujos parâmetros técnicos não se tenha notícia' (RE 112.676, Rezek: com mais razão é de declarar-se a inconstitucionalidade, se à conclusão do exame psicotécnico – seja qual for a sua confiabilidade – não se vincula o Tribunal que – 'conforme ele, contra ele ou apesar dele' –, recebe o poder da eliminação de candidatos, com ou sem entrevistas, por juízo da consciência de votos secretos e imotivados. 5. De reconhecer-se o direito à investidura de candidata à magistrada, que, depois de habilitada nas provas do concurso, não foi indicada à nomeação – então, de competência do Poder Executivo – por força de veto imotivado do Tribunal de Justiça. 6. Consequências patrimoniais pretéritas da preterição do direito à nomeação a calcular-se conforme o critério do STF em casos assimiláveis" (RE 194657/RS, Relator: Min. SEPÚLVEDA PERTENCE).

Essa orientação, amparada na importância do princípio da motivação para o controle da aplicação dos demais princípios constitucionais, encontra-se hoje consagrada na Súmula 684 do STF ("É inconstitucional o veto não motivado à participação de candidato a concurso público"). Tal entendimento não se coaduna com a aplicação de testes, entrevistas e exames, inclusive psicotécnicos, sigilosos ou subjetivos.

No que toca aos exames psicotécnicos e testes psicológicos, é clara a necessidade da utilização de parâmetros cientificamente comprovados e também da motivação expressa da avaliação do candidato.[36]

Nestes termos, todas as decisões relativas a concursos públicos devem ser motivadas de forma explícita, clara e congruente, especialmente avaliações de inscrições, documentos, títulos e recursos interpostos. Destaque-se a necessidade de motivação contemporânea da avaliação das provas, especialmente as subjetivas, devendo estar claros os critérios utilizados para sua correção. A extensão e a forma da motivação devem ser estabelecidas, em cada caso, de acordo com a razoabilidade. Em certames com número expressivo de candidatos, não há por que não admitir motivação mais simples e objetiva que permita ao candidato perceber de forma claro as razões e o suporte de determinada decisão.

3.2.5 Legalidade

No constitucionalismo atual, a ideia de submissão à legalidade, ponto essencial do direito administrativo, sofre considerável mudança de enfoque, deixando de se falar em "submissão à lei" para falar-se em "submissão ao direito". O controle da Administração passa, então, a exigir vinculação das atividades e atos à lei e ao direito, em uma concepção flexível e axiológica da legalidade, tendo como balizas os princípios que configuram o Estado brasileiro. A afronta a qualquer princípio – e não só às regras – em razão de sua indiscutível carga normativa é entendida como desrespeito ao princípio da legalidade em sentido amplo.

No que diz respeito aos concursos públicos, contudo, é importante relembrar que a Constituição determina que os requisitos para o acesso aos cargos, empregos e funções públicas devem ser estabelecidos em lei. Não se admitem maiores

---

[36] " [...] A admissibilidade dos testes psicológicos em concursos públicos deve ser pautada por critérios de objetividade e cientificidade, sob pena de nulidade absoluta. Apesar de a bateria de testes a que foi submetido o autor ser homologada pelo Conselho Federal de Psicologia, a validade dos resultados estaria condicionada à execução correta dos procedimentos, o que não foi observado. O laudo pericial esclareceu que os procedimentos adotados pela comissão do EAOT não observaram a técnica adequada, uma vez que os exames deveriam ter sido realizados nos tempos de 10 e 12 minutos, respectivamente. Assim, a aplicação dos testes com tempos reduzidos para 3 e 5 minutos, não atendem as especificações contempladas no manual técnico, implicando em prejuízos no rendimento dos candidatos avaliados nessas condições, eis que a redução dos tempos sem uma base científica confiável e aprovada pelo Conselho Federal que não deve ser tolerada, pois fulmina a própria higidez do exame aplicado. As conclusões assentadas pela douta experta não deixam margem a dúvidas de que a eliminação do autor no concurso promovido pela Aeronáutica foi ilegal, uma vez que se baseou em procedimentos não endossados pelo Conselho Federal de Psicologia, razão pela qual deve ser-lhe assegurada oportunidade para a realização de novo exame psicotécnico, observada a forma de aplicação estabelecida nos manuais a fim de que ele possa ter o seu perfil profissiográfico devidamente avaliado através de procedimentos aceitos na comunidade científica" (TRF – 5ª Região, Apelação Cível nº 524803/PE – 2009.83.00.008156-8 [0008156-15.2009.4.05.8300], 3ª Turma, Rel. Des. Federal Geraldo Apoliano, *DJE* nº 43, 6-3-2013).

ilações: documentos, inclusive habilitações específicas.[37] testes físicos, exames psicotécnicos,[38] tempo de experiência e idade mínima ou máxima, dentre tantos outros requisitos, somente podem ser exigidos por lei, à qual deve estritamente vincular-se o edital.

Existe a possibilidade de admitir as chamadas *remissões normativas*, que se verificam quando uma lei reenvia a um ato normativo inferior e posterior, a ser elaborado pela Administração, a regulação de certos elementos que complementam a ordenação estabelecida na própria lei. A lei, no caso, incumbe expressamente a Administração de elaborar ato normativo secundário, subordinado à mesma lei, para tratar de determinado assunto. Destaca-se que o ato normativo estará obrigatoriamente sujeito à *preferência de eventual lei* posterior, devendo, obviamente, respeitar as reservas legais. A utilização desta técnica é bastante comum e necessária, sobretudo em razão da necessidade de pormenorizar alguns pontos específicos da atividade administrativa, que costumam mudar com facilidade, e que por isso não podem não encontrar tratamento adequado no rígido processo de elaboração da lei. É possível perceber que se trata de *remissões normativas explícitas*, atribuindo parcela de função normativa a algum órgão ou entidade administrativa. Certamente, os atos normativos editados com apoio em lei devem obedecer, em seu conteúdo, aos parâmetros legalmente estabelecidos. A obediência aos princípios constitucionais também é imperativa, inclusive na ausência de parâmetros legais claros. O processo de interpretação, aplicação e controle desses atos normativos deve seguir uma trilha de generalização sucessiva: dos princípios específicos para os setoriais; desses últimos para os princípios gerais, e assim sucessivamente.

Remissão normativa não é sinônimo de *deslegalização*, técnica por meio da qual uma lei, sem entrar materialmente na regulação de um assunto, transfere essa mesma regulação para a disponibilidade da Administração, que a exercitará por

---

[37] "[...] Somente a lei, em sentido formal e material, pode estabelecer requisitos para a investidura em cargos públicos (art. 37, I, da Constituição Federal), afigurando-se ilegítima a exigência editalícia de dois anos de prévia inscrição na Ordem dos Advogados do Brasil para os candidatos ao cargo de Assessor Jurídico do Conselho Regional de Medicina do Tocantins. Ademais, o simples requisito de inscrição na Ordem dos Advogados do Brasil por 2 anos não se presta, por si só, a revelar experiência no meio jurídico, na medida em que o inscrito pode muito bem não exercer a advocacia, resignando-se a pagar as anuidades. Comprovada a atividade jurídica/prática forense da impetrante por bem mais que o período exigido, não se mostra razoável negar-lhe a posse e o exercício no cargo público almejado". IV – Remessa oficial desprovida. Sentença confirmada (TRF – 1ª Região, Reexame Necessário no Mandado de Segurança nº 2007.43.00.005401-8/TO, 5ª Turma, Rel. Des. Federal Souza Prudente, Rel. Conv. Juiz Federal Carlos Eduardo Castro Martins, e-DJF1 nº 63, div. 2.4.2013, pub. 3-4-2013).

[38] Com relação ao exame psicotécnico, a Súmula Vinculante STF nº 44 trata da necessidade de previsão em lei e diversos julgados reconhecem a importância da avaliação sob critérios objetivos de reconhecido caráter científico (RE 188234-DF, Rel. Min. Néri da Silveira, julgado em 19-3-2002). No mesmo sentido: ARE 736416 AgR – Relator: Min. LUIZ FUX – Julgamento 12-11-2013 – Órgão Julgador: Primeira Turma. Publicação: *DJe*-232.

meio de um ato normativo inferior à lei. Para adequação ao ordenamento jurídico brasileiro, a lei atributiva de determinada parcela de poder normativo depende do estabelecimento mínimo de *standards* suficientes ao exercício de tal função.

No tocante aos exames psicotécnicos e testes psicológicos – tema sucintamente referido no item anterior – é importante verificar a existência de um perfil profissiográfico estabelecido pela lei para que os exames possam ser aplicados como meio para identificar os profissionais que dele destoam. A questão é extremamente complexa em razão da dificuldade de se classificar características da personalidade humana para agrupá-los a partir de um suposto "perfil ideal". O tema tem sido tratado com maestria pelo eminente Desembargador João Batista Gomes Moreira:

> "[...] A reprovação em exame psicotécnico realizado em concurso público para Agente Penitenciário Federal padece da falta de motivos suficientes e adequados ou, no mínimo, da falta de motivação suficiente, pública e convincente da inaptidão do candidato. 2. De acordo com a Lei nº 9.784/99, art. 50, deverão ser motivados todos os atos administrativos, entre outras hipóteses, que decidam processos administrativos de concurso ou seleção pública. 3. A possibilidade de preparação para criar, falsamente, resultado positivo no exame psicotécnico, sem que por essa atitude o candidato esteja sujeito a qualquer sanção (haverá, quando muito, sanção ético-disciplinar para o psicólogo que ministre tal treinamento) é um atentado à isonomia, na medida em que desiguala injustamente os concorrentes, em prejuízo, logo, dos mais honestos. 4. Não convence argumentação com base na discricionariedade técnica e na presunção de legitimidade do ato administrativo. Primeiro, a discricionariedade técnica não constitui obstáculo ao contraste jurisdicional pleno da atividade administrativa. Segundo, à semelhança do que acontece com a presunção de constitucionalidade, que não subsiste para a lei restritiva de direito fundamental, e com mais razão, o ato administrativo não será presumido legítimo especialmente quando classificado nesse mesmo campo. 5. O exame psicotécnico emprega o método racionalista de fragmentar a personalidade humana, reduzindo-a a caracteres que se pretendem positivos ou negativos. Num dos testes normalmente aplicado – o de Zulliger – busca-se dimensionar os caracteres controle emocional, flexibilidade, maturidade, resistência à frustração, meticulosidade, perspicácia, ansiedade, sociabilidade, impulsividade, agressividade, tendência depressiva, capacidade de análise e síntese, o resultado dependendo da combinação quantitativa (matemática) de traços classificados como indesejáveis, restritivos e prejudiciais. 6. A fragmentação para efeito de análise é orientação típica do racionalismo cartesiano, que recomenda, para alcançar a verdade, a redução da realidade a seus mínimos elementos para efeito de medição matemática. Mas a fragmentação da realidade, especialmente cuidando-se do grande universo da personalidade humana, pode ser comparada à experiência de colocar uma onda de mar num recipiente, o que a torna instantanea-

mente sem vida e sem movimento (Carlos Britto). O resultado do conjunto integrado num sistema é maior e diferente que o da simples soma das partes. 7. Ressalta Luis Recaséns Siches, tocando justamente na Psicologia, que para a Gestalt, ao contrário do associacionismo atomista, os fenômenos da consciência não representam a soma de componentes mentais singulares, mas uma totalidade unitária, indivisa (sistêmica), de sentido. 8. São utilizados conceitos altamente indeterminados (alguns duplamente indeterminados, como inibição exacerbada), insuscetíveis de determinação e medição matemática, válida para uma pessoa no decorrer de toda sua vida e em todas as circunstâncias; não está justificado porque esses caracteres e não outros são os adequados. 9. Na questão do exame psicotécnico em concurso público, há dois problemas fundamentais, de difícil superação: 'o primeiro reside em identificar, teoricamente, as características psicológicas incompatíveis com as competências do cargo considerado. E o segundo consiste na implantação de um sistema de avaliação dotado de um mínimo de objetividade' (Marçal Justen Filho). Acrescentem-se os desvios subjetivos na interpretação do que seja realmente cada um daqueles traços, a respectiva importância (indesejável, restritivo ou prejudicial) e a quantidade ilimitada de tipos resultantes de sua combinação. 10. A exigência de perfil profissiográfico positivo (em vez da reprovação de desvios de personalidade 'que prejudiquem o exercício do cargo') é atentado ao direito à diferença, que se afirma no pluralismo democrático, contra a ideologia (neoliberal) do pensamento único."[39]

A propósito, a lei a que se refere é editada pelo ente político responsável pela criação do cargo, emprego ou função pública. Trata-se, no caso, de respeito à regra da reserva legal, componente do princípio da legalidade.[40]

Em atenção ao princípio analisado, não se admite que qualquer ato normativo editado pela Administração para reger o concurso traga imposições ou estabeleça distinções onde a lei não as fez. Em resumo: o edital que trouxer exigências que não estejam consagradas na lei é ilegal. Obviamente, o conteúdo da lei está sujeito a controle mediante cotejo com os princípios constitucionalmente albergados, notadamente os que regem a atividade administrativa.

3.2.6 Vinculação ao Edital

Reza o consagrado aforismo que "o edital é a lei do concurso público". Essa máxima consubstancia-se no princípio da vinculação ao edital, que determina,

---

[39] (Apelação Cível nº 2009.34.00.027522-7/DF – 5ª Turma – Apelante: Tales Rosa dos Santos – Adv.: Joaquim Sérgio Ferreira Santos – Apelado: União Federal – Procurador: Ana Luísa Figueiredo de Carvalho – Relator: Desembargador Federal João Batista Moreira – e-DJF1 nº 49, div. 12-3-2013, pub. 13-3-2013).

[40] MOTTA, Fabrício. *Função normativa da Administração Pública*. Belo Horizonte: Fórum, 2007.

em síntese, que todos os atos que regem o concurso público ligam-se e devem obediência ao edital.

Esse princípio nada mais é que faceta dos princípios da legalidade e moralidade, antes referidos, mas que merece tratamento separado em razão de sua importância. Com efeito, o edital é ato normativo editado pela administração pública para disciplinar o processamento do concurso público. Sendo ato normativo editado no exercício de competência legalmente atribuída, o edital encontra-se subordinado à lei e vincula, em observância recíproca, Administração e candidatos,[41] que dele não podem se afastar a não ser nas previsões que conflitem com regras e princípios superiores e que por isso são ilegais ou inconstitucionais.

Logicamente, o poder público encontra-se tão ou mais sujeito à observância do edital que os candidatos, pelo simples fato de que presidiu sua elaboração. Por isso, a Administração simplesmente não pode evadir-se das regras que ela mesmo determinou.[42] O princípio da moralidade, neste momento encarado sob o aspecto da confiança recíproca e da boa-fé, exige da Administração postura de respeito aos parâmetros previamente definidos no instrumento, que é o vínculo entre poder público e candidatos.

> "Pactuam-se, assim, normas preexistentes entre os dois sujeitos da relação editalícia. De um lado a Administração. De outro, os candidatos. Qualquer alteração no decorrer do processo seletivo, que importe em mudança significativa na avença, deve levar em consideração todos os participantes inscritos e previamente habilitados, não sendo possível estabelecer-se distinção entre uns e outros, após a edição do edital. Desta forma, compete ao administrador estabelecer condutas lineares, universais e imparciais, sob pena de fulminar todo o concurso, oportunidade em que deverá estipular nova sistemática editalícia para regular o certame."[43]

A publicação do edital torna explícitas as regras que nortearão o relacionamento entre a Administração e aqueles que concorrerão aos seus cargos e

---

[41] Averbou em acórdão de sua lavra o Ministro Marco Aurélio: "A ordem natural das coisas, a postura sempre aguardada do cidadão e da Administração Pública e a preocupação insuplantável com a dignidade do homem impõem o respeito aos parâmetros do edital do concurso" (STF, RMS 23657/DF).

[42] Serve como exemplo o estabelecimento de regras a respeito das formas de comunicação entre Administração e candidatos: "[...] A parte autora foi convocada para a realização de exames admissionais e posse por meio de portaria divulgada na rede mundial de computadores, não havendo prova nos autos de ter sido encaminhado telegrama ou carta com aviso de recebimento à sua residência, o que representa flagrante violação, pela administração pública, ao edital do concurso público, que previa expressamente a convocação por correspondência direta" (TRF – 2ª Região, Apelação Cível nº 2010.51.01.005302-8, 5ª Turma, Rel. Des. Federal Aluisio Gonçalves de Castro Mendes, e-DJF2R, 7-6-2013).

[43] STJ, ROMS 9958 – TO, Rel. Min. José Arnaldo da Fonseca, órgão julgador: 5ª Turma, em 15-5-2000.

empregos públicos. Daí a necessária observância bilateral, a exemplo do que ocorre com as licitações: o poder público exibe suas condições e o candidato, inscrevendo-se, concorda com elas, estando estabelecido o vínculo jurídico do qual decorrem direitos e obrigações. A aceitação das premissas expostas permite as seguintes conclusões:

a) qualquer alteração do edital, após sua divulgação, deve ser seguida de comunicação aos candidatos e nova publicação;

b) iniciado o certame, não se admitem mudanças nos critérios inicialmente estabelecidos para apuração de médias[44] (atribuição de pesos a determinadas matérias ou etapas), correção de provas, cálculo e distribuição de vagas[45] e pontuação de títulos,[46] dentre outros, sob pena de nulidade do certame. Os erros materiais e as regras meramente procedimentais, cujo teor não se liga diretamente à competitividade do certame, possuem maior possibilidade de alteração a ser verificada em cada caso concreto, sempre mediante expressa motivação; e

c) não pode a Administração buscar qualquer expediente astucioso de interpretação para fugir da aplicação das regras editalícias.

3.2.7 Razoabilidade e proporcionalidade

No exercício de qualquer de suas múltiplas funções, o Estado não dispõe de competência para agir irresponsavelmente, de maneira exagerada ou absurda arriscando, com tal atuação, o alcance das finalidades que almeja ou mesmo a própria integridade do ordenamento jurídico. Não se admitem, por isso, atuações que afrontem a lógica do razoável ou excedam as balizas ditadas pelos princípios juridicamente consagrados e pelo bom-senso. Filiamo-nos ao entendimento dos que, como Maria Sylvia Zanella Di Pietro[47] e Luís Roberto Barroso,[48] enxergam mais similitudes que peculiaridades que justifiquem tratamento segmentado dos

---

[44] STJ, ROMS 10980 – ES, Rel. Min. Edson Vidigal, órgão Julgador: 5ª Turma, em 16-12-1999.

[45] "[...] A modificação do critério de regionalização das vagas estabelecida na abertura do certame, dando-se nova oportunidade a candidatos não convocados nos termos originariamente previstos, sem estendê-la aos demais concorrentes, consubstancia violação dos princípios da isonomia e da vinculação ao edital" (STJ, Mandado de Segurança nº 13.583 – DF (2008/0110281-9), 3ª Seção, Rel. Min. Geraldo Og Nicéas Marques Fernandes, DJE nº 1252, div. 21-3-2013, pub. 22-3-2013)

[46] STJ, ROMS 16733 – MG, Rel. Min. José Arnaldo da Fonseca, órgão julgador: 5ª Turma, em 16-10-2003.

[47] DI PIETRO. Direito administrativo. 28. ed. São Paulo: Atlas, 2015, p. 114.

[48] BARROSO, Luis Roberto. Temas de direito constitucional. 2. ed. Rio de Janeiro: Renovar, 2002. p. 153.

princípios. Considerando a proporcionalidade como uma faceta inafastável da razoabilidade, faremos referências aos dois princípios.

Forçoso reconhecer o importante papel desempenhado pelos princípios da razoabilidade e proporcionalidade nas operações exegéticas, servindo como mediadores no confronto entre princípios aparentemente em conflito num dado caso concreto.[49] Nesse sentido, tais princípios têm sido correntemente utilizados no controle de constitucionalidade não só de leis, como também de atos administrativos normativos. Ressaltando a importância dos princípios da moralidade e razoabilidade para o Estado Democrático, sintetiza Weida Zancaner:[50]

> "Um ato não é razoável quando não existiram os fatos em que se embasou; quando os fatos, embora existentes, não guardam relação lógica com a medida tomada; quando mesmo existente alguma relação lógica, não há adequada proporção entre uns e outros; quando se assentou em argumentos ou premissas, explícitas ou implícitas que não autorizam, do ponto de vista lógico, a conclusão deles extraída."

Essas lições amoldam-se perfeitamente ao controle das espécies normativas e demais atos administrativos que se relacionem com concursos públicos. Inicialmente, relembre-se que os cargos, empregos e funções públicas são acessíveis aos brasileiros que preencham os requisitos estabelecidos em lei, assim como aos estrangeiros, na forma da lei. A lei que estabelece os requisitos para acesso não pode ser desarrazoada, contendo exigências absurdas que em nada se relacionam com o exercício dos misteres que caracterizam o cargo ou emprego público. O princípio também repugna exigências, ainda que legais, excessivas, descabidas ou inoportunas,[51] que atinjam a própria razão de existir e os objetivos do concurso público. Por tais motivos, as regras – incluindo os critérios de correção – definidas pelos editais devem ser plausíveis, lógicos, enfim, razoáveis.[52]

---

[49] Nesta hipótese, como anota o prof. Virgílio Afonso da Silva, o "princípio da proporcionalidade" na verdade tem a estrutura de regra, se utilizada a distinção proposta por Robert Alexy (SILVA, Luís Virgílio Afonso da. O proporcional e o razoável. *RT*, São Paulo, ano 91, nº 798, p. 23-50, abr. 2002).

[50] ZANCANER, Weida. Razoabilidade e moralidade: princípios caracterizadores do perfil constitucional do estado social e democrático do direito. *Revista Diálogo Jurídico*. Salvador: CAJ – Centro de Atualização Jurídica, ano I, nº 9, dez. 2001.

[51] Em bom tempo sumulou o Superior Tribunal de Justiça (STJ) que "O diploma ou habilitação legal para o exercício do cargo deve ser exigido na posse e não na inscrição para o concurso público" (Súmula 266). Ressalte-se a existência de entendimento favorável à inaplicabilidade da Súmula nos concursos para professor nas instituições federais de ensino superior em razão de regra específica constante do Decreto nº 64.664/87: TRF – 2ª Região, Apelação/Reexame Necessário nº 498013 (2009.51.01.026263-6), 5ª Turma, Rel. Des. Federal Guilherme Diefenthaeler, e-DJF2R 14-5-2013

[52] A jurisprudência oferece uma gama de exemplos interessantes de ofensas ao princípio da razoabilidade: *a) apresentação de diploma de nível superior quando há exigência legal de formação em nível médio*: "[...] É regular a apresentação de diploma de nível superior por candidato aprovado para o cargo de nível médio, quando o cargo tem correlação com o curso superior. Precedentes. É

contrário ao princípio da eficiência o ato da Administração que, tendo em vista uma interpretação literal, limita o acesso ao cargo público por candidato que apresenta qualificação técnica superior à exigida pelo edital, havendo de se presumir que tal qualificação permite o exercício das atribuições inerentes ao cargo, com igual ou superior eficiência. Precedentes desta Corte e do Superior Tribunal de Justiça" (TRF – 1ª Região, Apelação/Reexame Necessário nº 0001912-12.2010.4.01.3300 (2010. 33.00.000585-4)/BA, 6ª Turma, Rel. Des. Federal Carlos Moreira Alves, Relª Convª Juíza Federal Hind Ghassan Kayath, e-DJF1 nº 41, div. 28-2-2013., pub. 1º-3-2013); *b) formalismo exacerbado*: "Administrativo. Concurso público. Exame de aptidão física. Eliminação de candidato em virtude de não constar no atestado médico apresentado os exatos termos exigidos no Edital. Excesso de formalismo. Descabimento. Possibilidade de realização do teste físico. Razoabilidade" (TRF – 5ª Região, Apelação/Reexame Necessário nº 24417/CE – 0014088-31.2011.4.05.8100, 1ª Turma, Rel. Des. Federal José Maria de Oliveira Lucena, DJE nº 44, 07.03.2013) e "Administrativo. Concurso público. Policial Rodoviário Federal. Atestado emitido há mais de trinta dias. Candidato aprovado com nota máxima em todas as etapas da prova de avaliação física. Razoabilidade e proporcionalidade. I – Fere os princípios da razoabilidade e da proporcionalidade a exclusão de candidato unicamente em virtude de irregularidade formal na data de emissão do atestado médico autorizando a realização das provas de aptidão física, quando o candidato alcançou a nota máxima em todos os testes. II – Agravo de instrumento desprovido (TRF – 1ª Região, Agravo de Instrumento nº 0031189-11.2012.4.01.0000/DF, 6ª Turma, Rel. Des. Federal Jirair Aram Meguerian, Relª Convª Juíza Federal Hind Ghassan Kayath, e-DJF1 nº 146, div. 30-7-2013, pub. 31-7-2013); *c) interpretação estrita do edital com prejuízo à competitividade*: "Concurso público. Prova didática-prática. Eliminação do candidato por atraso de dois minutos. Anulação do ato. Apelação provida. Sentença reformada. Segurança deferida. [...] Não se vislumbra, no deferimento de realização da prova à impetrante, ofensa ao princípio da igualdade ou da isonomia. Isso porque aos convocados à etapa foram designados horários distintos para realização, individualmente, da prova. O atraso de dois minutos, nesse prisma, poderia ter prejudicado, no máximo, a própria impetrante, que perderia esse tempo em sua exposição. Não há notícia de que o cronograma de realização das provas didáticas teria sido prejudicado, caso superado o atraso da impetrante, ou de que o cronograma do concurso fora aviltado, ante a ulterior realização da prova (tutela deferida liminarmente)" (TRF – 1ª Região, Apelação Cível nº 0003919-18.2009.4.01.4300 (2009.43.00.003919-4)/TO, 5ª Turma, Rel. Des. Federal João Batista Moreira, e-DJF1 nº 65, div. 4-4-2013, pub. 5-4-2013) e "Constitucional. Administrativo. Concurso público. Papiloscopista da Polícia Federal. Teste físico (natação). Cronômetro manual. Imprecisão. Reprovação por centésimos de segundo. Rigor na avaliação. Atenuação. Apelações improvidas. [...] O rigorismo na marcação de tempo em avaliação física de prova de natação, em concurso público para provimento de cargo de Papiloscopista Policial Federal, deve ser atenuado quando demonstrada a evidente imprecisão do teste captado através de cronômetro manual e a desproporcionalidade da desclassificação, em face de ter sido o limite supostamente ultrapassado em apenas 38 centésimos de segundo" (TRF – 5ª Região, Apelação Cível nº 555312/ AL – 0004148-17.2012.4.05.8000, 3ª Turma, Rel. Des. Federal Geraldo Apoliano, *DJE* nº 99, 28-5-2013); *d) Qualificação técnica dos membros da banca examinadora*: "Direito Administrativo. Concurso público para professor. Banca examinadora. Qualificação técnica dos membros. Profissional de área diversa da examinada. Ofensa à razoabilidade. Nulidade da prova. Apelação improvida. [...] Configura evidente ofensa à razoabilidade a formação de banca examinadora de concurso de professor universitário com profissionais de formação técnica em área diversa daquela a ser examinada. No caso o concurso era para professor universitário de medicina com área de conhecimento em clínica cirúrgica, e a banca foi formada por três professores da UFCG, sendo um deles médico ortopedista e outra, enfermeira" (TRF 5ª Região – Apelação/Reexame Necessário nº 18101/PB (2009.82.01.001848-8) – 2ª Turma Relator: Desembargador Federal Paulo Gadelha – Relator Convocado: Desembargador Federal José Eduardo de Melo Vilar Filho – *DJE* nº 62, 4-4-2013).

Cite-se como exemplo trecho de julgado recente do Superior Tribunal de Justiça:

> "[...] A despeito da ausência de norma editalícia prevendo a intimação pessoal do candidato, a Administração Pública tem o dever de intimar pessoalmente o candidato, quando há o decurso de tempo razoável entre a homologação do resultado e a data da nomeação, em atendimento aos princípios constitucionais da publicidade e razoabilidade. 2. É desarrazoada exigência de que a Impetrante efetue a leitura diária do Diário Oficial do Estado, por prazo superior a 1 ano, ainda mais quando reside em município em que não há circulação do referido periódico."[53]

No mesmo sentido, "coaduna-se com o princípio da razoabilidade constitucional conclusão sobre a circunstância de a pontuação dos títulos apenas servir à classificação do candidato, jamais definindo aprovação ou reprovação".[54]

Por derradeiro, reafirme-se que o princípio da proporcionalidade assume *status* relevante na interpretação das exigências dos editais e no controle de sua legalidade (em sentido amplo). Na ponderação dos interesses em rota de colisão, deve o hermeneuta ponderar os princípios conflitantes para deles extrair a interpretação que menos sacrifique o interesse público constitucionalmente consagrado. Exsurge, nessas situações, a necessidade de se considerar também que o processo deve ser eficiente – nem excessivamente complexo nem demasiadamente simplificado[55] – para proporcionar a seleção dos melhores quadros para a Administração. Analisando intrincado caso que envolvia a possível anulação de concurso público já finalizado, embora sem fazer menção expressa à razoabilidade, mas à eficiência, averbou o Des. Federal João Batista Gomes Moreira, em voto condutor de importante acórdão:

> "O princípio da vinculação ao edital de concurso não pode ser levado ao ponto de exigir a anulação de atos que, praticados sem obediência exata à forma prevista, tenham, não obstante, atingido a finalidade, principalmente no âmbito daquelas normas operacionais, as quais, como disse, são insuscetíveis de criar direito subjetivo. Há aqui um resíduo de discricionariedade, que permite ao administrador adaptar a disposição à sua finalidade útil ou, em último caso, ainda que anulável, justifica a manutenção do ato para evitar transtornos prejudiciais ao interesse público concreto."[56]

---

[53] RMS 23.106-RR, Rel. Min. Laurita Vaz, Órgão Julgador: 5ª Turma, *DJe* 6-12-2010.

[54] AI 194188 AgR/RS, Relator: Min. MARCO AURELIO, Julgamento em 30-3-1998. Órgão Julgador: 2ª Turma.

[55] GABARDO, Emerson. Ob. cit., p. 22.

[56] TRF 1ª Região, APC no 20704-8/BA – 5ª Turma, julgado em 13-5-2002. Tratava o caso original de ação civil pública impetrada pelo Ministério Público com o intuito de anular concurso para magistratura do trabalho em razão da atribuição, pelos examinadores, das mesmas notas para os can-

3.2.8 Publicidade

O princípio da publicidade administrativa caracteriza-se como direito fundamental do cidadão, indissociável do princípio democrático, possuindo um substrato positivo (o dever estatal de propiciar o livre acesso à informação, como condição necessária ao conhecimento, participação e ao controle da Administração) e outro negativo (salvo no que afete à segurança da sociedade e do Estado e o direito à intimidade, as ações administrativas não podem desenvolver-se em segredo).

Em se tratando de concursos públicos, é imperioso afirmar que a publicidade dos certames é a regra, somente sendo admissível sigilo para preservar a intimidade, a vida privada, a imagem das pessoas ou a segurança da sociedade e do Estado.[57] Especificamente, podemos estatuir que:

a) a publicidade dos certames deve ser ampla o suficiente para possibilitar que se alcance o maior número de candidatos possível. Assim, o aviso referente ao concurso (informando de sua realização e onde e como pode-se ter acesso ao edital) deve ser divulgado com antecedência razoável na imprensa oficial, em meio eletrônico e em jornal de grande circulação, consistindo tal divulgação em condição essencial para a lisura do evento;

b) a divulgação dos resultados das etapas preliminares também deve ser ampla e com antecedência razoável para permitir interposição de recursos. Atendendo à impostergável imposição democrática de transparência, a divulgação dos resultados, em regra geral, deve identificar nominalmente os aprovados em cada etapa, afrontando este princípio e o da moralidade a divulgação somente de números de inscrição;[58]

c) o acesso aos atos que servem como elementos de defesa deve ser facilitado e irrestrito, não havendo fundamento para negativa de vista de provas, laudos ou atas de correção, por exemplo;[59] no mesmo sentido

---

didatos, aparentemente contrariando disposição resolutiva que determinava avaliação individual e entregue lacrada por cada um dos avaliadores.

[57] Segundo Ferraz e Dallari, "quando a lei for omissa somente pode haver segredo por exigência de ordem lógica, como é o caso, por exemplo, das questões a serem respondidas pelos candidatos em um concurso público [...] Situações existem nas quais a prévia divulgação das ações a serem empreendidas pode torná-las inúteis. Mas não se perca de vista que a regra geral é a da publicidade" (2001, p. 83).

[58] Nesse sentido confira-se acórdão do STF apreciando a ADI no 2206 – AL, Relator Min. Nélson Jobim.

[59] Ferraz e Dallari defendem inclusive o direito de acesso aos pareceres e emissão de certidão atestando seu teor, em razão do valor de suas razões (2001, p. 84). Em sentido contrário: "[...] À míngua de previsão no edital, o candidato não tem direito líquido e certo de ter acesso às notas que lhe foram atribuídas por examinador e matéria na prova oral de concurso público para provimento

não se pode negar o direito à obtenção de certidões para defesa de direitos e esclarecimentos de situação de interesse pessoal (art. 5º, XXIV, b, da Constituição);

d) em razão da produção contemporânea de atos com posteriores efeitos jurídicos, o acesso aos locais onde se realizam provas orais ou práticas deve ser liberado ao público, obviamente com observância das cautelas mínimas necessárias ao seguro e tranquilo seguimento do concurso;

f) a publicidade oficial é condição de eficácia de todos os atos referentes ao concurso (editais, resultados parciais e definitivo, convocações para etapas, impugnações etc.);[60]

g) os critérios utilizados para avaliação em todas as etapas da seleção devem ser públicos[61] para que seja possível seu conhecimento por parte dos candidatos e, em consequência, influência na preparação para buscar o melhor desempenho possível. Como o concurso objetiva justamente a seleção dos mais aptos, o conhecimento dos critérios – científicos, motivados e razoáveis – certamente é benéfico para o interesse público.

3.3 Concurso público de provas ou de provas e títulos

A configuração do concurso como de provas ou de provas e títulos deverá ser feita, nos termos do dispositivo constitucional, de acordo com a natureza e a complexidade do cargo ou emprego, na forma prevista em lei. A lei a que se refere é a lei de criação dos cargos ou empregos, ou ainda o diploma que tratar do regime jurídico respectivo. Em qualquer situação, a previsão legal deverá ser

---

do cargo de Juiz Federal Substituto" (STJ RMS 27.673-PE, Rel. Min. Arnaldo Esteves Lima, 5ª Turma, *DJe* 2-8-2010).

[60] Assim decidiu o TRF 1ª Região: "Mandado de segurança. Concurso Público. Convocação de candidatos. Forma. Defeito na publicidade. 1 – Se a falta de ampla publicidade prejudica o candidato, que deixa de comparecer para prestar exame, cabe o *mandamus* para ressalvar a questão. 2 – Remessa desprovida" (REO 1088473, Relator Juiz ALVES DE LIMA, Processo nº 199001088473-DF).

[61] "Administrativo. Concurso público. Falta de divulgação das notas. Entrevista sigilosa. Critérios de avaliação não objetivos. Violação aos princípios da publicidade, da impessoalidade e da moralidade. 1. É claro que a ausência de ampla divulgação das notas dos candidatos e a realização de entrevista com portas fechadas, para fins de classificação em concurso público, e, ainda, sem que fossem objetivamente determinados os critérios de avaliação dos candidatos, ferem os princípios da publicidade, da impessoalidade e da moralidade, listados no *caput* do art. 37 da Constituição Federal, que devem ser observados pela Administração Pública no exercício de suas funções. 2. Assim, correta a sentença ao reconhecer a nulidade 'da prova de entrevista, excluindo essa fase do certame, e condenar a FIOCRUZ a publicar nova ordem classificatória, desconsiderando a nota atribuída na fase excluída'. 3. Apelação desprovida" (TRF – 2ª Região, Apelação Cível nº 2009.51.01.007753-5, 7ª Turma Especializada, Rel. Des. Federal Luiz Paulo da Silva Araújo Filho, e-DJF2R, 26-9-2013).

razoável, mantendo relação harmônica com as atribuições que serão desempenhadas pelo agente público.[62]

A admissão de pontuação por títulos deve ser feita para cargos e empregos cujas atribuições recomendem experiência ou qualificação pessoal anterior necessária para o eficiente exercício de tais atribuições, como ocorre com os cargos de professor, promotor de justiça, juiz de direito etc. Não é razoável admitir avaliação dos títulos quando as atividades a serem desempenhadas forem simples, repetitivas, sem demandar um grau mínimo de complexidade e formação. De qualquer maneira, os títulos aceitos e a valoração respectiva devem ser previstos com antecedência na lei ou no edital de concurso. A jurisprudência tem entendido que se coaduna "*[...] com o princípio da razoabilidade constitucional conclusão sobre a circunstância de a pontuação dos títulos apenas servir à classificação do candidato, jamais definindo aprovação ou reprovação*".[63]

3.4 Fixação do prazo de validade do certame

A redação do presente inciso bem demonstra que se está diante de uma regra, ou seja, de uma proposição normativa de baixo grau de abstração, suscetível de aplicação direta, limitadora da discricionariedade conferida pelo sistema à Administração Pública.

A fixação do prazo de validade do concurso público é de competência da Administração, que está sujeita ao prazo máximo de dois anos. No exercício dessa competência discricionária, deverá a Administração levar em conta as circunstâncias do caso concreto para estabelecer, *motivadamente* e *razoavelmente*, o prazo respectivo.[64] Pode-se admitir o estabelecimento de prazo menor que o máximo

---

[62] Em caso exemplar, o STF declarou a inconstitucionalidade de texto legal que conferia vantagens, para fins de concurso público, aos detentores do título de "Pioneiro do Tocantins" ("[...] o título 'Pioneiro do Tocantins', previsto no *caput* do art. 25 da Lei nº 157/90; atribuído a servidores do Estado, nada tem de inconstitucional. Entretanto, quando utilizado para concurso de provas e títulos, ofende clara e diretamente o preceito constitucional que a todos assegura o acesso aos cargos públicos, pois, o critério consagrado nas normas impugnadas, de maneira oblíqua, mas eficaz, deforma o concurso a ponto de fraudar o preceito constitucional, art. 37, II, da Constituição". ADI 598-TO, Relator: Min. PAULO BROSSARD; Julgamento: 23-9-1993; Órgão Julgador: Tribunal Pleno. Publicação: *DJ* 12-11-1993, p. 24022).

[63] Supremo Tribunal Federal, AI 194188 AgR/RS, Relator: Min. MARCO AURELIO, Julgamento em 30-3-1998. Órgão Julgador: 2ª Turma. Publicação: *DJ* 15-5-1998, p. 48.

[64] "O concurso público tem validade de até dois anos, não necessariamente dois anos, mas período suficiente para justificar a realização do certame. Não se concebe – desatende ao princípio da razoabilidade, muita vez ao da economicidade – concurso público, cuja realização demora um ano, com prazo de validade de quatro meses. Deve existir congruência entre o prazo necessário à realização de novo concurso e seu antecedente." FERRAZ, Luciano. Concurso público e direito à nomeação. In: MOTTA, Fabrício (Coord.). *Concurso público e Constituição*. Belo Horizonte: Fórum, 2005.

de dois anos, por exemplo, para o ingresso em cargos cujas atribuições se liguem a conhecimentos de tecnologias que mudam com frequência acima do normal. É claro que o dever de motivar irrompe ainda com maior nitidez nessas situações de estabelecimento de prazo menor do que dois anos.

3.5 Prorrogação do prazo de validade e discricionariedade

A prorrogação pode ser efetivada somente uma vez, durante o prazo de validade do concurso. Com efeito, não se prorroga prazo que já foi expirado, por absoluta impossibilidade jurídica. O agente público responsável deve programar a prorrogação com a antecedência devida, com o intuito de evitar o término do prazo inicial. A faculdade de prorrogar o prazo de validade decorre diretamente do texto constitucional, e por isso independe de qualquer previsão editalícia.

O ponto que se afigura mais controvertido diz respeito à existência ou não de discricionariedade administrativa na edição do ato de prorrogação do certame. Convém destacar que as concepções tradicionais de discricionariedade são calcadas em um Direito Administrativo baseado na ideia de potestade pública, de acordo com a qual se considera, inclusive, a possibilidade de tenso antagonismo entre Estado e cidadão, marcado por interesses contraditórios e pouco conciliáveis. Nessa concepção, é comum vislumbrar-se o ato administrativo sob um ponto de vista isolado, estático, desconectado de seu iter procedimental de formação, que culmina com a manifestação da "vontade" da Administração.

Aos poucos, contudo, as ideias de potestade, livre margem de apreciação e insindicabilidade perdem terreno. Noticia Odete Medauar[65] que a noção moderna de discricionariedade foi mais uma inspiração do Conselho de Estado francês, com as atenções do controle voltadas para a competência discricionária que, como posteriormente viria a ser entendida, seria legalmente vinculada, em maior ou menor extensão, e um importante passo representou o encarecimento da necessária vinculação com o atendimento de finalidades públicas, caracterizando como desvio de finalidade o ato que não atingia objetivos fundados no atendimento do interesse público. Passou-se ainda a controlar a existência ou não dos motivos que presidiram a edição do ato e sua aptidão para realizar o objeto do mesmo, quando fosse obrigatória a motivação do ato. Outra etapa desse caminho evolutivo é o enfoque mais voltado para o processo de formação do ato discricionário, sobretudo em razão da pluralidade de atores e interesses legítimos que atuam junto à Administração Pública.

A ampliação da legalidade administrativa, compreendida de forma a albergar princípios, regras e valores com diferentes densidades normativas, traz im-

---

[65] MEDAUAR, Odete. *O direito administrativo em evolução*. 2. ed. rev., atual. e ampl. São Paulo: Revista dos Tribunais, 2003. p. 195.

portantes modificações no estudo do tema. A teia de relações mútuas existentes entre princípios, valores e regras sustenta o sistema jurídico e condiciona seu entendimento, sua aplicação e interpretação nos casos concretos. Dessa maneira, *o exercício da competência discricionária aparece necessariamente vinculado aos princípios constitucionais*, pois o ato discricionário que afronta ou desprestigia princípios constitucionais aplicáveis à atividade administrativa está em desacordo com o sistema jurídico. Como constata Juarez Freitas,

> "[...] alargam-se os horizontes de controle dos atos administrativos. *Paradoxalmente, amplia-se a sindicabilidade e a própria liberdade*, pois esta passa a ser cobrada também nos atos vinculados. O automatismo cede à liberdade que se afina com o sistema e o constitui. No exame da conveniência e de oportunidade, a discrição deverá ser examinada com o escopo de impedir que o merecimento se confunda com o arbítrio, nunca fundamentável por definição [...] pois todos os atos (e respectivas motivações) da Administração Pública devem guardar fina sintonia com as diretrizes eminentes do Direito Administrativo (em especial, aquelas agasalhadas nos arts. 37 e 70 da CF."[66]

Com essas breves considerações, já é possível estabelecer vetores para orientar a interpretação do inciso III do artigo 37 da Constituição. Deve-se, para tanto, relembrar que a atribuição de competências discricionárias está necessariamente ligada ao princípio da legalidade e destina-se a dotar o administrador de um operacional apto a bem satisfazer o interesse público, existindo na verdade um *dever* ou *poder-dever*.[67]

Diante da existência de candidatos aprovados ainda não convocados para nomeação, é difícil encontrar motivos para a ausência de prorrogação do prazo de validade do certame.[68] Dois princípios deverão assumir essencial relevância

---

[66] FREITAS, Juarez. *O controle dos atos administrativos e os princípios fundamentais*. 3. ed. atual e ampl. São Paulo: Malheiros, 2004. p. 229.

[67] Ou *dever-poder*, na clássica expressão de Celso Antônio Bandeira de Mello.

[68] Analisando caso concreto em que se discutia a existência de direito subjetivo à nomeação de aprovados em concurso e a possibilidade de nomeação de candidatos em número acima do inicialmente fixado no Edital, concluiu a Professora Maria Sylvia Zanella Di Pietro: "[...] 3) a prorrogação do prazo de validade do concurso, prevista no Edital, embora discricionária, não pode deixar de ser feita enquanto não providos todos os cargos mencionados no Edital; 4) a decisão de não prorrogar o prazo de validade, quando há candidatos aprovados (ainda que em número superior ao previsto no Edital) constitui-se em desvio de poder se a Administração, em seguida, abrir novo concurso para preenchimento das mesmas vagas; 5) a expectativa de direito transforma-se em direito subjetivo à nomeação se a Administração fizer recrutamento de pessoal temporário para o exercício das mesmas funções afetas aos cargos pendentes de provimento; é o caso da nomeação de candidatos aprovados no concurso para o exercício de cargos em comissão com funções próprias da Procuradoria Geral do Município" (DI PIETRO, Maria Sylvia. *Parecer elaborado para candidatos aprovados em concurso para Procurador do Município de São Paulo*. São Paulo: mimeo, 2010).

na análise de cada situação concreta: economicidade e interesse público. Com relação ao primeiro princípio, cabe destacar que a realização de concursos demanda tempo e dispêndio de recursos, muitas vezes expressivos, que devem ser aproveitados ao máximo possível – a manutenção de relação de aprovados, nesse sentido, não acarreta qualquer ônus, ao contrário da realização de outro certame. Em relação ao princípio do interesse público, deve-se ter em conta a possibilidade de pronto provimento de cargo ou emprego, decorrente da exoneração de agente público durante o prazo de validade do concurso. A conclusão pode ser emprestada do magistério de Luciano Ferraz:

> "[...] defende-se haver direito subjetivo dos aprovados à prorrogação do prazo de validade, direito este que somente deixará de prevalecer se a Administração puder razoavelmente justificar – atendendo ao princípio da motivação – o porquê de não se efetivar a prorrogação. É que se afigura medida factível, afinada com o princípio da razoabilidade, a prorrogação do prazo de validade do concurso, afinal ele – o concurso –, é instrumento garante da isonomia, e não meio indireto de obtenção de receitas pelo Poder Público".[69]

Não é demais encarecer a importância da *motivação*. Em razão de perseguir sempre as finalidades públicas consagradas direta ou indiretamente no ordenamento jurídico, deve a Administração sempre expor de forma clara os fatos que precedem suas ações e os fundamentos jurídicos que as autorizam. O princípio da motivação administrativa liga-se intimamente com o princípio republicano, apresentando-se também como espécie de "satisfação social" prestada pelo poder público à coletividade. A motivação apresenta especial relevância em razão de sua imprescindibilidade para o controle dos atos administrativos, em especial o exercitado pelo poder judiciário. É uma das formas de expressão democrática do princípio da publicidade dos atos administrativos.[70]

3.6 O dever de nomeação e o direito dos candidatos aprovados

O concurso materializa-se em sequência, mediante atos interligados e destinados a identificar os mais aptos para ocupar cargos efetivos e empregos públicos. Ao iniciar um procedimento seletivo, a Administração *exterioriza a necessida-*

---

[69] FERRAZ, Luciano. Concurso público e direito à nomeação. In: MOTTA, Fabrício (Coord.). *Concurso público e Constituição*. Belo Horizonte: Fórum, 2005.

[70] Há precedente interessante do Superior Tribunal de Justiça reconhecendo o dever de motivação da prorrogação quando existem candidatos aprovados ainda não nomeados: STJ. Embargos de Divergência no Recurso Especial nº 1.235.844/MG – 1ª Seção – Relator: Ministro Mauro Campbell Marques – Relator para acórdão: Ministro Arnaldo Esteves Lima – DJE nº 1235, div. 27-2-2013, pub. 28-2-2013).

de de prover cargos ou empregos. Há nisso uma clara manifestação da intenção de se preencher as posições permanentes em disputa. Tal como afirmado, o concurso não pode ser somente mais uma via para o aumento das receitas públicas, com o que é um contrassenso imaginar-se certame concluído sem que qualquer aprovado seja, ao final, nomeado ou contratado. Tratar-se-ia de um absurdo desperdício de esforços, tempo e dinheiro. Não obstante, situações como essa se reproduzem dia a dia num total desrespeito à confiança depositada pelo candidato e na boa-fé que deve permear os atos da Administração.[71]

Contudo, o *entendimento tradicional* da doutrina – consolidado, até há pouco tempo, na jurisprudência – advogava que os candidatos aprovados em concurso público possuem *mera expectativa* de direito à nomeação para os respectivos cargos. Assim, a nomeação dos aprovados residiria no âmbito do exercício da competência discricionária da Administração Pública, sujeita a avaliação de conveniência e oportunidade. Num segundo momento, intensificou-se o debate para defender que a expectativa se transmutaria em direito subjetivo: (a) se fossem nomeados ou contratados, para a posição que se disputa, candidato não aprovado no concurso; (b) se houvesse preenchimento sem observância da ordem de classificação[72] ou da ordem dos concursos realizados; ou (c) se fossem realizadas contratações precárias ou temporárias para o exercício das funções do cargo ou emprego disputado.

Em recente julgamento em que se apreciou a constitucionalidade de dispositivo da Constituição do Estado do Rio de Janeiro que assegurava o direito de nomeação, no prazo de 180 dias, aos candidatos aprovados em concurso, o STF reafirmou esses entendimentos e acrescentou que, mesmo assim, tais situações são "condicionadas ao querer discricionário da Administração estatal quanto à conveniência e oportunidade do chamamento daqueles candidatos tidos por aprovados. [...] o dispositivo, embora moralizador dos concursos, vulnera a Constituição".[73] O mesmo STF, entretanto, possui um relevante precedente, embora isolado, da jurisprudência predominante naquela Corte, no qual foi asseverado que

> "[...] o princípio da razoabilidade é conducente a presumir-se, como objeto do concurso, o preenchimento das vagas existentes. Exsurge configurador de desvio de poder, ato da Administração Pública que implique nomeação parcial de candidatos, indeferimento da prorrogação do prazo do concurso sem justificativa socialmente aceitável e publicação de novo edital com idêntica finalidade".[74]

---

[71] Além de ferir os princípios da eficiência, boa-fé e da confiança recíproca. Em razão da estrutura dos princípios, sabe-se, a ofensa a algum deles dificilmente ocorre de forma individualizada.

[72] A Súmula 15 do Supremo Tribunal Federal preleciona: "Dentro do prazo de validade do concurso, o candidato aprovado tem direito à nomeação quando o cargo for preenchido sem observância da classificação."

[73] ADI 2931-RJ, Rel. Min. Carlos Britto, julgado em 24-2-2005.

[74] STF – RE 192568/PI, 2a T., Rel. Min. Marco Aurélio, *DJ* 13-9-1996, p. 33241.

A questão que se analisa, a da existência ou não de direito à nomeação, não é meramente semântica ou acadêmica. O entendimento tradicional ofereceu amparo para situações de completo *desvirtuamento do instituto do concurso público*. Tornou-se relativamente comum a realização de concursos sem que, ao final, se procedesse à nomeação ou contratação dos aprovados.

Por acreditar que se tratava de competência puramente discricionária, a nomeação dos aprovados foi considerada por muito tempo ato de mera liberalidade, sem qualquer tipo de vinculação para a Administração.[75] Essa concepção teve o demérito não só de prestar-se a propósitos escusos (como incremento na receita pública e proveito político, por exemplo), mas também de judicializar concursos públicos, pois o Poder Judiciário era – e é – constantemente acionado para compelir a Administração a cumprir o seu dever.

Em boa hora, contudo, essa concepção tem sido paulatinamente abandonada. Representando a doutrina mais atual, cite-se a correta lição de Luciano Ferraz:

> "[...] a aprovação no concurso público não gera simples expectativa de direito de ser nomeado ao aprovado, gera-lhe *direito subjetivo presumido à nomeação*. Com efeito, se a Administração deixar transparecer, seja na publicação do Edital, seja mediante a prática de atos configuradores de desvio de poder (contratações temporárias e terceirizações de serviço), que necessita da mão de obra dos aprovados, ou ainda se surgirem novas vagas durante o prazo de validade do concurso, a expectativa se transmuda em direito subjetivo. Vislumbra-se [...] que os aprovados no concurso possuem direito subjetivo presumido à nomeação e à prorrogação do prazo de validade, inteligência que, na prática, *transfere à Administração Pública o ônus de demonstrar, com argumentos razoavelmente aceitáveis (v. g. excesso de despesas de pessoal), os motivos que ensejaram a não adoção dessas medidas*"[76] (destaques nossos).

A jurisprudência do Superior Tribunal de Justiça evoluiu para acompanhar esse entendimento doutrinário mais avançado, de acordo com o qual *existe direito*

---

[75] Não é demais ressaltar que, ainda que se tratasse de discricionariedade pura, seu *exercício é necessariamente vinculado aos princípios constitucionais*, notadamente aos princípios da isonomia e da motivação. Nessa trilha, ensina Juarez Freitas: "[...] alargam-se os horizontes de controle dos atos administrativos. *Paradoxalmente, amplia-se a sindicabilidade e a própria liberdade*, pois esta passa a ser cobrada também nos atos vinculados. O automatismo cede à liberdade que se afina com o sistema e o constitui. No exame da conveniência e de oportunidade, a discrição deverá ser examinada com o escopo de impedir que o merecimento se confunda com o arbítrio, nunca fundamentável por definição [...] pois todos os atos (e respectivas motivações) da Administração Pública devem guardar fina sintonia com as diretrizes eminentes do Direito Administrativo (em especial, aquelas agasalhadas nos arts. 37 e 70 da CF" (FREITAS, Juarez. *O controle dos atos administrativos e os princípios fundamentais*. 3. ed. rev. e ampl. São Paulo: Malheiros, 2004. p. 226).

[76] FERRAZ, Luciano. Concurso público e direito à nomeação. In: MOTTA, Fabrício (Coord.). *Concurso público e Constituição*. Belo Horizonte: Fórum, 2005. p. 255.

adquirido à nomeação dos candidatos aprovados em concurso, para as vagas oferecidas e durante o prazo de validade. O entendimento hoje vigente naquela Corte determina que:

a) "[...] o candidato aprovado dentro do número de vagas previsto no edital do certame não tem mera expectativa de direito, mas verdadeiro direito subjetivo à nomeação para o cargo a que concorreu e foi classificado";[77]

b) "[...] o não preenchimento de todas as vagas ofertadas dentro do prazo de validade do concurso, em razão da eliminação de candidato inicialmente habilitado dentro do número previsto em Edital, gera o direito subjetivo à nomeação do candidato classificado na posição imediatamente subsequente na lista de classificados";[78]

c) não tem direito subjetivo à nomeação o candidato que é aprovado acima das vagas previstas em edital de concurso cujo quadro ficou completo com a nomeação dos aprovados iniciais.[79] No mesmo sentido, a criação de novas vagas, durante o prazo de validade do concurso público, não garante o direito à nomeação àqueles que foram aprovados fora das vagas originalmente previstas no edital do certame, por se tratar de ato discricionário da Administração, não havendo falar em direito adquirido, mas tão somente em expectativa de direito;[80]

d) não se consideram preteridos os candidatos melhor classificados que deixaram de se valer da via judicial;[81]

e) não há direito subjetivo quando inexista dotação orçamentária para fazer frente às nomeações;[82] e

---

[77] RMS 23331/RO; Rel. Min. Maria Thereza de Assis Moura; *DJe* 5-4-2010. No mesmo sentido: RMS 27311-AM, RMS 27508-DF, AGRG no RMS 22568-SP, RMS 26.507-RJ, AgRg no RMS 30308, RMS 26447-MS, RMS 27575-BA, MS 10381-DF e RMS 30459-PA.

[78] RMS 27575/BA, Rel. Min. Napoleão Nunes Maia Filho, *DJe* 14-9-2009. No mesmo sentido: "[...] A desistência dos candidatos convocados, ou mesmo a sua desclassificação em razão do não preenchimento de determinados requisitos, gera para os seguintes na ordem de classificação direito subjetivo à nomeação, observada a quantidade das novas vagas disponibilizadas" (RMS 32105/DF, Relatora Min. Eliana Calmon, Órgão Julgador: 2ª Turma, *DJe* 30-8-2010).

[79] RMS 13963/PB, Rel. Min. Maria Thereza de Assis Moura, *DJe* 12-5-2008.

[80] AgRg no RMS 26947/CE, Rel. Min. Felix Fischer; e EDcl no REsp 824299/RS, Rel. Min. Arnaldo Esteves Lima, *DJe* 2-6-2008. No mesmo sentido: STJ, AgRg no AgRg no REsp 778118 – Relator: Ministro Jorge Mussi – Órgão julgador: 5ª Turma – Publicação: *DJe* 15-2-2013.

[81] STJ, AgR no RMS nº 33.385, 1ª Turma, Rel. Min. Ari Pargendler, *DJE* nº 1232, div. 22-2-2013, pub. 25-2-2013.

[82] STJ – RMS nº 37.701/RO – 2ª Turma – Relator: Ministro Mauro Campbell Marques – *DJE* nº 1271, disp. 22-4-2013, pub. 23-4-2013.

f) não há direito subjetivo à convocação dos candidatos seguintes aos desistentes para prosseguir no lugar destes em etapa subsequente do concurso, antes da identificação dos aprovados.[83]

Atualmente, a questão encontra-se definida pelo Supremo Tribunal Federal, inclusive com repercussão geral:

"RECURSO EXTRAORDINÁRIO. REPERCUSSÃO GERAL. CONCURSO PÚBLICO. PREVISÃO DE VAGAS EM EDITAL. DIREITO À NOMEAÇÃO DOS CANDIDATOS APROVADOS. I. DIREITO À NOMEAÇÃO. CANDIDATO APROVADO DENTRO DO NÚMERO DE VAGAS PREVISTAS NO EDITAL. Dentro do prazo de validade do concurso, a Administração poderá escolher o momento no qual se realizará a nomeação, mas não poderá dispor sobre a própria nomeação, a qual, de acordo com o edital, passa a constituir um direito do concursando aprovado e, dessa forma, um dever imposto ao poder público. Uma vez publicado o edital do concurso com número específico de vagas, o ato da Administração que declara os candidatos aprovados no certame cria um dever de nomeação para a própria Administração e, portanto, um direito à nomeação titularizado pelo candidato aprovado dentro desse número de vagas. II. ADMINISTRAÇÃO PÚBLICA. PRINCÍPIO DA SEGURANÇA JURÍDICA. BOA-FÉ. PROTEÇÃO À CONFIANÇA. O dever de boa-fé da Administração Pública exige o respeito incondicional às regras do edital, inclusive quanto à previsão das vagas do concurso público. Isso igualmente decorre de um necessário e incondicional respeito à segurança jurídica como princípio do Estado de Direito. Tem-se, aqui, o princípio da segurança jurídica como princípio de proteção à confiança. Quando a Administração torna público um edital de concurso, convocando todos os cidadãos a participarem de seleção para o preenchimento de determinadas vagas no serviço público, ela impreterivelmente gera uma expectativa quanto ao seu comportamento segundo as regras previstas nesse edital. Aqueles cidadãos que decidem se inscrever e participar do certame público depositam sua confiança no Estado administrador, que deve atuar de forma responsável quanto às normas do edital e observar o princípio da segurança jurídica como guia de comportamento. Isso quer dizer, em outros termos, que o comportamento da Administração Pública no decorrer do concurso público deve se pautar pela boa-fé, tanto no sentido objetivo quanto no aspecto subjetivo de respeito à confiança nela depositada por todos os cidadãos. III. SITUAÇÕES EXCEPCIONAIS. NECESSIDADE DE MOTIVAÇÃO. CONTROLE PELO PODER JUDICIÁRIO. Quando se afirma que a Administração Pública tem a obrigação de nomear os aprovados dentro do número de vagas previsto no edital, deve-se levar

---

[83] STJ, RMS nº 38.676, 2ª Turma, Rel. Min. Herman Benjamin, *DJE* nº 1367, div. 16-9-2013, pub. 17-9-2013.

em consideração a possibilidade de situações excepcionalíssimas que justifiquem soluções diferenciadas, devidamente motivadas de acordo com o interesse público. Não se pode ignorar que determinadas situações excepcionais podem exigir a recusa da Administração Pública de nomear novos servidores. Para justificar o excepcionalíssimo não cumprimento do dever de nomeação por parte da Administração Pública, é necessário que a situação justificadora seja dotada das seguintes características: a) Superveniência: os eventuais fatos ensejadores de uma situação excepcional devem ser necessariamente posteriores à publicação do edital do certame público; b) Imprevisibilidade: a situação deve ser determinada por circunstâncias extraordinárias, imprevisíveis à época da publicação do edital; c) Gravidade: os acontecimentos extraordinários e imprevisíveis devem ser extremamente graves, implicando onerosidade excessiva, dificuldade ou mesmo impossibilidade de cumprimento efetivo das regras do edital; d) Necessidade: a solução drástica e excepcional de não cumprimento do dever de nomeação deve ser extremamente necessária, de forma que a Administração somente pode adotar tal medida quando absolutamente não existirem outros meios menos gravosos para lidar com a situação excepcional e imprevisível. De toda forma, a recusa de nomear candidato aprovado dentro do número de vagas deve ser devidamente motivada e, dessa forma, passível de controle pelo Poder Judiciário. IV. FORÇA NORMATIVA DO PRINCÍPIO DO CONCURSO PÚBLICO. Esse entendimento, na medida em que atesta a existência de um direito subjetivo à nomeação, reconhece e preserva da melhor forma a força normativa do princípio do concurso público, que vincula diretamente a Administração. É preciso reconhecer que a efetividade da exigência constitucional do concurso público, como uma incomensurável conquista da cidadania no Brasil, permanece condicionada à observância, pelo Poder Público, de normas de organização e procedimento e, principalmente, de garantias fundamentais que possibilitem o seu pleno exercício pelos cidadãos. O reconhecimento de um direito subjetivo à nomeação deve passar a impor limites à atuação da Administração Pública e dela exigir o estrito cumprimento das normas que regem os certames, com especial observância dos deveres de boa-fé e incondicional respeito à confiança dos cidadãos. O princípio constitucional do concurso público é fortalecido quando o Poder Público assegura e observa as garantias fundamentais que viabilizam a efetividade desse princípio. Ao lado das garantias de publicidade, isonomia, transparência, impessoalidade, entre outras, o direito à nomeação representa também uma garantia fundamental da plena efetividade do princípio do concurso público. V. NEGADO PROVIMENTO AO RECURSO EXTRAORDINÁRIO."[84]

---

[84] STF – RE 598099 – Repercussão Geral – Mérito. Relator: Min. GILMAR MENDES, Julgamento: 10-8-2011. Órgão Julgador: Tribunal Pleno. Publicação: *DJe*-189. O mesmo STF recentemente entendeu que o aumento da carga horária daqueles que já estavam no exercício do cargo não implica

3.7 Planejamento do concurso público: requisito para a máxima efetividade do direito fundamental

A *finalidade* do concurso público, como visto, é clara: selecionar os candidatos mais aptos à ocupação de cargos efetivos e empregos públicos. Em se tratando da seleção de pessoas para *servir à sociedade* exercendo misteres públicos, o certame deve ser *planejado* e *organizado* para que a reposição da força de trabalho esteja sempre adequada, quantitativa e qualitativamente, à natureza e complexidade das atividades, aos objetivos e às metas institucionais da Administração Pública.[85] Nesse sentido, o planejamento constitui etapa fundamental para o pleno êxito do concurso público.

À semelhança dos procedimentos licitatórios, nos concursos também deve existir uma *etapa interna*, preliminar, na qual se planeja o certame e se verifica o atendimento dos requisitos estabelecidos pelo ordenamento jurídico. Essa fase inicial é constituída por atividades puramente administrativas – não necessariamente jurídicas – que têm como objetivo conceber o futuro certame e preparar sua execução para que se alcance o melhor resultado possível.

Sem qualquer pretensão de exaurimento, algumas providências importantes na fase de planejamento podem ser enunciadas. Os órgãos e entidades que planejam realizar concurso público devem verificar como providências preliminares:

- o número de cargos e empregos vagos;

- quantos servidores comissionados, contratados por prazo determinado e terceirizados desempenham funções legalmente atribuídas a cargos efetivos (deve-se aproveitar a realização do concurso para regularizar essas situações);

- quantos agentes públicos ocupam o mesmo cargo ou emprego e que estão ou estarão no prazo de validade do concurso em vias de se aposentar;

---

preterição a direito dos aprovados em concurso (STF, AgR em AI nº 551.273, 1ª Turma, Rel. Min. Dias Toffoli, *DJe* nº 35, div. 21-2-2013, pub. 22-2-2013); que "o direito à nomeação também se estende ao candidato aprovado fora do número de vagas previstas no edital, mas que passe a figurar entre as vagas em decorrência da desistência de candidatos classificados em colocação superior" (STF, AgR no RE nº 643.674, 2ª Turma, Rel. Min. Ricardo Lewandowski, *DJe* nº 168, div. 27-8-2013, pub. 28-8-2013) e ainda que "o fato de haver o esgotamento do prazo de validade do concurso antes da instalação do órgão a que vinculadas vagas obstaculiza o reconhecimento do direito do candidato à nomeação" (STF, AgR no RE nº 748.105, 1ª Turma, Rel. Min. Marco Aurélio, *DJe* nº 197, div. 4.10.2013, pub. 7.10.2013).

[85] Nesse sentido, a correta previsão da Portaria nº 450, de 6 de novembro de 2002, do Ministério do Planejamento, Orçamento e Gestão.

- quais são as reais necessidades quantitativas da Administração (em havendo necessidade de criação ou extinção de cargos, deve ser elaborado o projeto de lei respectivo);[86]
- a existência de concurso anterior com prazo de validade ainda não expirado e com candidatos aprovados ainda não nomeados;
- o prazo de validade a ser estabelecido no edital, obedecendo-se o limite constitucional[87] e os limites legais porventura existentes. Como se trata de procedimento minucioso que, na maioria das vezes, acarreta gastos consideráveis à Administração, deve ser estabelecido prazo razoável que não imponha, sem justificativa técnica, a realização de novo concurso e a consequente criação de novos gastos;
- a possibilidade de obediência aos requisitos fiscais *para a futura nomeação* dos aprovados (determinados pela Constituição e pela Lei de Responsabilidade Fiscal);[88]
- o perfil necessário a ser exigido dos candidatos para o desempenho das atividades, bem como a adequação desse perfil à descrição legal das atribuições dos cargos e empregos;
- a conveniência de se executar diretamente ou terceirizar (contratar entidade com a necessária qualificação) a execução do concurso;
- a normatização das atribuições da comissão de concurso, da(s) banca(s) examinadora(s) e de qualquer órgão com competência para atuar no certame;
- a possibilidade de se estabelecer cronograma para as nomeações e/ou contratações, de acordo com o grau de definição das circunstâncias objetivas condicionantes (por exemplo, o atendimento dos requisitos fiscais).

---

[86] Ressalta-se a possibilidade de o Presidente da República extinguir, por decreto, cargos públicos vagos (art. 84, VI, *b*, da Constituição da República).

[87] De acordo com o artigo 37, III, "o prazo de validade do concurso público será de até dois anos, prorrogável uma vez, por igual período".

[88] Os requisitos são os seguintes: (a) prévia dotação orçamentária suficiente para atender às projeções de despesa de pessoal e aos acréscimos dela decorrentes (CF, artigo 169, § 1º); (b) autorização específica na lei de diretrizes orçamentárias, ressalvadas as empresas públicas e as sociedades de economia mista (CF, art. 169, § 1º); (c) estimativa do impacto orçamentário-financeiro no exercício em que deva entrar em vigor e nos dois subsequentes (LRF, arts. 16 e 17); (d) origem dos recursos para o custeio (art. 17, § 1º, LRF); (e) comprovação de que a despesa criada ou aumentada não afetará as metas de resultados fiscais, devendo seus efeitos financeiros, nos períodos seguintes, ser compensados pelo aumento permanente de receita ou pela redução permanente de despesa (LRF, art. 17, § 2º); e (f) declaração do ordenador da despesa de que o aumento tem adequação orçamentária e financeira com a lei orçamentária anual e compatibilidade com o plano plurianual e com a lei de diretrizes orçamentárias (LRF, arts. 16, 17 e 21).

Em razão de sua importância, o planejamento da possibilidade de aprovação de candidatos excedentes, em número superior às vagas oferecidas no edital, será analisado no tópico 3.8.

3.8 Cadastro de reserva e respeito ao direito à nomeação

A recente aceitação, pelos Tribunais Superiores, do entendimento de que existe direito adquirido à nomeação dos candidatos aprovados em concurso (durante o prazo de validade do certame) atribuiu novo realce à etapa de planejamento dos procedimentos seletivos.

Com efeito, a determinação do número de vagas que serão oferecidas e a possibilidade de criação de um cadastro de reserva passaram a exigir maior atenção dos gestores públicos para assegurar que os quantitativos, as disponibilidades financeiras e os cronogramas da Administração sejam cumpridos. O novo realce advém do risco de se frustrar o planejamento do processo em razão de decisão judicial que determine a nomeação de candidatos em número superior ao imaginado pela Administração.

Inicialmente, há que se relembrar que o chamado "cadastro de reserva" é uma relação constituída por aprovados em concurso público em colocação superior ao número de vagas disponibilizadas no edital. É uma possibilidade que, se admitida no edital de concurso, deve ser claramente disciplinada por meio do manejo dos critérios objetivos estabelecidos para a aprovação. Para que se evitem interpretações equivocadas, a propósito, é conveniente que seja expressamente limitado o número excedente de candidatos aprovados.[89]

Trata-se de legítimo instrumento de planejamento, cujo uso correto contribui para o atendimento do interesse público. Com efeito, em determinados cargos ou empregos públicos a rotatividade costuma ser intensa, sobretudo em razão da remuneração pouco atrativa. Durante o prazo de validade do concurso, a instabilidade natural do quadro de pessoal de cada órgão ou entidade pode recomendar a aprovação de número excedente de candidatos para possibilitar, em momento posterior, a célere recomposição da força de trabalho.

---

[89] O critério de aprovação, por si só, é objetivo e pode não cumprir o planejamento imaginado pela Administração. Imagine que em um edital exista cláusula estabelecendo que "serão considerados aprovados os candidatos que atingirem a pontuação mínima correspondente a 51% do valor das questões". Somente com esse critério não se sabe quantos candidatos atingirão a pontuação mínima e, em consequência, quantos integrarão o cadastro de reserva. O estabelecimento de um limitador decididamente contribui para um correto planejamento do curso. Suponha, por exemplo, que um edital estatua: "serão considerados aprovados os candidatos que atingirem a pontuação mínima correspondente a 51% do valor das questões, até o limite correspondente ao dobro das vagas disponibilizadas neste edital".

Nas situações corriqueiras, em que se cuida do provimento de um quadro de cargos relativamente estável, a decisão de se criar ou não o cadastro de exceden- tes deve ser refletida e tomada tendo como parâmetro essencial dois *indicadores*: (a) o número de vagas existentes e (b) o prazo de validade do concurso. Nessas situações, o cadastro deve ser previsto para que contemple número proporcional às vagas efetivamente em disputa, levando ainda em consideração a *previsão de rotatividade* durante o prazo de validade. Para a previsão de rotatividade, deve ser estimado o número de aposentadorias no período e também o número de exonerações dos novos servidores. É claro que se trata de estimativa, que pode ou não ser consumada, e que pode ser calculada observando-se o ocorrido em concursos anteriores ou mesmo em concursos semelhantes de outros órgãos ou entidades.

A *possibilidade de criação de novos cargos* durante o prazo de validade do certame, se existente, também deve ser um indicador considerado no estabelecimento do número de aprovados para o cadastro. Obviamente, se o processo de criação já foi iniciado – com o envio do projeto de lei ao legislativo, por exemplo –, a previsibilidade do número excedente necessário será mais exata.

As maiores complicações, contudo, ocorrem quando se realiza concurso público *especificamente* para constituição do cadastro de reserva, ou seja, sem a identificação – no edital – do número de vagas oferecidas para provimento, formando-se apenas o cadastro. Nessas situações, o edital costuma trazer cláusula esclarecendo que o certame destina-se a formar um cadastro para futuras admissões. O primeiro problema a ser superado é de ordem lógica: como o concurso possui como finalidade identificar os mais aptos para o provimento de cargos públicos, não faz sentido iniciar um procedimento para *selecionar alguém para algo que não existe*. Em outras palavras, pode-se dizer que a existência de cargos constitui, em princípio, *pressuposto lógico* para a realização do procedimento de seleção.

Assim, o cadastro de reservas não é oráculo para se ressuscitar a discricionariedade sem limites e transformar novamente a nomeação dos aprovados no concurso público em mera expectativa de direito. Não se admite, por exemplo, a realização de concurso para cadastro de reservas sem a nomeação de nenhum dos aprovados ao cabo da validade do concurso de nenhum dos aprovados. De igual modo não se admite o concurso para cadastro de reservas com a consequente manutenção de contratados temporariamente ou de mão de obra terceirizada nas atividades dos concursados. Também não se admite a realização de concurso exclusivo para cadastro de reservas se há cargos vagos passíveis de preenchimento no momento de se deflagrar o certame.

Em situações excepcionalíssimas, entretanto, o pressuposto pode ser mitigado em prol da preponderância do interesse público no caso concreto. Em nossa opinião, pode-se admitir a realização de *concurso público exclusivo para cadastro de reserva* nas seguintes hipóteses:

a) o processo de criação de cargos públicos já foi iniciado – com o envio do projeto de lei respectivo ao Poder Legislativo, por exemplo –, mas não concluído. Com a conclusão do processo legislativo, contudo, os aprovados no cadastro devem – e têm direito de – ser nomeados;

b) existência de cargos vagos na vigência de prazo de concurso anterior, cujos aprovados já foram nomeados;[90]

c) existência de cargos vagos em situação de descumprimento dos limites de gastos com pessoal;[91]

d) existência de cargos vagos em situação de impossibilidade do cumprimento dos demais requisitos fiscais necessários à *nomeação* dos aprovados;[92] e

e) existência de expressivo número de servidores na iminência de aposentadoria compulsória ou voluntária. Em se tratando de aposentadoria voluntária, é necessário que o pedido de aposentadoria já tenha sido feito e encontre-se sob análise da Administração.

Não obstante, mesmo nessas hipóteses é necessária a *obediência a dois requisitos* para que se permita a realização de um concurso específico para cadastro de reserva. O primeiro requisito é a *urgência* no futuro preenchimento dos cargos, cujo provimento deve ser feito imediatamente após o fim da causa impeditiva.

Com efeito, deve-se estar diante de situação de prejuízo ou risco ao interesse público, passíveis de agravamento com o correr do tempo. Cogita-se de cargos efetivos com atribuições ligadas à satisfação de necessidades inadiáveis da coletividade, cuja ausência ou diminuição quantitativa possa provocar prejuízo no serviço prestado ao público.

O segundo requisito é o *efetivo juízo de probabilidade de cessação da causa impeditiva*. Deve existir probabilidade efetiva de que a causa impeditiva desapareça, em curto espaço de tempo, para dar lugar às admissões urgentes.

Fora dessas situações não parece existir sentido em realizar a seleção para cadastro de reserva. Para os demais casos excepcionais – é bom que se diga – a Constituição da República admite a contratação temporária de agentes (art. 37, IX), com requisitos e características próprias.

---

[90] A bem da verdade, nessa situação seria razoável entender que, mesmo não tendo sido atingido o prazo de validade, o concurso exauriu-se por perda de objeto com a nomeação de todos os aprovados.

[91] Os limites para a despesa com pessoal foram estabelecidos pela Lei Complementar nº 101/2000, em seus artigos 18 e seguintes. A mesma lei estabelece, no parágrafo único do artigo 22, um limite prudencial que, se atingido, proíbe provimento de cargo público, admissão ou contratação de pessoal a qualquer título, ressalvada a reposição decorrente de aposentadoria ou falecimento de servidores das áreas de educação, saúde e segurança.

[92] A respeito dos requisitos fiscais, vide nossos comentários constantes do Capítulo 4.

Tolera-se repetir, mas o que não se admite é que a previsão do cadastro de reserva seja utilizada simplesmente como meio de obscurecer o direito à nomeação dos candidatos aprovados em concurso público.

Não obstante, também devem ser considerados os efeitos dos princípios da boa-fé e da proteção à confiança (segurança jurídica). Precisando o sentido dos princípios referidos, Almiro do Couto e Silva esclarece que boa-fé diz respeito à lealdade, correção e lisura do comportamento das partes, reciprocamente, que devem comprometer-se com a palavra empenhada. Já o princípio da proteção à confiança – atributo do princípio da segurança jurídica:

> "a) impõe ao Estado limitações na liberdade de alterar sua conduta e de modificar atos que produziram vantagens para os destinatários, mesmo quando ilegais, ou b) atribui-lhe consequências patrimoniais por essas alterações, sempre em virtude da crença gerada nos beneficiários, nos administrados ou na sociedade em geral de que aqueles atos eram legítimos, tudo fazendo razoavelmente supor que seriam mantidos".[93]

Jesus Gonzalez Perez, em valioso estudo, averbou:

> *"La aplicación del principio de la buena fe permitirá al administrado recobrar la confianza en que la Administración no va a exigirle mas de lo que estrictamente sea necesario para la realización de los fines públicos que en cada caso concreto persiga. [...] Confianza, legítima confianza de que no se le va a imponer una prestación cuando sólo superando dificultades extraordinarias podrá ser cumplida. Ni en un lugar que, razonablemente, no cabía esperar. Ni antes de que lo exijan los intereses públicos ni cuando ya no era concebible el ejercicio de la potestad administrativa. Confianza, en fin, en que en el procedimiento para dictar el acto que dará lugar a las relaciones entre Administración y administrado, no va adoptar una conducta confusa y equívoca que más tarde permita eludir o tegiversar sus obligaciones."*[94]

Ao se conjugar, sem o intuito de separação científica, os princípios da boa-fé e da proteção à confiança,[95] pode-se afirmar que as ações efetivadas pela

---

[93] COUTO E SILVA, Almiro do. O princípio da segurança jurídica (proteção à confiança) no direito público brasileiro e o direito da Administração pública de anular seus próprios atos administrativos: o prazo decadencial do art. 54 da Lei de processo administrativo da União. *Revista Brasileira de Direito Público*, ano 1, nº 6, jul./set. 2004. Belo Horizonte: Fórum, 2004. p. 11.

[94] PÉREZ, Jésus González. *El principio general de la buena fé en el derecho administrativo*. Madrid: Real Academia de Ciencias Morales y Políticas, 1983. p. 53.

[95] Segundo Juarez Freitas (2004, p. 60), "sem uma poderosa entronização do princípio da confiança nas relações de administração, até mesmo a estabilidade constitucional corre riscos na marcha rumo à efetividade. [...] o princípio da confiança do cidadão na Administração Pública, e vice-versa, deve ocupar lugar de destaque em qualquer agenda baseada nos princípios fundamentais, precisando operar como um dos norteadores supremos do controle das relações de administração".

Administração despertam no cidadão expectativas fundadas de que serão processadas de acordo com os princípios e regras que compõem o ordenamento jurídico. Essas expectativas são de fácil identificação: espera-se que a Administração atue de forma planejada, transparente, contínua, previsível, sem avanços muito acelerados nem retornos bruscos, sempre objetivando salvaguardar o interesse público.

Nestes termos, na preparação, realização e controle dos concursos públicos, deve a Administração primar pela absoluta boa-fé, *respeitando a confiança que lhe é destinada pelo cidadão*, vinculando-se estritamente às regras legalmente e normativamente regentes do certame. A confiança na atuação de acordo com o direito posto é, portanto, o que os cidadãos concorrentes a um cargo ou emprego público esperam dos comportamentos administrativos.

Em conclusão, não pode a Administração buscar qualquer expediente astucioso para evadir-se do seu dever de realizar um *planejamento consistente* e transparente do concurso. A Administração tem o dever de planejar suas ações e, sobretudo, de *expor com transparência os caminhos que pretende trilhar para concretizá-las*.

3.9 A proteção constitucional às pessoas portadoras de deficiência

A Constituição Brasileira tem como um de seus fundamentos a dignidade da pessoa humana, dignidade constitucionalmente assegurada, mas ainda não alcançada em plenitude. Dignidade que compreende o direito de viver de forma crescente, do jeito de cada um. Dignidade que contém em si multiplicidade de sentidos, objetivos e subjetivos, que lhe conferem um significado ímpar, de difícil tradução. A dignidade humana pressupõe mais do que respeito estatal, o oferecimento de oportunidades pelo Estado para o pleno desenvolvimento do ser humano, de acordo com as potencialidades, limitações e aptidões individuais.

Em razão de circunstâncias que na maioria das vezes não podem lhes ser imputadas, os portadores de deficiência possuem dificuldades adicionais em todos os aspectos de sua vida individual e social. A prática de atos comuns, necessários à sua interação no cenário social, custa-lhes esforços maiores, nem sempre com certeza de bom êxito. Dessa maneira, o pleno exercício dos direitos fundamentais constitucionalmente assegurados depende de ações da sociedade civil e do Estado, cabendo a iniciativa e coordenação dessas ações a este último. Trata-se de conceber "uma forma jurídica para se superar o isolamento ou a diminuição social a que se acham sujeitas as minorias".[96]

Por isso, a Constituição da República assegurou aos portadores de deficiência uma série de direitos, que devem ser tratados como instrumentos aptos à inclusão social dessa categoria.

---

[96] Ibidem, p. 90.

3.9.1 A reserva de vagas nos concursos públicos como ação afirmativa

O sistema constitucional vigente prevê que a investidura permanente em cargo ou emprego público depende de aprovação prévia em concurso público. Também por imposição constitucional as pessoas portadoras de deficiência devem contar com reserva de vagas nos concursos públicos destinados ao ingresso de pessoal na Administração, como se depreende da leitura do inciso VIII do artigo 37 da Constituição.

Trata-se, na verdade, de ação afirmativa constitucionalmente assentada, para pôr em prática o conceito aristotélico de igualdade: tratar igualmente os iguais e desigualmente os desiguais. De acordo com o magistério de Joaquim Barbosa Gomes,[97] *ações afirmativas* são políticas sociais de apoio e promoção de grupos socialmente fragilizados, visando a promover sua integração social e, consequentemente, a igualdade material. Tais políticas objetivam conferir tratamento prioritário a grupos discriminados, colocando-os em condições de competição similares aos que historicamente se beneficiaram de sua exclusão.

3.9.2 Caracterização da deficiência e definição de "portador de deficiência"

A definição legal de deficiência encontra-se prevista no artigo 3º, inciso I, do Decreto Federal nº 3.298/99, que regulamenta a Lei nº 7.853, de 24 de outubro de 1989 (Política Nacional para a Integração da Pessoa Portadora de Deficiência). O dispositivo considera como deficiência "toda perda ou anormalidade de uma estrutura ou função psicológica, fisiológica ou anatômica que gere incapacidade para o desempenho de atividade, dentro do padrão considerado normal para o ser humano". O Diploma, alterado pelo recente Decreto Federal nº 5.296/2004, considera portadora de deficiência a pessoa que se enquadra na categoria de deficiência física, auditiva, visual, mental ou múltipla, no caso de associação de deficiências.[98]

Trata-se, na verdade, de situação intermediária entre a plena capacidade e a invalidez.[99] Nessa direção, para efeito de reserva de vagas, não se pode exigir que a deficiência seja tão acentuada que implique plena impossibilidade de exercer funções na Administração, fato gerador de aposentadoria para os servidores públicos.

---

[97] GOMES, Joaquim Barbosa. *Ação afirmativa & princípio constitucional da igualdade*: o Direito como instrumento de transformação social. A experiência dos EUA. Rio de Janeiro: Renovar, 2001. p. 47.

[98] O art. 4º do Decreto nº 3.298/1999, com a redação conferida pelo Decreto 5.296/04, estabelece as definições de deficiência física, deficiência auditiva e deficiência visual.

[99] TRF-1, AMS, Processo: 199801000619132-DF, Órgão Julgador: 5ª Turma. Relator Des. João Batista Moreira. Data da decisão: 15-10-2001. Fonte: *DJ* de 16-11-2001, p. 161.

Na definição utilizada pelo Decreto nº 3.298/1999, a caracterização da deficiência depende da impossibilidade de desempenhar determinada atividade dentro do parâmetro considerado normal. Em outras palavras, o Decreto impõe a existência de uma dificuldade adicional para a realização das atividades funcionais. Há precedente recente do Supremo Tribunal Federal no sentido de que essa exigência do Decreto invadiu o campo delimitado pela lei de proteção à pessoa portadora de deficiência:

> "Reserva percentual de cargos e empregos públicos (CF, art. 37, VIII) – Ocorrência, na espécie, dos requisitos necessários ao reconhecimento do direito vindicado pela pessoa portadora de deficiência – Atendimento, no caso, da exigência de compatibilidade entre o estado de deficiência e o conteúdo ocupacional ou funcional do cargo público disputado, independentemente de a deficiência produzir dificuldade para o exercício da atividade funcional – Inadmissibilidade da exigência adicional de a situação de deficiência também produzir "dificuldades para o desempenho das funções do cargo" (STF, AgRg ROMS nº 32.732/DF – 2ª Turma Relator: Ministro Celso de Mello – *DJe* nº 148, div. 31-07-2014, pub. 01-08-2014).

Para a caracterização da deficiência, o órgão ou entidade responsável pela realização do concurso deverá ter a assistência de equipe multiprofissional composta de profissionais capacitados e atuantes nas áreas das deficiências em questão, sendo um deles médico, e profissionais integrantes da carreira almejada pelo candidato, como determina o artigo 43 do Decreto nº 3.298/1999.

É certo que a avaliação da equipe multiprofissional deverá ser fundamentada em padrões nacional e internacionalmente reconhecidos,[100] ficando a autoridade administrativa responsável vinculada às suas conclusões técnicas, delas só podendo divergir fundada e motivadamente, nos aspectos não diretamente relacionados às questões que envolvam conhecimentos técnicos.[101] Caso exista controvérsia quanto à caracterização da deficiência, é aconselhável reservar a vaga questionada até que a questão seja solucionada.

---

[100] Os padrões são as balizas da discricionariedade conferida à Comissão, como se observa no seguinte Acórdão: "MANDADO DE SEGURANÇA. CONCURSO PÚBLICO. DEFICIENTE FÍSICO. DOENÇA CLASSIFICADA PELA OMS COMO DEFICIÊNCIA VISUAL. 1. Sendo o impetrante portador de Ambliopia, e estando essa enfermidade catalogada como deficiência visual pela Organização Mundial de Saúde, a conclusão da Junta Médica Oficial de ter essa doença como não deficiência física não se sustenta, quanto mais quando o Edital do Concurso firmou que deficiente era aquele assim conceituado pela medicina especializada e de acordo com os padrões mundialmente estabelecidos. 2. Sentença concessiva que se confirma. 3. Apelação e Remessa improvidas" (AMS 1000596937-DF, Órgão Julgador: 2ª Turma, *DJ* de 14-8-2000, p. 45, Relator Des. Federal CARLOS MOREIRA ALVES).

[101] Como ocorreu, por exemplo, no caso relatado pelo Acórdão transcrito na nota anterior. Certamente o administrador não pode substituir o juízo de avaliação da comissão profissional pelo seu juízo.

3.9.3 Compatibilidade entre a deficiência e as atribuições do cargo

O artigo 5º, § 2º, da Lei nº 8.112/1990 exige que a deficiência seja compatível com as atribuições do cargo que será provido. A avaliação da compatibilidade deve ficar a cargo da equipe multiprofissional antes referida. Uma vez mais a discricionariedade da equipe tem como parâmetro os padrões reconhecidos nacional e internacionalmente. Por outro lado, não se pode permitir que a avaliação se esvaia das raias ditadas pelo princípio da razoabilidade e se guie por critérios subjetivos.[102]

3.9.4 O direito subjetivo à reserva e o cálculo do número de vagas

Para atender ao mandamento constitucional, o administrador público está obrigado a reservar percentual das vagas para preenchimento por portadores de deficiência em todos os concursos públicos.

Por se tratar de *dever*, a ausência de previsão acarreta a responsabilização do agente público. Como assentou recentemente o Superior Tribunal de Justiça

> *"a inércia do administrador público em não reservar percentual de vagas destinadas a deficiente físico, providência determinada pelo artigo 37, VIII, da Constituição Federal e regulamentado pelo artigo 5º, § 2º, da Lei nº 8.112/90, não pode obstar o cumprimento do mandamento constitucional e afastar o direito assegurado aos candidatos de concurso portadores de deficiência".*[103]

A quantidade de vagas a ser reservada deve estar fixada em atendimento ao percentual ditado pela lei, como se depreende da análise do artigo 37, IX, da Constituição. Inicialmente, calha observar que a lei referida deve ser editada em

---

[102] Esse entendimento encontra amparo na jurisprudência: "CONSTITUCIONAL. ADMINISTRATIVO. CONCURSO PÚBLICO. DELEGADO DE POLÍCIA CIVIL. CANDIDATA ELIMINADA POR SER PORTADORA DE MIOPIA. INADMISSIBILIDADE. 1. Ofende o princípio constitucional da igualdade e da razoabilidade ato que inabilita concorrente ao cargo de Delegado de Polícia Civil do Distrito Federal sob o fundamento de que é portador de deficiência visual (miopia), por isso que inúmeras são as pessoas que cotidianamente ingressam no serviço público em tais condições. 2. A miopia não há de ser tida como moléstia apta a, na dicção do edital do certame (item 7.1, a), inabilitar a impetrante, pois não constitui defeito físico que implique em debilidade ou perda de sentido ou função tais que impeçam o exercício das atribuições de delegado de polícia. 3. Apelação a que se dá provimento" (TRF – 1ª Região, AMS 1000575207 – DF, *DJ* de 4-2-2002, Relator Juiz Marcus Vinicius Reis Bastos).

[103] RESP – RECURSO ESPECIAL – 331688 – Processo: 200100938430 UF: RS Órgão Julgador: 6ª TURMA – Rel. Min. Paulo Galotti. Data da decisão: 20-03-2003 Documento: STJ000527599 *DJ*: 9-2-2004, p. 211. No mesmo sentido, também do Superior Tribunal de Justiça, confiram-se as decisões exaradas no julgamento dos Recursos Ordinários em Mandado de Segurança 2521-GO e 2480-DF. Excetuam-se, em princípio, os casos onde exista somente uma vaga a ser disputada.

cada ente federativo.[104] No plano federal, a Lei nº 8.112/90 (Estatuto dos Servidores Públicos Civis da União) determina em seu artigo 5º, § 2º:

"Art. 5º [...]

§ 2º Às pessoas portadoras de deficiência é assegurado o direito de se inscrever em concurso público para provimento de cargo cujas atribuições sejam compatíveis com a deficiência de que são portadoras; para tais pessoas serão reservadas até 20% (vinte por cento) das vagas oferecidas no concurso."[105]

Por sua vez, o já referido Decreto nº 3.298, de 20 de dezembro de 1999, determina em seu artigo 37, § 1º, que deve ser reservado no mínimo o percentual de 5% das vagas. Não há dúvidas, em princípio, quanto ao percentual de reserva que deve ser estabelecido nos concursos levados a cabo na Administração Pública Federal: no mínimo 5% e no máximo 20%, de acordo com os dispositivos referidos.

A escolha do percentual exato, certamente feita de forma motivada, deve ficar a cargo do administrador. É certo que se trata de ato marcado pela discricionariedade, a ser balizada pelo princípio da razoabilidade. Nesse sentido, deve o administrador responsável, de acordo com o número de vagas disponíveis e com as funções que serão exercidas, estabelecer uma reserva que possibilite o real atendimento aos portadores de deficiência, agindo afirmativamente para possibilitar sua integração social, desta feita tendo como intermediária a Administração.

Calha destacar que o citado Decreto nº 3.298/1999 determina que, caso a aplicação do percentual escolhido resulte em número fracionado, este deverá ser elevado até o primeiro número inteiro subsequente (artigo 37, § 2º).

As questões concretas mais complexas ocorrem quando, aliado ao estabelecimento de um baixo percentual de reserva, existe reduzido número de cargos oferecidos em concurso. O entendimento inicial do Supremo Tribunal Federal seguia a linha de determinar a reserva de no mínimo uma vaga, sempre que houver mais de uma em jogo, em havendo compatibilidade da função a ser exercida:

"ADMINISTRATIVO. CONCURSO PÚBLICO. RESERVA DE VAGAS PARA PORTADORES DE DEFICIÊNCIA. ARTIGO 37, INCISO VIII, DA CONSTITUIÇÃO FEDERAL. A exigência constitucional de reserva de vagas para portadores de deficiência em concurso público se impõe ainda que o percentual legalmente previsto seja inferior a um, hipótese em que a fração

---

[104] Admite-se a aplicação dos diplomas federais, por analogia, onde não exista lei regulamentadora, mediante expressa previsão no edital.

[105] A referência a "concurso público", obviamente, exclui da reserva de vagas os cargos comissionados e funções públicas.

deve ser arredondada. Entendimento que garante a eficácia do artigo 37, inciso VIII, da Constituição Federal, que, caso contrário, restaria violado. Recurso extraordinário conhecido e provido."[106]

Contudo, em julgado recente em que se tratava da reserva de vagas em concurso em que estavam em disputa apenas duas vagas, o mesmo STF seguiu novo entendimento:

> "CONCURSO PÚBLICO – CANDIDATOS – TRATAMENTO IGUALITÁRIO. A regra é a participação dos candidatos, no concurso público, em igualdade de condições. CONCURSO PÚBLICO – RESERVA DE VAGAS – PORTADOR DE DEFICIÊNCIA – DISCIPLINA E VIABILIDADE. Por encerrar exceção, a reserva de vagas para portadores de deficiência faz-se nos limites da lei e na medida da viabilidade consideradas as existentes, afastada a possibilidade de, mediante arredondamento, majorarem-se as percentagens mínima e máxima previstas."[107]

É finalidade da hermenêutica constitucional garantir o máximo de efetivida- de da Constituição. Em se tratando de direitos fundamentais, como a isonomia e a dignidade da pessoa humana, mais cautela deve ter o hermeneuta. Como explica Juarez Freitas,

> "[...] o intérprete constitucional deve guardar vínculo com a excelência ou otimização máxima da efetividade do discurso normativo da Carta. [...] deve-se evitar, entre várias alternativas, aquelas inviabilizadoras de qualquer eficácia imediata. Do contrário estaríamos admitindo o contrassenso de norma sem eficácia alguma [...] Os direitos fundamentais não devem ser apreendidos separada ou localizadamente, como se estivessem, todos, encartados no art. 5º da Constituição Federal. Resta forçoso vê-los disseminados pelo ordenamento [...] deve ser evitado qualquer resultado interpretativo que reduza ou debilite, sem justo motivo, a eficácia máxima dos direitos fundamentais. Neste contexto, urge que a exegese promova e concretize o princípio jurídico da dignidade da pessoa, sendo, como é, um dos pilares supremos do nosso ordenamento, apto a funcionar como vetor--mor da compreensão superior de todos os ramos do direito.[108]

Nesse sentido, devem ser afastadas algumas premissas errôneas: a primeira, que o percentual é estanque e não pode ser arredondado em casos determi-

---

[106] RE 227299/MG, Relator: Min. Ilmar Galvão, Publicação: *DJ* 6-10-2000.
[107] MS 26310/DF, Relator Min. Marco Aurélio, Órgão Julgador: Tribunal Pleno; Publicação *DJ* 31-10-2007, p. 78. O entendimento vem sendo seguido pelo Superior Tribunal de Justiça.
[108] FREITAS, Juarez. O intérprete e o poder de dar vida à Constituição. In: GRAU, Eros Roberto; GUERRA FILHO, Willis Santiago (Org.). *Direito Constitucional*: Estudos em homenagem a Paulo Bonavides. São Paulo: Malheiros, 2001. p. 237-242.

nados para privilegiar os valores constitucionalmente consagrados; a segunda, a consideração de que a Administração está sendo prejudicada com a admissão de portadores de deficiência, que não possuiriam a mesma capacidade de trabalho que as pessoas que não contam com tais dificuldades. Deve ser relembrado que não se trata de benesse concedida pelo Poder Público (em nada se assemelha, *v. g.*, à pensão concedida por invalidez) e que, como destacado, o admitido demonstrou seus conhecimentos ao ser aprovado em concurso público, e deverá ainda comprovar possuir plenas condições para exercer as atribuições inerentes ao cargo.[109]

O estabelecimento da reserva depende de cada situação concreta,[110] cabendo ao administrador realizar as operações exegéticas cabíveis tendo como vetores o número de cargos em jogo e suas atribuições para estabelecer um percentual razoável, que não torne despido de qualquer eficácia o mandamento constitucional e, tampouco, que trilhe caminho oposto, privilegiando em demasia aqueles que já possuem uma vantagem. O entendimento atual do Supremo Tribunal Federal, por essas razões, é o mais adequado.

Outros elementos ganham importância no processo de escolha do percentual: o estudo da possibilidade de criação de novas vagas, não ofertadas no concurso, assim como a hipótese de surgimento de outras no prazo de validade do certame. A ordem das nomeações entre as duas listas de candidatos aprovados (ampla concorrência e vagas reservadas) deixa de ser um problema se o direito à nomeação de todos os aprovados, no prazo de validade do concurso, for assegurado. Nessas situações, o critério mais razoável e objetivo para as nomeações é a classificação geral dos candidatos de ambas as listas. Nessas e em outras hipóteses, as controvérsias podem ser evitadas com disciplina clara e minuciosa no edital.

Por outro lado, no tocante aos concursos fragmentados por regiões (em que as vagas são distribuídas de acordo com regiões específicas), a jurisprudência está evoluindo para considerar a necessidade de utilizar, para efeito do cálculo das vagas reservadas, o número total de cargos em disputa no certame:

---

[109] Nesse sentido, "a grande virada na interpretação constitucional se deu a partir da difusão de uma constatação que, além de singela, sequer era original: não é verdadeira a crença de que as normas jurídicas em geral – e as normas constitucionais em particular – tragam sempre em si um sentido único, objetivo, válido para todas as situações sobre as quais incidem. [...] as cláusulas constitucionais, por seu conteúdo aberto, principiológico e extremamente dependente da realidade subjacente, não se prestam ao sentido unívoco e objetivo que uma certa tradição exegética lhes pretende dar" (BARROSO, Luís Roberto; BARCELLOS, Ana Paula de. O começo da história – a nova interpretação constitucional e o papel dos princípios no direito brasileiro. *Revista Interesse Público*, nº 19, Porto Alegre: Notadez, 2003, p. 53).

[110] Com o entendimento que se expõe estamos alterando, em parte, o posicionamento exposto no artigo "A reserva de vagas nos concursos públicos para os portadores de deficiência – análise do art. 37, inciso VIII, da Constituição Federal", publicado em: MOTTA, Fabrício (Coord.). *Concurso Público e Constituição*. Belo Horizonte: Fórum, 2005.

"RECURSO ORDINÁRIO EM MANDADO DE SEGURANÇA. CONCURSO PÚBLICO. PORTADOR DE NECESSIDADE ESPECIAL. VAGAS SUPERVENIENTES. RESERVA. CRITÉRIO. TOTALIDADE. RECURSO PROVIDO. I – A Constituição Federal assegura que a lei reservará percentual de cargos e empregos públicos para as pessoas portadoras de deficiência e definirá os critérios de sua admissão (art. 37, inciso VIII). II – A Lei nº 8.112/90, por seu turno, estabelece que para aquelas pessoas será reservado, em cada concurso, o máximo de 20% (vinte por cento) das vagas oferecidas (artigo 5º, § 2º, segunda parte). III – Na espécie, o edital do certame para o provimento de cargos de Analista Judiciário do e. TRF da 1ª Região, com observância do percentual mínimo previsto no Decreto nº 3.298/99 (art. 37, § 2º), fixou em 5% (cinco por cento) a reserva para deficientes. Mais ainda, dispôs que esse limite deveria observar as vagas disponibilizadas por localidade, e não a totalidade das vagas oferecidas no concurso. IV – Tal circunstância, conforme restou definida, obstaculiza a efetivação do comando constitucional e legal pertinentes, sendo que o desmembramento uniforme das vagas por localidade poderia levar – como de fato ocorrera no caso – a situações em que todos os deficientes inscritos no concurso fossem alijados do acesso aos cargos, a despeito da nomeação, em número suficiente para a materialização da reserva, dos demais candidatos. Recurso ordinário provido."[111]

A questão é explicada didaticamente em trecho de Acórdão do TRF 1ª região, relatado pelo Desembargador João Batista Gomes Moreira:

"[...] 5. Assim como a Constituição, a legislação ordinária não define expressamente o critério que se deve adotar quando o percentual de cargos reservados aos portadores de deficiência resultar em número fracionado. Mas, pela literalidade do art. 37, § 2º, do Decreto 3.298/1999, deve ser elevado até o primeiro número inteiro subsequente.

6. A Resolução nº 155/1996 do Conselho da Justiça Federal, editada anteriormente ao mencionado decreto, prevê o arredondamento para o número inteiro imediatamente inferior, em frações menores do que 0,5 (cinco décimos) e para o imediatamente superior, em frações maiores ou iguais a 0,5 (cinco décimos). Por esse critério, reservado o percentual mínimo, seriam destinadas aos portadores de necessidades especiais, aprovados, apenas a 10ª, 30ª, 50ª vagas e assim sucessivamente, haja vista que: a) 5% de dez vagas equivalem a 0,5 (cinco décimos) de vaga, arredondando-se para 1 (uma); b) 5% de trinta vagas equivalem a 1,5 (um inteiro e cinco décimos) de vagas, arredondando-se para 2 (duas); c) 5% de cinquenta vagas equivalem a 2,5 (dois inteiros e cinco décimos) de vagas, arredondando-se para 3 (três).

---

[111] STJ, RMS 30.841/GO, Rel. Ministro Felix Fischer, 5ª Turma, *DJ* de 21-6-2010.

7. Tal critério de arredondamento está adstrito aos concursos não fragmentados, com pelo menos dez vagas em disputa, ou fragmentados, com o mínimo de dez vagas por região ou localidade. Menos que isso não haverá obrigatoriedade de convocação de aprovado portador de deficiência. Sendo assim, em caso de concurso público fragmentado, a melhor orientação é que, havendo mais de uma vaga por região ou localidade, a segunda deve ser destinada a candidato portador de deficiência, retomando-se em seguida a proporção de modo que o segundo deficiente aprovado seja o 30º (trigésimo) convocado e assim sucessivamente."[112]

A solução mais razoável é estabelecer a reserva de vagas por cargo compatível, tendo como parâmetro o número total de cada cargo[113] no quadro de carreira, considerando-se um determinado número, resultante da aplicação do percentual escolhido, como "vaga cativa" dos portadores de deficiência.[114] Contudo, a efetivação dessa solução demanda tempo e planejamento para que as atividades da Administração não sofram continuidade e para que o direito à integração dos portadores de deficiência não seja desrespeitado. De qualquer maneira, para evitar controvérsias e demandas judiciais recomenda-se que o edital de concurso seja detalhado e transparente no tocante aos critérios para cálculo do número de vagas e ordem de nomeação.

---

[112] Apelação/Reexame necessário nº 200543000016634/TO, Rel. Des. João Batista Moreira, julgado em 26-1-2011, acórdão ainda pendente de publicação.

[113] A solução foi sugerida, com algumas peculiaridades, em sentença proferida pelo Juiz Victor Feltrim Barbosa no Processo 2002.01.1.062367-6, 4ª Vara da Fazenda Pública do Distrito Federal (disponível para consulta no *site* <www.tjdf.gov.br>).

[114] O método das vagas cativas já é utilizado para o cálculo das vagas destinadas ao *quinto constitucional* nos tribunais. Na solução proposta, em cada concurso deve existir um cadastro de aprovados dentro das vagas reservadas.

Provimento e investidura dos cargos públicos na Constituição e na legislação

Maria Sylvia Zanella Di Pietro

4.1 Provimento e investidura

Provimento é o ato pelo qual o poder público designa para ocupar cargo, emprego ou função a pessoa física que preencha os requisitos legais.

Distingue-se da **investidura**, que é o ato pelo qual o servidor público é investido no exercício do cargo, emprego ou função, abrangendo a posse e o exercício.

O provimento constitui ato do poder público, enquanto a investidura constitui ato do servidor; o primeiro constitui condição para que ocorra a segunda. É o que decorre, implicitamente, nos artigos 6º e 7º da Lei 8.112/1990; o primeiro determina que *"o provimento dos cargos públicos far-se-á mediante ato da autoridade competente de cada Poder"*; pelo segundo, *"a investidura em cargo público ocorrerá com a posse"*.

Na prática, é comum a utilização das duas expressões – provimento e investidura – como sinônimos, embora os dois atos integrem um procedimento que leva à formação do vínculo entre o servidor e a pessoa jurídica estatal. Praticado o ato de provimento, deve seguir-se a investidura (pela posse e exercício), sem o que o procedimento não se completa e o ato de provimento não se aperfeiçoa, devendo ser extinto.

A Constituição, no artigo 37, II, com a redação dada pela Emenda Constitucional nº 19/98, fala em *investidura*, ao fazer a exigência de concurso público. Na realidade, quer se fale em investidura ou em provimento, a exigência de concurso público tem que ser atendida.

4.2 Provimento originário e derivado

O provimento pode ser **originário** ou **derivado**. O primeiro é o que vincula inicialmente o servidor ao cargo, emprego ou função; pode ser tanto a **nomeação** quanto a **contratação**, dependendo do regime jurídico.

Provimento derivado é o que depende de um vínculo anterior do servidor com a Administração; a legislação anterior à atual Constituição compreendia (com pequenas variações de um Estatuto funcional para outro) a promoção (ou acesso), a transposição, a reintegração, a readmissão, o aproveitamento, a reversão e a transferência.

Com a nova Constituição, esse rol ficou bem reduzido, em decorrência do artigo 37, II, que exige a aprovação prévia em **concurso público** de provas ou de provas e títulos para a investidura em **cargo** ou **emprego público**, ressalvadas as nomeações para cargo em comissão declarado em lei de livre nomeação e exoneração.

O dispositivo trouxe algumas inovações quando comparado com o artigo 97, § 1º, da Constituição de 1967, com a redação dada pela Emenda Constitucional nº 1, de 1969:

1. enquanto a norma anterior exigia concurso apenas para investidura em **cargo público**, a atual impõe a mesma exigência para **cargo e emprego**; só não faz referência à **função**, porque deixou em aberto a possibilidade de contratação para serviços temporários (art. 37, IX) e para funções de confiança (art. 37, V), ambas as hipóteses sem concurso;

2. enquanto o dispositivo anterior fazia a exigência para a **primeira investidura**, o atual fala apenas em **investidura**, o que inclui tanto os provimentos originários como os derivados, somente sendo admissíveis as exceções previstas na própria Constituição, a saber, a reintegração, o aproveitamento, a recondução e o **acesso** ou **promoção**, além da **reversão** *ex officio*, que não tem base constitucional, mas ainda prevalece pela razão adiante exposta.

A **readmissão** era o ato discricionário pelo qual o funcionário **exonerado** e, segundo alguns Estatutos, também o **demitido**, reingressavam no serviço público.

A **reversão** era o ato pelo qual o funcionário **aposentado** reingressava no serviço público; podia ser a pedido ou *ex officio*, esta última hipótese ocorrendo quando cessada a incapacidade que gerou a aposentadoria por invalidez.

A **transposição** (ou ascensão, na esfera federal) era o ato pelo qual o funcionário ou servidor passava de um cargo a outro de conteúdo ocupacional diverso. Visava ao melhor aproveitamento dos recursos humanos, permitindo que o servidor, habilitado para o exercício de cargo mais elevado, fosse nele provido mediante concurso interno; no Estado de São Paulo, estava prevista nos artigos 22 a 28 da Lei Complementar nº 180, de 12-5-1978.

Nos três institutos, o provimento independe de **concurso público**, não podendo ser considerado como tal o procedimento de seleção utilizado na transposição, uma vez que, nesta, as vagas são destinadas a essa forma de provimento, excluindo a participação de terceiros, como o exigiria o **concurso público**.

Portanto, deixaram de existir, com a nova Constituição, os institutos da readmissão, da transposição e da reversão, ressalvada, neste último caso, a reversão *ex officio*, porque, nessa hipótese, desaparecendo a razão de ser da inatividade, deve o funcionário necessariamente reassumir o cargo, sob pena de ser cassada a aposentadoria. O servidor reassume para poder completar os requisitos para aposentadoria. No entanto, a reversão a pedido continua a ser prevista na legislação ordinária, a exemplo da Lei nº 8.112/1990, que a disciplina nos artigos 25 e 27,[1] com a redação dada pela Medida Provisória nº 2.225-45, de 4-9-2001, estando em desconformidade com a norma constitucional que exige concurso público para a investidura.

A respeito da **ascensão**, a Consultoria Geral da República adotou o entendimento de que, "com a promulgação da Constituição de 1988, foi banida do ordenamento jurídico brasileiro, como forma de investidura em cargo público, a ascensão funcional". No corpo do parecer, da lavra do Consultor José Márcio Monsão Mollo, está dito que

> "estão abolidas as formas de investidura que representam ingresso em carreira diferente daquela para a qual o servidor ingressou por concurso e que não são, por isso mesmo, inerentes ao sistema de provimento em carreira, ao contrário do que acontece com a promoção, sem a qual não há carreira, mas, sim, sucessão de cargos ascendentes" (Parecer nº CS-56, de 16-9-1992, aprovado pelo Consultor Geral da República, conforme publicado no *DOU* de 24-9-1992, p. 13386-89).

No mesmo sentido foi a decisão do STF, ao declarar a inconstitucionalidade do § 1º do artigo 185 da Constituição do Estado do Rio de Janeiro (ADIN-245, Rel. Min. Moreira Alves, *DJ* de 13-8-1992, p. 12.157).[2]

Pelo mesmo fundamento, o STF considerou inconstitucional o instituto da **transferência** previsto nos artigos 8º, IV, e 33 da Lei nº 8.112, de 11-12-1990, ambos suspensos pela Resolução nº 46, de 23-5-1997, do Senado Federal, e revogados pela Lei nº 9.527, de 10-12-1997. Além disso, pela Súmula nº 685, o Supremo Tribunal Federal firmou o entendimento jurisprudencial de que "é inconstitu-

---

[1] O artigo 26 foi revogado pela Medida Provisória nº 2.225-45, de 4-9-2001.

[2] O STF, contudo, reconhece a possibilidade da existência de direito adquirido à ascensão antes do advento da Constituição de 1988 (RE 222.236-AgR, Rel. Min. Néri da Silveira, julgamento em 17-10-2000, 2ª Turma, *DJ* de 24-11-2000).

cional toda modalidade de provimento que propicie ao servidor investir-se, sem prévia aprovação em concurso público destinado ao seu provimento, em cargo que não integra a carreira na qual anteriormente investido".

Quanto à **promoção** e ao **acesso**, existe diferença de terminologia entre a esfera federal e a estadual, pois o que a Lei nº 8.112/1990 chama de promoção equivale ao acesso, no Estatuto paulista. Neste existe, além do acesso, também a promoção, mas esta não constitui forma de provimento. Além disso, as Leis Orgânicas da Magistratura, do Ministério Público e da Procuradoria Geral do Estado, no Estado de São Paulo, falam em promoção no mesmo sentido que a Lei Federal citada, e que é também o sentido em que aparece em dispositivos da Constituição.[3]

Promoção (ou acesso, no Estatuto Paulista) é forma de provimento pela qual o servidor passa para cargo de maior grau de responsabilidade e maior complexidade de atribuições, dentro da carreira a que pertence. Constitui uma forma de ascender na carreira. Distingue-se da transposição porque, nesta, o servidor passa para cargo de conteúdo ocupacional diverso, ou seja, para cargo que não tem a mesma natureza de trabalho.

A Emenda Constitucional nº 19 trouxe uma novidade ao exigir, como requisito para promoção, a participação em cursos de formação e aperfeiçoamento em escolas de governo. Estabelece o § 2º do artigo 39 que "a União, os Estados e o Distrito Federal manterão escolas de governo para a formação e o aperfeiçoamento dos servidores públicos, constituindo-se a participação nos cursos um dos requisitos para a promoção na carreira, facultada, para isso, a celebração de convênios ou contratos entre os entes federados".

A norma cria certa perplexidade, por diversas razões, em especial pelo fato de constar da Constituição, impondo um ônus a Estados e Municípios que lutam, muitas vezes, para manter até mesmo o ensino fundamental. Ela tem que ser interpretada com o bom-senso que faltou ao legislador. Em primeiro lugar, ela tem que ser entendida como norma programática a ser cumprida a longo prazo; em segundo lugar, a exigência de participação em curso desse tipo como requisito para promoção só pode ser imposta a partir do momento em que as chamadas escolas de governo estejam à disposição de todos os servidores, ou pela criação da escola ou pela celebração do convênio previsto na parte final do dispositivo; caso contrário, a promoção se tornará inviável exatamente em momento em que o Governo apregoa a valorização do servidor público.

Quanto à **promoção**, tal como definida no Estatuto paulista, não constitui modalidade de provimento; corresponde à passagem do funcionário ou servidor de um **grau a outro da mesma referência**. Sem mudar o cargo e a referência, o

---

[3] "Concurso público *versus* concurso interno. Ascensão funcional. Longe fica de vulnerar a CF pronunciamento no sentido da inviabilidade de placitar-se concurso interno para ingresso em cargo de carreira diversa daquela para a qual o servidor prestou concurso" (STF, RE 394.618-AgR, Rel. Min. Marco Aurélio, julgamento em 13-12-2011, Primeira Turma, *DJE* de 16-2-2012).

servidor passa para outro grau, razão pela qual se diz que a promoção se dá no plano **horizontal**, enquanto o acesso se dá no plano **vertical**.

A Constituição dá origem a outra forma de provimento, prevista no artigo 41, § 2º; trata-se da **recondução**, que ocorre como consequência da reintegração, hipótese em que o servidor que ocupava o cargo do reintegrando tem o direito de ser reconduzido a seu cargo de origem. O artigo 29 da Lei nº 8.112/1990 prevê também a **recondução** no caso de inabilitação em estágio probatório relativo a outro cargo.

A Lei nº 8.112/1990 prevê ainda a existência de duas outras modalidades de provimento derivado: aproveitamento e readaptação. **Aproveitamento** é o retorno à atividade de servidor em disponibilidade remunerada, em cargo de atribuições e vencimentos compatíveis com o anteriormente ocupado. A disponibilidade com remuneração proporcional ao tempo de serviço é o direito atribuído pela Constituição ao servidor estável em caso de extinção do cargo ou declaração de sua desnecessidade (art. 41, § 3º), até seu adequado aproveitamento em outro cargo. O Supremo Tribunal Federal tem reforçado o entendimento de que o servidor público posto em disponibilidade "[...] tem o direito de ser aproveitado em outro cargo da administração pública direta ou indireta, desde que observada a compatibilidade de atribuições e vencimentos com o cargo anterior" (RE 560.464-AgR, Rel. Min. Eros Grau, julgamento em 11-12-2007, 2ª Turma, *DJE* de 15-2-2008). A **readaptação**, por sua vez, é a investidura do servidor em cargo de atribuições e responsabilidades compatíveis com a limitação que tenha sofrido em sua capacidade física ou mental, respeitada a habilitação exigida, nível de escolaridade e equivalência de vencimentos. Note-se que a Lei nº 8.112/1990 (art. 24) não condiciona a possibilidade de readaptação à estabilidade do servidor, bastando a constatação, em inspeção médica, da limitação física ou mental.

4.3 Provimento efetivo, vitalício e em comissão

O provimento ainda pode ser classificado, quanto à sua durabilidade, em **efetivo**, **vitalício** e em **comissão**, classificação essa somente aplicável aos cargos.

Provimento efetivo é o que se faz em cargo público, mediante nomeação por concurso público, assegurando ao servidor, após três anos de exercício, o direito de permanência no cargo, do qual só pode ser destituído por sentença judicial, por processo administrativo em que seja assegurada ampla defesa ou por procedimento de avaliação periódica de desempenho, também assegurado o direito à ampla defesa (conforme art. 41, § 1º, da Constituição, com a redação da Emenda Constitucional nº 19).

Provimento vitalício é o que se faz em cargo público, mediante nomeação, assegurando ao funcionário o direito à permanência no cargo, do qual só pode ser destituído por sentença judicial transitada em julgado.

Somente é possível com relação a **cargos** que a Constituição Federal define como de provimento vitalício, uma vez que a vitaliciedade constitui exceção à regra geral da estabilidade, definida no artigo 41. A lei ordinária não pode ampliar os cargos dessa natureza.

Na Constituição de 1988, são vitalícios os cargos dos membros da Magistratura (art. 95, I), do Tribunal de Contas (art. 73, § 3º) e do Ministério Público (art. 128, § 5º, *a*).

Tanto a estabilidade como a vitaliciedade não impedem a aposentadoria compulsória do funcionário que tenha completado a idade limite. Com relação à vitaliciedade, houve pretensões desse tipo perante o Poder Judiciário, por parte de titulares de ofícios de Justiça aos quais a Constituição de 1946 outorgou essa garantia; argumentava-se que vitaliciedade significa perpetuidade; no entanto, esse entendimento não foi acolhido pelo STF, que, pela Súmula nº 36, deixou expresso que "servidor vitalício está sujeito à aposentadoria compulsória, em razão da idade".

Enquanto o provimento efetivo se dá sempre por concurso público, o vitalício nem sempre depende dessa formalidade. Na magistratura de primeiro grau, essa exigência consta do artigo 93, I, da Constituição; nos Tribunais, o provimento se faz por promoção dos juízes de carreira ou por nomeação, sem concurso, pelo Chefe do Poder Executivo (art. 84, XIV e XVI, da Constituição). Neste último caso, a vitaliciedade é adquirida independentemente de estágio probatório; este só existe para os juízes de carreira, nomeados por concurso, hipótese em que a perda do cargo, nesse período, exige deliberação do tribunal a que o juiz estiver vinculado (art. 95, I).[4]

Provimento em comissão é o que se faz mediante nomeação para cargo público, independentemente de concurso e em caráter transitório. Somente é possível com relação aos cargos que a lei declara de provimento em comissão.

O provimento é, em regra, ato do Poder Executivo (art. 84, XXV); mas a atual Constituição estabeleceu algumas competências especiais distribuídas entre vários órgãos:

1. o Poder Executivo tem competência para nomear os seus próprios funcionários (art. 84, XIV, da Constituição) e mais: os Ministros do STF e dos Tribunais Superiores, os Governadores de Territórios, o Procurador-Geral da República, o Presidente e os Diretores do Banco Central, todos eles após aprovação do Senado (art. 84, XIV); os Ministros do Tribunal de Contas, sendo 1/3 de sua própria escolha, mediante aprovação pelo Senado, e 2/3 de escolha do Congresso Nacional (art. 84, XV, e art. 73, § 2º); os magistrados não nomeados por concurso (arts.

---

[4] Súmula STF nº 11: "A vitaliciedade não impede a extinção do cargo, ficando o funcionário em disponibilidade, com todos os vencimentos."

84, XVI, e 94) e o Advogado-geral da União (art. 84, XVI); os membros do Conselho da República indicados no art. 89, VII;

2. aos Tribunais foi conferida competência para prover os cargos de juiz de carreira da respectiva jurisdição e os cargos necessários à administração da Justiça, exceto os de confiança assim definidos em lei (art. 96, I, *c* e *e*);

3. o Ministério Público é competente para prover os cargos de seus membros e os dos serviços auxiliares (art. 127, § 2º).

4.4 Provimento derivado e reestruturação de cargos e carreiras

Como visto no item anterior, diante da exigência de concurso público para a investidura em cargo, emprego ou função, conforme artigo 37, II, da Constituição, o Supremo Tribunal Federal vem entendendo serem inconstitucionais as leis que preveem a ascensão funcional ou a transferência de cargo, sem a prévia habilitação em concurso público. Justifica-se esse entendimento tendo em vista que o artigo 37, II, da Constituição, ao exigir concurso público para a investidura em cargo ou emprego público, adota redação diversa do anterior artigo 97, § 1º, da Constituição de 1967, que só exigia concurso público para a *primeira investidura* em cargo público, ou seja, para o ingresso ou provimento originário. Uma vez nomeado mediante concurso público, não havia impedimento para que o provimento em cargos diversos se desse, mediante seleção interna, pelos institutos do acesso, transposição, ascensão e outros assemelhados.

A *transposição*, a *ascensão* e o *acesso*, tratados no item precedente, constituem termos diversos para designar o ato pelo qual o servidor passava de um cargo a outro de **conteúdo ocupacional diverso**. No entanto, a interpretação dessas modalidades de provimento derivado, já firmada pelo Supremo Tribunal Federal, tem que ser entendida em seus devidos termos, até porque o entendimento inicial já foi de certo modo abrandado em acórdãos posteriores, como se verá.

Não há vício de inconstitucionalidade quando os cargos existentes são adaptados à nova forma de organização da carreira, desde que não existam grandes alterações das atribuições e que seja mantida a mesma exigência de escolaridade para ingresso no nível inicial. Se essa adaptação não fosse possível, a Administração Pública ficaria impedida de fazer qualquer reestruturação de carreiras ou reclassificação de cargos.

Se as atribuições são semelhantes, se os servidores foram habilitados mediante concurso público, se atenderam às exigências para o respectivo provimento, não há impedimento para o seu enquadramento na nova situação. O que não poderia ser feito seria criar carreira com atribuições inteiramente diversas e novas exigências de provimento e aproveitar na mesma servidores que foram habilitados para cargos de outra natureza.

O próprio Supremo Tribunal Federal tem feito distinção entre as formas válidas de provimento e as que contrariam o artigo 37, II, da Constituição. Ao apreciar a ADIN 1591-5/RS, julgou-a improcedente, aprovando, por unanimidade, o voto do Ministro Gallotti, do qual nos permitimos transcrever o seguinte trecho:

> "Julgo que não se deva levar ao paroxismo o princípio do concurso para acesso aos cargos públicos, a ponto de que uma reestruturação convergente de carreiras similares venha a cobrar (em custos e descontinuidade) o preço da extinção de todos os antigos cargos, com a disponibilidade de cada um dos ocupantes seguida da abertura de processo seletivo ou, então, do aproveitamento dos disponíveis, hipótese esta última que redundaria, na prática, justamente na situação que a propositura da ação visa a conjurar."[5]

Com efeito, supondo-se que fossem extintos os cargos ocupados pelos atuais integrantes de duas carreiras semelhantes, todos os servidores, sendo estáveis, teriam direito à disponibilidade remunerada, na forma do artigo 41, § 3º, da Constituição, até o seu adequado *aproveitamento* em outro cargo. Ao se extinguirem determinados cargos, cria-se nova carreira que absorve as anteriores; e, concomitante, faz-se o *aproveitamento* dos atuais servidores nos novos cargos, que são de idêntica natureza e iguais atribuições que os cargos extintos.

A unificação de determinadas carreiras costuma acontecer quando há *semelhança de atribuições* entre as carreiras que se pretenda unificar. Nessas situações, a lei respectiva visa apenas racionalizar uma simbiose gradativa que vem ocorrendo, de fato, ao longo do tempo. Nesse sentido foi o voto do Ministro Sepúlveda Pertence, quando afirmou:

> *"Com a exatidão de sempre, o eminente Relator, Ministro Octávio Gallotti, caracterizou o caso como uma reestruturação, por confluência, de carreiras similares. Não tenho dúvida de que, na origem, eram elas inconfundíveis. Mas ocorreu – e não nos cabe indagar dos motivos disso – um processo de gradativa simbiose dessas carreiras que a lei questionada veio apenas racionalizar."*[6]

Outra decisão em que o Supremo Tribunal Federal examinou a matéria foi a proferida na ADI 2.713-1-DF, que impugnava o artigo 11 e parágrafos da Medida Provisória nº 43, de 25-6-2002 (convertida na Lei nº 10.549, de 13-11-2002), que transformou em cargos de Advogado da União *"os cargos efetivos, vagos e ocupados, da carreira de Assistente Jurídico, da Advocacia-Geral da União"*.

---

[5] ADI 1591/RS, Relator: Min. OCTAVIO GALLOTTI, Julgamento: 19-8-1998, *DJ* 30-6-2000, p. 38.
[6] Idem.

Em seu voto, a Ministra Ellen Gracie levou em consideração a equivalência de carreiras, a identidade de requisitos para ingresso, o nível de remuneração, bem como o *"legítimo propósito da Administração Pública em racionalizar duas atividades que possuíam o mesmo universo de atuação"*.[7]

Também na ADI nº 2335/SC, sendo Relator o Ministro Gilmar Mendes, foi adotada decisão semelhante. Nessa ação foi arguida a inconstitucionalidade da Lei Complementar nº 189, de 17-1-2000, do Estado de Santa Catarina, que extinguiu os cargos e as carreiras de Fiscal de Tributos Estaduais, Fiscal de Mercadorias em Trânsito, Exator e Escrivão de Exatoria, e criou, em substituição, a de Auditor Fiscal da Receita Estadual. A mesma lei previu o **aproveitamento** dos ocupantes dos cargos extintos nos cargos criados pela lei impugnada.

Citando como precedentes a ADI 1.591/RS e a ADI 2.713/DF, o Ministro Relator enfrentou a questão da diversidade de situação em relação à ADI 1.591/RS, tendo em vista não existir identidade absoluta de atribuições entre as carreiras unificadas, tal como ocorria nos precedentes apontados. Veja-se trecho do voto:

> "No caso em exame, do memorial trazido pelo Professor Almiro Couto e Silva, colho que, em verdade, as carreiras que foram extintas pela lei impugnada, e substituídas pela carreira de Auditor Fiscal da Receita Estadual, vêm sofrendo um processo de aproximação e de interpenetração. E está demonstrado que há correspondência e pertinência temática entre aquelas carreiras. Eventualmente surgem distinções de grau; algum grupo está incumbido de fiscalizar microempresas, mas não há qualquer diferença que se possa substancializar."[8]

Na mesma linha já adotada na ADI 2.713, a Ministra Ellen Gracie volta à ideia de que *"a lei impugnada ligou, por um fio de racionalidade, como diz o Ministro Gilmar Mendes, quatro carreiras que tinham competência e atribuições, em parte, idênticas e, em parte, extremamente semelhantes, fundindo-as em uma única carreira: o que significa racionalização administrativa"*.[9]

Como se verifica, o Supremo Tribunal Federal julgou *improcedente* a ADI proposta em hipótese em que se fez a unificação, em uma nova carreira, de duas preexistentes. Ficou claro, no trecho acima transcrito, que além da semelhança

---

[7] ADI 2713/DF, Relatora: Min. ELLEN GRACIE, julgamento: 18-12-2002, *DJ* 7-3-2003, p. 33.

[8] ADI 2335/SC, Relator: Min. MAURÍCIO CORRÊA, Relator p/Acórdão: Min. GILMAR MENDES, Julgamento: 11-6-2003, *DJ* 19-12-2003, p. 49.

[9] Idem. No mesmo sentido: "DEFENSORIA PÚBLICA – PROCURADORES DO ESTADO – OPÇÃO. É constitucional lei complementar que viabiliza a Procuradores do Estado a opção pela carreira da Defensoria Pública quando o cargo inicial para o qual foi realizado o concurso englobava a assistência jurídica e judiciária aos menos afortunados" (ADI 3720/SP, Relator: Min. MARCO AURÉLIO, Julgamento: 31-10-2007, *DJe*-55).

de atribuições foi levada em consideração a possibilidade, agasalhada pelo direito positivo, de aproveitar os servidores em cargos de igual natureza, em caso de extinção dos cargos em que estavam enquadrados.[10]

Também não se pode esquecer que a reestruturação de carreiras, por forma semelhante, tem sido feita com muita frequência no âmbito da Administração Pública de todos os níveis de Governo. No âmbito estadual, a unificação das carreiras do fisco já foi feita na maioria dos Estados. Na esfera federal, cite-se, a título de exemplo, a Lei nº 8.628, de 19-2-1998, concernente ao Ministério Público Federal, que reestruturou seus quadros funcionais, criou carreira nova e enquadrou na mesma os servidores que ocupavam os cargos que foram extintos pelas mesmas leis. O mesmo foi feito na Advocacia-Geral da União pela já referida Medida Provisória nº 43, de 2002, convertida na Lei nº 10.549, do mesmo ano. Nem poderia ser diferente, sob pena de ficar impedida, a Administração Pública, sem pesados ônus, de reestruturar cargos de acordo com as necessidades, sempre cambiantes, do serviço público. De acordo com a jurisprudência tradicional do Supremo Tribunal Federal, não há direito adquirido a regime jurídico que consagre determinada estrutura de carreira, mas somente à irredutibilidade nominal de vencimentos.[11]

O que não é admissível é o aproveitamento em nova carreira de nível superior, de servidores que, não tendo esse nível de escolaridade, prestaram concurso para cargo de nível médio. Este aspecto ficou claro no voto da Ministra Ellen Gracie na ADIn 1.591-RS, no trecho a seguir transcrito:

> "Quanto ao outro tópico, pelo qual ela é atacada, que é o **nível de escolaridade** (grifamos), também verifico que nenhuma modificação foi introduzida pela Lei Complementar nº 189, porque o que era exigido para o ingresso nas quatro carreiras extintas, por legislação anterior, é rigorosamente o mesmo nível necessário para o acesso à nova carreira; a de fiscal de mercadorias em trânsito já exigia diploma de curso superior, a partir da

---

[10] O STF tem entendido que há ofensa ao artigo 37, II, quando não ficam claramente demonstradas a compatibilidade entre as atribuições e requisitos para ingresso: "[...] As expressões impugnadas não especificam os cargos originários dos servidores do quadro do Estado aproveitados, bastando, para tanto, que estejam lotados em distrito policial e que exerçam a função de motorista policial. 4. A indistinção – na norma impugnada – das várias hipóteses que estariam abrangidas evidencia tentativa de burla ao princípio da prévia aprovação em concurso público, nos termos da jurisprudência pacífica do Supremo Tribunal" (ADI 3582/PI, Relator Min. SEPÚLVEDA PERTENCE, Julgamento: 1º-8-2007, *DJe*-082).

[11] "A jurisprudência do Supremo Tribunal Federal consolidou-se no sentido de que não existe direito adquirido nem a regime jurídico, nem aos critérios que determinaram a composição da remuneração ou dos proventos, desde que o novo sistema normativo assegure a irredutibilidade dos ganhos anteriormente percebidos. 2. Não havendo redução dos proventos percebidos pelo inativo, não há inconstitucionalidade na lei que estabelece, para a carreira, o sistema de vencimento único, com absorção de outras vantagens remuneratórias" (RE 634732 AgR, Relator: Min. TEORI ZAVASCKI, Julgamento: 4-6-2013. Órgão Julgador: Segunda Turma. Publicação: *DJe*-117).

Lei nº 8.246, de 1991, e a de escrivão de exatoria também já tornava obrigatório que o candidato fosse portador de diploma de curso superior, através da Lei Complementar nº 81, de março de 1993."

Desse modo, em havendo unificação de carreiras em que uma delas seja de nível médio e, as outras, de nível superior, os servidores que prestaram concurso para cargo de nível médio teriam que ficar em quadro especial composto por cargos a serem extintos na vacância.

5

Contratação temporária por excepcional interesse público

Fabrício Motta

A contratação temporária por excepcional interesse público é matéria que atrai atenção pela rotineira utilização em todas as esferas de governo. Para sua utilização, a concorrência de requisitos é de rigor: (a) previsão, em lei, das hipóteses para a justificativa da contratação; (b) duração previamente determinada dos contratos, sendo inconstitucional sua eternização; (c) presença de interesse público excepcional na contratação a ser realizada pela Administração.

5.1 Lei autorizadora

A lei referida pela Carta Maior deve ser editada no âmbito da entidade federativa responsável pela contratação, sendo que na esfera federal a matéria é regida pela Lei nº 8.745/1993. Estados e Municípios devem editar suas próprias leis a respeito, após iniciativa do Chefe do Executivo (art. 61, § 1º, inciso II, *a*), para regular contratações do Executivo, do Legislativo, do Judiciário, onde houver. O diploma legislativo estabelecerá critérios objetivos para a identificação das hipóteses em que o excepcional interesse público justificará a contratação. Não atende aos requisitos constitucionais a lei que meramente autoriza contratações, estabelecendo o quantitativo ou o nome dos contratados, sem a necessária caracterização do interesse (público) a ser atendido. A lei estabelecerá as *situações específicas autorizadoras*[1] da contratação temporá-

---

[1] "[...] a lei referida no inciso IX do art. 37, C.F., deverá estabelecer os casos de contratação temporária" (ADI 3210/PR, Rel. Min. CARLOS VELLOSO, Julgamento: 11-11-2004, Órgão Julgador: Tribunal Pleno, Publicação: *DJ* 3-12-2004).

ria, sendo, *a priori*, desnecessária a exigência de uma lei para cada situação específica de contratação.

Nessa direção, o Supremo Tribunal Federal já declarou a inconstitucionalidade de leis que "[...] *instituem hipóteses abrangentes e genéricas de contratação temporária, não especificando a contingência fática que evidenciaria a situação de emergência, atribuindo ao chefe do Poder interessado na contratação estabelecer os casos de contratação*".[2] Em suma, sob pena de incompatibilidade com a Constituição, deve a lei especificar quais são as atividades relevantes para a contratação temporária, demonstrando a real existência de necessidade das mesmas.[3]

5.2 Temporariedade

A necessidade a ser atendida deve ter duração determinada e identificável no tempo, pois

> "a razão do dispositivo constitucional em apreço, obviamente, é contemplar situações nas quais ou a própria atividade a ser desempenhada, requerida por razões muitíssimo importantes, é temporária, eventual (não se justificando a criação de cargo ou emprego, pelo quê não haveria cogitar de concurso público), ou a atividade não é temporária, mas o excepcional interesse público demanda que se faça imediato suprimento temporário de uma necessidade (neste sentido, 'necessidade temporária'), por não haver tempo hábil para realizar concurso, sem que suas delongas deixem insuprido o interesse incomum que se tem de acobertar".[4]

É importante, contudo, atentar para a distinção estabelecida por Cármen Lúcia Antunes Rocha, para quem

> "pode-se dar que a necessidade do desempenho não seja temporária, que ela até tenha de ser permanente. Mas a necessidade, por ser contínua e até mesmo ser objeto de uma resposta administrativa contida ou expressa num cargo que se encontre, eventualmente, desprovido, é que torna aplicável a hipótese constitucionalmente manifestada pela expressão *necessidade temporária*. Quer-se, então, dizer que a necessidade das funções é contínua, mas aquela que determina a forma especial de de-

---

[2] ADI 3210 Relator(a): Min. CARLOS VELLOSO, Julgamento: 11-11-2004, Órgão Julgador: Tribunal Pleno, Publicação: DJ 3-12-2004.

[3] ADI 2987/SC, rel. Min. Sepúlveda Pertence, 19-2-2004.

[4] BANDEIRA DE MELLO, Celso Antônio. *Curso de direito administrativo*. 24. ed. rev. e atual. até a Emenda Constitucional 67. São Paulo: Malheiros, 2011. p. 85.

signação de alguém para desempenhá-las sem o concurso e mediante contratação é temporária"[5].

Em recente posicionamento sobre o assunto, o STF parece ter acolhido semelhante entendimento, ao apreciar a possibilidade de contratações temporárias para o CADE, vencidos os Ministros Marco Aurélio, relator, Carlos Britto, Gilmar Mendes, Carlos Velloso e Sepúlveda Pertence. Entendeu a Corte que

> "[...] <u>o inciso IX do art. 37 da CF não fez distinção entre atividades a serem desempenhadas em caráter eventual, temporário ou excepcional, e atividades de caráter regular e permanente, nem previu, exclusivamente, a contratação por tempo determinado de pessoal para desempenho apenas das primeiras, mas, amplamente, autorizou contratações para atender a necessidade temporária de excepcional interesse público tanto numa quanto noutra hipótese</u>, o que teria ocorrido na espécie, já que a norma impugnada visara suprir, temporariamente, enquanto não criado o quadro de pessoal permanente do CADE, a ser preenchido por meio de concurso público, a notória carência de pessoal da autarquia. Salientou-se, por fim, que a alegada inércia da Administração não poderia ser punida em detrimento do interesse público, que ocorre quando colocada em risco a continuidade do serviço estatal, como no caso" (destacamos).[6]

As contratações, em hipóteses como a acima tratada, em virtude de sua natureza excepcional, somente podem ser aceitas enquanto não se realiza o concurso público. A viabilidade jurídica dessa modalidade de contratação jamais há de ser considerada como um mecanismo de escape à realização do concurso. Trata-se simplesmente de solução precária, imaginada com vistas a proteger o interesse público, ficando o administrador obrigado a adotar, com a máxima urgência, as medidas para provimento definitivo dos cargos ou empregos.

No tocante ao tempo máximo de duração dos contratos, cabe à lei correspondente determinar regras a respeito, obedecendo disposições normativas superiores porventura existentes (*v. g.*, Constituições Estaduais e Leis Orgânicas

---

[5] ROCHA, Cármen Lúcia Antunes. *Princípios constitucionais dos servidores públicos*. São Paulo: Saraiva, 1999. p. 242.

[6] ADI 3068-DF, rel. orig. Min. Marco Aurélio, rel. p/ acordão Min. Eros Grau, DJ de 23-9-2005. Averbou em seu voto o Min. Eros Grau: "[...] O inciso IX do art. 37 da Constituição do Brasil não separa, de um lado, atividades a serem desempenhadas em caráter eventual, temporário ou excepcional e, de outro lado, atividades de caráter regular e permanente. Não autoriza exclusivamente a contratação por tempo determinado de pessoal que desempenhe atividades em caráter eventual, temporário ou excepcional. Amplamente, autoriza contratações para atender a necessidade temporária de excepcional interesse público em uma e outra hipótese. Seja para o desempenho das primeiras, seja para o desempenho de atividades de caráter regular e permanente, desde que a contratação seja indispensável ao atendimento de necessidade temporária de excepcional interesse público".

Municipais). Deve a lei se guiar pelo princípio da razoabilidade, para permitir lapso temporal suficiente para resguardar o atendimento ao interesse público excepcional emergente e prestigiar a regra geral da investidura por concurso público, eis que a contratação temporária é exceção a ela.[7]

5.3 Excepcionalidade do interesse público

A excepcionalidade do interesse público a ser atendido pode decorrer de sua natureza singular ou da forma de atendimento necessária, ou seja, a excepcionalidade pode dizer respeito à contratação ou ao objeto do interesse. A Lei Federal nº 8.745/1993 traz em seu artigo 2º situações que exemplificam as assertivas acima: assistência a situações de calamidade pública, combate a surtos endêmicos, realização de recenseamentos e outras pesquisas estatísticas e admissão de professores visitantes. Pode ser acrescida, como exemplo comumente observado na esfera municipal, a contratação de trabalhadores braçais para execução direta de obras específicas.

Para a contratação temporária, sempre que possível diante das circunstâncias de cada caso, é necessária a realização de seleção prévia entre os candidatos, mais breve e simplificada, como forma de atender aos princípios da impessoalidade, isonomia e moralidade. É o que a Lei Federal nº 8.745/1993 denominou de "procedimento seletivo simplificado".

Essa seleção não substitui nem elimina a obrigatoriedade de posterior concurso, no caso de necessidade permanente dos serviços e da mão de obra, nem pode ser fonte de direito à permanência do contratado na função. Após verificar que o caso concreto se enquadra nas hipóteses previstas em lei, a contratação deve ser efetuada com a exposição, expressa e pública, dos motivos que conduziram à contratação, pois a ausência dessa justificativa pode levar à nulidade da contratação e à responsabilização da autoridade.

Há unanimidade no reconhecimento da situação excepcional das contratações temporárias, pois

> "[...] a regra é a admissão de servidor público mediante concurso público: CF, art. 37, II. As duas exceções à regra são para os cargos em comissão referidos no inciso II do art. 37, e a contratação de pessoal por tempo determinado para atender a necessidade temporária de excepcional interesse público. CF, art. 37, IX. Nessa hipótese, deverão ser atendidas as seguintes condições: a) previsão em lei dos cargos; b) tempo determinado; c) necessidade temporária de interesse público; d) interesse público excepcional. Lei 6.094/2000, do Estado do Espírito Santo, que autoriza

---

[7] Na Lei Federal nº 8.745/93, o art. 4º define os prazos máximos para as contratações.

o Poder Executivo a contratar, temporariamente, defensores públicos: inconstitucionalidade".[8]

A jurisprudência recente do Supremo Tribunal Federal têm confirmado a inconstitucionalidade da contratação temporária para a admissão de servidores para funções burocráticas ordinárias e permanentes.[9] Esse entendimento, com efeito, coloca em primeiro plano a análise da característica da função a ser desempenhada, se transitória ou permanente, sem descurar da necessidade específica a ser atendida mediante o desempenho de tal função.

A contratação temporária é incompatível com o exercício de atribuições típicas de instituições permanentes, cujos membros são organizados em carreira para o exercício de atividades próprias do Estado. Nessa linha de raciocínio, o STF julgou procedente pedido de ação direta de inconstitucionalidade ajuizada pelo Conselho Federal da Ordem dos Advogados do Brasil contra a Lei nº 6.094/2000, do Estado do Espírito Santo, que autorizava o Poder Executivo a realizar contratação temporária de Defensores Públicos, em caráter emergencial, de forma a assegurar o cumprimento da Lei Complementar nº 55/1994. Nesse caso singular, entendeu a Corte que a Defensoria Pública é instituição permanente, com cargos organizados em carreira específica, que não comporta defensores contratados em caráter precário (estatui a Constituição Federal no artigo 134: "A Defensoria Pública é instituição essencial à função jurisdicional do Estado, incumbindo-lhe a orientação jurídica e a defesa, em todos os graus, dos necessitados, na forma do art. 5º, LXXIV").[10] O mesmo entendimento certamente deve ser aplicado para as demais instituições permanentes, que abrigam carreiras constitucionalmente delineadas onde se exigem requisitos específicos de admissão e se atribuem direitos específicos a seus membros, titulares de cargos públicos. O precedente mais recente do STF foi editado em feito que concluiu pela inconstitucionalidade de lei do Estado de Goiás que permitia a contratação de policiais militares voluntários. Consta do acórdão respectivo que: "A Polícia Militar e o Corpo de Bombeiros Militar dos Estados, do Distrito Federal e dos Territórios, conquanto instituições públicas, pressupõem o ingresso na carreira por meio de concurso público (CRFB/88, art. 37, II), ressalvadas as funções administrativas para trabalhos voluntários (Lei nº 10.029/2000), restando inconstitucional qualquer outra forma divergente de provimento" (ADI 5163, Rel. Min. Luiz Fux, Órgão Julgador: Tribunal Pleno, Publicação: *DJe*-091).

---

[8] ADI 2.229, Rel. Min. Carlos Velloso, julgamento em 9-6-2004, *DJ* de 25-6-2004.

[9] ADI 2987, Rel: Min. SEPÚLVEDA PERTENCE, Julgamento em 19-2-2004, Órgão Julgador: Tribunal Pleno, Publicação: *DJ* DATA-2-4-2004. O precedente mais recente em sede de repercussão geral é o RE 658.026, Relator Min. Dias Toffoli, Tribunal Pleno, *DJe* 31-10-2014.

[10] ADI 2229 Rel: Min. CARLOS VELLOSO, Julgamento em 9-6-2004, Órgão Julgador: Tribunal Pleno, Publicação: DJ 25-6-2004.

5.4 Regime jurídico

O regime jurídico do exercício da função pública temporária – e, em consequência, dos servidores temporários – deve ser estabelecido pela lei autorizativa. É importante relembrar que o art. 37, inciso IX, da Constituição da República prevê que caberá à lei estabelecer as hipóteses excepcionais de contratação em razão de excepcional interesse público. Diante da regra constitucional, o vínculo jurídico a ser travado entre o Estado e o servidor será obrigatoriamente contratual, nos termos da lei respectiva. Essa a razão de alguns autores, como José dos Santos Carvalho Filho, considerarem que se trata de um regime jurídico especial:

> "Cuida-se, de fato, de verdadeiro contrato administrativo de caráter funcional, diverso dos contratos administrativos em geral pelo fato de expressar um vínculo de trabalho subordinado entre a Administração e o servidor. Não obstante essa qualificação, a lei instituidora do regime certamente poderá incluir algumas normas que mais se aproximem do regime estatutário, que, inclusive, tem aplicação subsidiária no que couber. O que não poderá, obviamente, é fixar outra qualificação que não a contratual."[11]

De fato, o vínculo não é propriamente trabalhista nem estatutário, já que o regime jurídico é caracterizado pela lei de cada entidade federativa. Com efeito, ainda que a lei simplesmente opte pelo regime trabalhista, determinando a aplicação da Consolidação das Leis Trabalhistas, não há descaracterização da relação jurídica contratual administrativa. Nesse sentido, o Tribunal Superior do Trabalho cancelou em 23-4-2009 a Orientação Jurisprudencial nº 205 (de acordo com a qual a "lei que disciplina a contratação por tempo determinado para atender a necessidade temporária de excepcional interesse público não é o bastante para deslocar a competência da Justiça do Trabalho") e passou a entender que cabe à Justiça Comum o processamento e o julgamento de conflitos entre servidores temporários e a Administração Pública. O Supremo Tribunal Federal, por seu turno, entendeu caracterizada a

> "[...] incompetência da Justiça Trabalhista para o processamento e o julgamento das causas que envolvam o Poder Público e servidores que sejam vinculados a ele por relação jurídico-administrativa. O eventual desvirtuamento da designação temporária para o exercício de função pública, ou seja, da relação jurídico-administrativa estabelecida entre as partes, não pode ser apreciado pela Justiça do Trabalho".[12]

---

[11] CARVALHO FILHO, José dos Santos. *Manual de direito administrativo*. 26 ed. rev., atual. e ampl. São Paulo: Atlas, 2013. p. 607.

[12] Rcl 6366 AgR/MG, Rel. Min. Cármen Lúcia, j. em 4-3-2009, *DJe*-84. No mesmo sentido: RE 573202, ADI 3395 e Rcl 4464.

Ao contrário, caso a lei autorizadora simplesmente determine a aplicação do regime estatutário, são exigidas as devidas alterações em razão da natureza transitória do vínculo (ausência de estabilidade e de vantagens pecuniárias pessoais, como adicional por tempo de serviço), havendo ainda a possibilidade de reconhecimento dos direitos constitucionais atribuídos aos servidores ocupantes de cargos públicos (art. 39, § 3º). Em qualquer caso, há que se destacar que o STF vem reconhecendo a extensão dos direitos fundamentais sociais constantes do artigo 7º da Constituição aos servidores temporários, principalmente nos casos de contratos sucessivamente prorrogados.[13] Cabe anotar que a Lei Federal nº 8.745/1993 (art. 11) estendeu aos contratados temporários diversos direitos relacionados ao regime jurídico estatutário previstos na Lei nº 8.112/90.

A filiação dos temporários ao Regime Geral de Previdência, por seu turno, está tratada no § 13 do artigo 40 da Constituição, com a redação dada pela Emenda Constitucional nº 20/1998: devem ser inscritos no Regime Geral de Previdência Social (INSS), ainda que a entidade federativa possua Regime Próprio de Previdência. Na esfera federal, o artigo 8º da Lei nº 8.745/93 reforça expressamente a mesma regra.

---

[13] ARE 649.393-AgR, Rel. Min. **Cármen Lúcia**, julgamento em 22-11-2011, Primeira Turma, DJE de 14-12-2011; ARE 664.484-AgR, Rel. Min. **Gilmar Mendes**, julgamento em 5-2-2013, Segunda Turma, DJE de 25-2-2013; ARE 650.363-AgR, Rel. Min. **Dias Toffoli**, julgamento em 11-9-2012, Primeira Turma, DJE de 27-9-2012; ARE 663.104-AgR, Rel. Min. **Ayres Britto**, julgamento em 28-2-2012, Segunda Turma, DJE de 19-3-2012, RE 287.905, Rel. p/ o ac. Min. **Joaquim Barbosa**, julgamento em 28-6-2005, Segunda Turma, DJ de 30-6-2006.

6

Acumulação de cargos, empregos, funções e proventos

*Fabrício Motta
e Luciano Ferraz*

A acumulação de cargos, empregos e funções públicas é possibilidade excepcional, pois a regra é o exercício exclusivo de um único cargo, emprego ou função, com zelo e dedicação integrais, para que o interesse público possa ser atendido. A vedação de acumulação teve origem no Decreto de Regência, de 8-6-1822, da lavra de José Bonifácio.[1] Na história constitucional brasileira, a vedação expressa à acumulação remunerada de cargos públicos é constante desde a primeira Carta Republicana.[2] As exceções começaram com a Constituição de 1934, que excluiu da proibição "os cargos do magistério e técnico-científicos, que poderão ser exercidos cumulativamente, ainda que por funcionário administrativo, desde que haja compatibilidade dos horários de serviço" (art. 172, § 1º).

A Constituição outorgada de 1937 manteve a regra, mas não estabeleceu exceções; a Carta de 1946, ao seu turno, possibilitou aos juízes o exercício de um cargo de magistério secundário e, aos funcionários em geral, a acumulação "de dois cargos de magistério ou a de um destes com outro técnico ou científico, contanto que haja correlação de matérias e compatibilidade de horário" (art. 185). Por fim, na Constituição de 1967 havia previsão mais detalhada:

---

[1] MADEIRA, José Maria Pinheiro. *Servidor público na atualidade*. 6. ed. Rio de Janeiro: Lumen Juris, 2007. p. 202.

[2] Nos termos do artigo 73 da Constituição de 1891, "os cargos públicos civis ou militares são acessíveis a todos os brasileiros, observadas as condições de capacidade especial que a lei estatuir, sendo, porém, vedadas as acumulações remuneradas".

"Art. 97. É vedada a acumulação remunerada, exceto:

I – a de Juiz e um cargo de Professor;

II – a de dois cargos de Professor;

III – a de um cargo de Professor com outro técnico ou científico;

IV – a de dois cargos privativos de Médico.

§ 1º Em qualquer dos casos, a acumulação somente é permitida quando haja correlação de matérias e compatibilidade de horários."

As vedações atuais são impostas pela Constituição Federal no artigo 37, incisos XVI e XVII. O primeiro dispositivo, objeto de sucessivas alterações, estabelece:

"XVI – é vedada a acumulação remunerada de cargos públicos, exceto, quando houver compatibilidade de horários, observado em qualquer caso o disposto no inciso XI. (Redação dada pela Emenda Constitucional nº 19, de 1998)

a) a de dois cargos de professor; (Incluída pela Emenda Constitucional nº 19, de 1998)

b) a de um cargo de professor com outro, técnico ou científico; (Incluída pela Emenda Constitucional nº 19, de 1998)

c) a de dois cargos ou empregos privativos de profissionais de saúde, com profissões regulamentadas; (Redação dada pela Emenda Constitucional nº 34, de 2001)."

Inicialmente, convém anotar que a vedação aplica-se somente aos casos em que há recebimento de dupla remuneração (acumulação remunerada), devendo-se anotar que, como regra, é vedada a prestação de trabalho gratuito na Administração Pública.[3]

Os demais requisitos serão analisados nos tópicos a seguir, valendo destacar que recentemente a EC 77/2014 alterou os incisos II, III e VIII do § 3º do art. 142 da Constituição da República, para dispor sobre a assunção por militares de cargos, empregos e funções civis, permanentes ou temporárias, determinando-lhe a transferência para a reserva (imediata ou mediata, conforme o tipo de vínculo), ressalvada a possibilidade de acumulação do vínculo civil com o militar, na hipótese da alínea "c" do inciso XVI do art. 37 acima citado (com prevalência da atividade militar).

---

[3] Admitem-se exceções, como funções honoríficas e funções públicas exercidas por particulares em colaboração com o Estado (por exemplo, comissário de menores).

6.1 Natureza do cargo

Interessa para fins de definição das hipóteses de cumulatividade lícita de cargos à respectiva natureza. As situações de permissividade são tratadas nas alíneas *a* a *c* do inciso XVI do artigo 37 da Constituição. Cabe destacar, contudo, que a precisão dos conceitos de "cargo técnico" e "cargo científico", para efeito de enquadramento na hipótese constante da alínea *b* deve ser feita com observância da lei que criou os cargos respectivos e lhes atribuiu a execução de atividades determinadas.

À guisa de definição legal, resta analisar o plexo de atribuições do cargo. Neste passo, esclarece a doutrina: "*[...] exerce cargo técnico-científico aquele que, pela natureza do cargo, nele põe em prática métodos organizados, que se apoiam em conhecimentos científicos correspondentes*".[4]

A jurisprudência tem se posicionado, vedando a acumulação quando o exercício do cargo consistir em atividades apenas burocráticas: "*o cargo de técnico de atividades administrativas ocupado pelo impetrante envolve, tão somente, atribuições burocráticas, não exigindo conhecimento técnico ou científico*" (STJ, RMS 6.116/SC, 6ª Turma, Rel. Ministro Fernando Gonçalves, julgado em 9-4-1997, *DJ* 5-5-1997, p. 17122).[5]

Contudo, a definição pura e simples da tecnicidade do cargo a ser ocupado não deve ser realizada sem se estabelecer contato direto com a Administração que pretende nomear o servidor, sua estrutura organizacional e os métodos administrativos empregados. Não é o simples fato de o cargo ser de nível médio que o impede de ser enquadrado como técnico. Nesse sentido, registra-se precedente do STF, segundo o qual

> "o cargo de auxiliar-técnico de manutenção, de nível médio, exercido pelo impetrante, é cargo técnico para efeito da acumulação prevista no art. 99, III, da Constituição. Infringe o preceito constitucional a decisão que nega à condição de técnico de nível médio essa aptidão. Recurso conhecido e provido" (STF – RE 87.881/RJ, *DJ* 5-11-1979), e do STJ, segundo o qual "a Constituição Federal, em seu art. 37, XVI, estabeleceu o princípio da inacumulabilidade de cargos públicos, cujas exceções são estritamente previstas no texto constitucional", havendo a "possibilidade de exercer cumulativamente o cargo de Professor com o de Gerente de Arquivos Permanente – Arquivologista – atividade que apresenta, sim, complexidade, exigindo, para seu desempenho, discernimento técnico. Não se tratando, ademais,

---

[4] MIRANDA, Pontes de. *Comentários à Constituição de 1967*: com a Emenda nº 1, de 1969. 2. ed. São Paulo: Revista dos Tribunais, 1973. p. 495.

[5] O Tribunal de Contas da União considerou ilícita a acumulação dos cargos de técnico judiciário e técnico de enfermegem (Acórdão nº 606/2011-Plenário, Rel. Min. André Luís de Carvalho, Publicação: *DOU* de 21-3-2011).

de atividade meramente burocrática. Recurso Provido" (STJ – ROMS no 12240/DF, Felix Fischer, *DJ* 8-4-2002).

Ainda na jurisprudência do Superior Tribunal de Justiça colhe-se pronunciamento de que "[...] cargo técnico ou científico, para fins de acumulação com o de professor, nos termos do art. 37, XVII, da Lei Fundamental, é aquele para cujo exercício sejam exigidos conhecimentos técnicos específicos e habilitação legal, não necessariamente de nível superior".[6] Nesse mesmo sentido,

> "o fato de o cargo ocupado exigir apenas nível médio de ensino, por si só, não exclui o caráter técnico da atividade, pois o texto constitucional não exige formação superior para tal caracterização, o que redundaria em intolerada interpretação extensiva, sendo imperiosa a comprovação de atribuições de natureza específica".[7]

Finalmente, registre-se que a jurisprudência do Tribunal de Contas da União tem encarecido que, para fins de acumulação de cargos, o caráter técnico da atividade não pode ser examinado unicamente em função da designação do cargo ocupado pelo servidor, mas, sim, pelas atribuições inerentes ao seu exercício.[8]

A Emenda Constitucional nº 34/2001 alterou a alínea *c* do inciso XVI do artigo 37 para substituir a possibilidade de acumulação de dois cargos de médico por dois cargos de profissionais de saúde com profissões regulamentadas. Houve, portanto, ampliação do espectro de cumulatividade para abarcar outros profissionais que atuam na área de saúde (*v. g.*, dentistas, psicólogos, enfermeiros), desde que as respectivas profissões estejam, por lei (art. 5º, XIII, CR), regulamentadas.[9,10]

---

[6] RMS 20033, Rel. Min. Arnaldo Esteves Lima, 5ª Turma, Publicação: *DJ* 12-3-2007, p. 261. Colhe-se na jurisprudência do STF o seguinte exemplo: "Acumulação de emprego de atendente de telecomunicações de sociedade de economia mista, com cargo público de magistério. Quando viável, em recurso extraordinário, o reexame das atribuições daquele emprego (atividade de telefonista), correto, ainda assim, o acórdão recorrido, no sentido de se revestirem elas de 'características simples e repetitivas', de modo a afastar-se a incidência do permissivo do art. 37, XVI, *b*, da Constituição" (AI 192.918-AgR, Rel. Min. Octavio Gallotti, julgamento em 3-6-1997, 1ª Turma, *DJ* de 12-9-1997).

[7] RMS 12352, Rel. Min. Paulo Medina, 6ª Turma, Publicação: *DJ* 23-10-2006, p. 356.

[8] Acórdão nº 5.791/2014, Segunda Câmara, Relator Ministro-Substituto André de Carvalho e Acórdão nº 3.184/2014, Primeira Câmara, Relator Ministro-Substituto Augusto Sherman.

[9] O TCU considerou ilícita a acumulação dos cargos de enfermeira e sanitarista, por entender que este último "envolve várias áreas, não sendo uma profissão" (Acórdão nº 735/2011 – 2ª Câmara, Rel. Min. José Jorge, Publicação: *DOU* 15-2-11).

[10] Em interpretação sistemática dos arts. 37, XVI, "c", 42, § 1º, e 142, § 3º, II, da CF, a jurisprudência do STJ admite a acumulação, por militares, de dois cargos privativos de médico ou profissionais de saúde, desde que o servidor não desempenhe funções típicas da atividade castrense. Caso exista compatibilidade de horários, aquela Corte entende ainda que é possível a acumulação do cargo de médico militar com o de professor de instituição pública de ensino (RMS 39.157-GO, Rel. Min. Herman Benjamin, 2ª Turma, Julgamento: em 26-2-2013, Publicação: *DJe* 7-3-2013).

De acordo com o artigo 37, inciso XVII, "a proibição de acumular estende-se a empregos e funções e abrange autarquias, fundações, empresas públicas, sociedades de economia mista, suas subsidiárias, e sociedades controladas, direta ou indiretamente, pelo poder público".

A redação do inciso precisa o alcance da vedação da acumulação disciplinada no inciso XVI. Inicialmente, o dispositivo trata da extensão da proibição tendo como parâmetro o vínculo do agente com o Estado, determinando que a vedação se aplique não somente aos cargos públicos, mas também aos empregos e funções. Em um segundo momento, a norma trata do alcance da regra constante do artigo 37, inciso XVI, às entidades integrantes da Administração Indireta.

Os conceitos de *emprego* e *função*, por sua vez, foram examinados no Capítulo 2 deste livro. Não é demais relembrar, entretanto, que as regras constitucionais restringem a acumulação de cargos, funções e empregos públicos, não alcançando os empregos privados que não possuam vínculo com a Administração. Em não havendo vedação constitucional ou legal específica,[11] não há impossibilidade de exercício simultâneo de atividades privadas se o servidor cumpre sua jornada no órgão ou entidade pública, exercendo a atividade particular sem prejuízo de suas atribuições como agente público.

Com relação à extensão da vedação às entidades da administração indireta, entendeu o Supremo Tribunal Federal:

> "ADMINISTRATIVO. RECURSO ORDINÁRIO EM MANDADO DE SEGURANÇA. SOCIEDADE DE ECONOMIA MISTA. CONCEITO. CONCEITOS JURÍDICOS. SERVIDOR PÚBLICO. ACUMULAÇÃO DE CARGOS. NÃO EXERCÍCIO DO DIREITO DE OPÇÃO NO PRAZO LEGAL. MÁ-FÉ CONFIGURADA. 1. Para efeitos do disposto no art. 37, XVII, da Constituição são sociedades de economia mista aquelas – anônimas ou não – sob o controle da União, dos Estados-membros, do Distrito Federal ou dos Municípios, independentemente da circunstância de terem sido 'criadas por lei'. 2. Configura-se a má-fé do servidor que acumula cargos públicos de forma ilegal quando, embora devidamente notificado para optar por um dos cargos, não o faz, consubstanciando, sua omissão, disposição de persistir na prática do ilícito. 3. Recurso a que se nega provimento" (RMS 24.249, Rel. Min. Eros Grau, julgamento em 14-9-2004, Publicação *DJ* de 3-6-2005).

O STF também já asseverou a "[...] impossibilidade da acumulação de cargo de juiz classista com o de empregado de sociedade de economia mista" (RE-AgR 282258, Rel. Min. Carlos Velloso, julgamento em 9-3-2004, *DJ* de 26-3-2004, p. 19). Em sede cautelar, a mesma Corte Excelsa apreciou a alegação de inconstitucionalidade, diante do dispositivo que se comenta, de lei permitindo remuneração

---

[11] A Constituição Federal veda ao membro do Ministério Público, por exemplo, o exercício da advocacia e a participação em sociedade comercial, na forma da lei (art. 128, § 5º, incisos I e II).

pela participação em conselhos de administração e fiscal de empresas públicas e sociedades de economia mista. Segundo a Corte, "[...] não se cuida do exercício de cargos em comissão ou de funções gratificadas, *stricto sensu*, especialmente porque se cogita, aí, de pessoas jurídicas de direito privado. 5. Não se configura, no caso, acumulação de cargos vedada pelo art. 37, XVI, da Lei Maior" (ADI-MC 1485, Rel. Min. Néri da Silveira, julgamento em 7-8-1996, Publicação: *DJ* de 5-11-1999, p. 2).

É importante atentar, contudo, para a possibilidade de acumulação de *função de confiança* ou *cargo em comissão* com *cargo efetivo*. De acordo com o artigo 37, inciso V,[12] as funções de confiança são exclusivas de servidores efetivos, enquanto os cargos em comissão serão ocupados por efetivos de acordo com os percentuais previstos em lei de cada ente. A regra traz, na verdade, autorização de acumulação de cargos e/ou funções, excepcionando o artigo 37, incisos XVI e XVII. Isso porque o servidor continua a ocupar o cargo efetivo, sem dele abrir mão ou se afastar (não ocorre a vacância do cargo e não é caso de licença). Como regra, de acordo com o estabelecido na lei de criação dos cargos e/ou funções, o servidor apenas percebe a remuneração da função ou comissão ou pode ainda optar por perceber gratificações previstas em lei para tanto. Como as funções de confiança e cargos em comissão possuem natureza transitória, vinculada à confiança da autoridade com competência para determinar o seu provimento, não seria razoável exigir-se a quebra do vínculo efetivo do servidor com a Administração.

O Superior Tribunal de Justiça, por seu turno, já enfrentou a questão da possibilidade de coexistência simultânea entre emprego público e vínculo de credenciamento, que não se trata tecnicamente de cargo, emprego ou função:

> "RECLAMAÇÃO TRABALHISTA. ENGENHEIRO. CREDENCIAMENTO JUNTO À CAIXA ECONÔMICA FEDERAL. EMPREGO EXERCIDO, DE OUTRO LADO, EM SOCIEDADE DE ECONOMIA MISTA. CUMULAÇÃO IMPOSSÍVEL JURÍDICA E FISICAMENTE. INEXISTÊNCIA DO PRETENDIDO VÍNCULO EMPREGATÍCIO COM A EMPRESA PÚBLICA FEDERAL. – Reconhecida a impossibilidade física e jurídica de cumulação dos empregos públicos, tem-se que a relação mantida entre o reclamante e a empresa pública federal não passou efetivamente do denominado credenciamento. Inexistência do pretendido vínculo trabalhista. Reclamatória improcedente. Recurso especial conhecido e provido" (REsp 57207/RJ, Rel. Min. Barros Monteiro, julgamento em 5-8-1999, *DJ* 25-10-1999, p. 84).

Por fim, deve ser registrado que as regras específicas de acumulação aplicáveis ao servidor público no exercício de mandato eletivo foram estabelecidas pelo artigo 38 da Constituição Federal. Estabelece o dispositivo:

---

[12] "Art. 37 [...] V – as funções de confiança, exercidas exclusivamente por servidores ocupantes de cargo efetivo, e os cargos em comissão, a serem preenchidos por servidores de carreira nos casos, condições e percentuais mínimos previstos em lei, destinam-se apenas às atribuições de direção, chefia e assessoramento" (Redação dada pela Emenda Constitucional nº 19, de 1998).

"Art. 38. Ao servidor público da administração direta, autárquica e fundacional, no exercício de mandato eletivo, aplicam-se as seguintes disposições:

I – tratando-se de mandato eletivo federal, estadual ou distrital, ficará afastado de seu cargo, emprego ou função;

II – investido no mandato de Prefeito, será afastado do cargo, emprego ou função, sendo-lhe facultado optar pela sua remuneração;

III – investido no mandato de Vereador, havendo compatibilidade de horários, perceberá as vantagens de seu cargo, emprego ou função, sem prejuízo da remuneração do cargo eletivo, e, não havendo compatibilidade, será aplicada a norma do inciso anterior;

IV – em qualquer caso que exija o afastamento para o exercício de mandato eletivo, seu tempo de serviço será contado para todos os efeitos legais, exceto para promoção por merecimento;

V – para efeito de benefício previdenciário, no caso de afastamento, os valores serão determinados como se no exercício estivesse."

O afastamento do servidor (ocupante de cargo, emprego ou função) para o exercício de mandato federal, estadual e distrital, tanto no Poder Executivo quanto no Poder Legislativo será automático (art. 38, I). Esta regra vale também para o Vice-Presidente e para os Vices-Governadores.

O servidor que se eleger Prefeito também deverá se afastar do cargo, emprego ou função para exercer o mandato, sendo-lhe facultada a opção pela remuneração do cargo ou pelo subsídio do mandato eletivo municipal. Não lhe é possível mesclar parcelas remuneratórias de um e outro.

A propósito do Vice-Prefeito, o Supremo Tribunal Federal, no julgamento da ADIN nº 199-0/PE, Relator Ministro Maurício Corrêa, assentou entendimento de que as disposições do artigo 38, II, da Constituição são a ele aplicáveis, porquanto

"[...] embora a Constituição Federal a ele não se refira expressamente, tenho que as disposições do inciso II do art. 38, relativamente ao servidor investido em mandato de Prefeito, são perfeitamente aplicáveis ao Vice, posto que ambos foram eleitos para exercer a Chefia do Executivo local".

O Supremo Tribunal Federal no julgamento da ADI 143-MC-MC/CE, Relator Ministro Carlos Velloso, entendeu ser inconstitucional a disposição da Constituição do Estado do Ceará que possibilitava ao servidor público eleito Vice-Prefeito, o afastamento do cargo, sem prejuízos dos salários, vencimentos e demais vantagens.

Logo, aos servidores públicos que venham a se tornar Prefeitos ou Vice-Prefeitos é assegurado o direito de se afastarem do cargo, emprego ou função que exerçam, sendo-lhes facultado optar pela remuneração respectiva ou pela retribuição do mandato. Deve-se notar que a Constituição Federal utiliza a expressão *investido no mandato*. Investidura no mandato pressupõe não só eleição e diplomação; pressupõe a posse.[13]

Relativamente aos Vereadores há peculiaridades. Uma vez verificada a compatibilidade de horário (questão que será tratada no próximo item deste capítulo), eles não precisam se afastar do cargo, emprego ou função para o exercício do mandato, consoante a regra do artigo 38, III, da Constituição. Essa situação é muito comum na maioria dos municípios brasileiros. Não bastasse, há casos em que a Constituição lhes autoriza tripla acumulação. É o que se passa, por exemplo, com o servidor que exerce dois cargos, empregos ou funções acumuláveis, na forma do artigo 37, XVI, da Constituição (*v. g.*, dois cargos de professor) e é eleito vereador. Havendo compatibilidade de horários, ser-lhe-á lícito acumular os dois vínculos permitidos com o mandato de Vereador.

6.2 Compatibilidade de horários

O segundo requisito imposto pela regra constitucional é a existência de compatibilidade de horário entre os dois cargos, aferível mediante consulta ao respectivo regime jurídico e as horas de efetivo exercício da atividade em prol da Administração Pública. Não se deve confundir regime de trabalho (para efeito de remuneração) e horário de serviço, fundamentalmente no âmbito de atividades docentes. Mas a ausência dessa distinção tem gerado dúvidas e decisões divergentes.

No Tribunal de Contas da União existia jurisprudência na trilha do Parecer GQ-145 da Advocacia-Geral da União (com força vinculativa para a Administração Federal), no sentido de que: "a acumulação de cargos públicos exige compatibilidade de horários para ser considerada legal, sendo o limite máximo do somatório das jornadas de trabalho 60 horas."[14]

Em julgados mais recentes, todavia, o TCU reconhece que "a acumulação lícita de cargos cujas jornadas, somadas, ultrapassam sessenta horas semanais, apesar de indesejável não é vedada por lei. No entanto, é necessário verificar a compatibilidade de horários e o efetivo cumprimento das jornadas, de forma a garantir a qualidade dos serviços prestados, em observância ao princípio constitucional da eficiência."[15]

---

[13] Nesse sentido: "Suspensão cautelar da eficácia do § 2º do art. 38 da Constituição do Ceará, que autoriza o afastamento do cargo, sem prejuízo dos salários, vencimentos e demais vantagens, de servidor público eleito Vice-Prefeito" (destacamos: ADI 143-MC-MC, Rel. Min. Carlos Velloso, julgamento em 2-9-1993, Plenário, *DJ* de 30-3-2001).

[14] (Acórdão nº 2.794/2011 – Plenário, Rel. Min. Raimundo Carreiro, Publicação: ATA 43 – Plenário, de 19-10-2011).

[15] Acórdão nº 1.599/2014 – Plenário, Rel. Min. Benjamin Zymler, Boletim de Jurisprudência 42.

No âmbito do Superior Tribunal de Justiça, prevaleceu até recentemente o entendimento contrário ao Parecer GQ 145 da Advocacia-Geral da União.[16] Porém, a partir do julgamento pela 1ª Seção do MS 19.336/DF, *DJe* 14-10-2014, a orientação alinhou-se à antiga posição do TCU, no sentido de que "a acumulação de cargos constitui exceção, devendo ser interpretada de forma restritiva, de maneira a atender ao princípio constitucional da eficiência, na medida em que o profissional da área de saúde precisa estar em boas condições físicas e mentais para bem exercer as suas atribuições, o que certamente depende de adequado descanso no intervalo entre o final de uma jornada de trabalho e o início da outra, o que é impossível em condições de sobrecarga de trabalho. Desse modo, revela-se coerente o limite de 60 (sessenta) horas semanais, fato que certamente não decorre de coincidência, mas da preocupação em se otimizarem os serviços públicos, que dependem de adequado descanso dos servidores públicos. É limitação que atende ao princípio da eficiência sem esvaziar o conteúdo do art. 37, XVI, da Constituição Federal."[17]

A nova posição do STJ, com o devido respeito, não se afigura adequada, sendo que o próprio TCU (cuja antiga orientação é citada como alicerce do *leading case* no STJ) já reviu seu posicionamento sobre o tema. A atual jurisprudência do TCU, acertada, registra a necessidade de apuração da compatibilidade caso a caso. Havendo extrapolação da carga horária de sessenta horas semanais, a instância responsável pela análise da viabilidade da acumulação deve verificar, junto à autoridade hierarquicamente superior ao servidor, a qualidade e o não comprometimento do trabalho, fundamentando sua decisão e anexando ao respectivo processo administrativo a documentação comprobatória.[18]

Discorda-se, com efeito, da orientação do STJ, pelos seguintes fundamentos: (a) o STJ partiu de uma presunção, a de que a jornada de trabalho superior a 60 horas semanais afronta o princípio constitucional da eficiência, para concluir pela incompatibilidade de horário. Essa presunção não pode ser uma presunção absoluta, admitindo, portanto, prova em contrário; (b) não existe norma constitucional ou legal que estabeleça essa presunção de impossibilidade de acumulação de cargos quando a jornada somada seja superior a 60 horas; (c) a acumulação, embora seja uma exceção, é um direito constitucionalmente assegurado ao servidor, que tem a prerrogativa de comprovar que é capaz de desempenhar ambos os cargos cumulativamente, sem prejuízo do escorreito exercício de suas funções.[19]

---

[16] BRASIL. Superior Tribunal de Justiça. MS 19.476/DF, Rel. Ministro HUMBERTO MARTINS, PRIMEIRA SEÇÃO, julgado em 22-5-2013, *DJe* 30-8-2013).

[17] BRASIL. Superior Tribunal de Justiça. AgRg no AREsp 635.736/RJ, Rel. Ministro Mauro Campbell Marques, 2ª Turma, julgado em 7-5/-2015, *DJe* 13-5-2015.

[18] Acórdão nº 625/2014-Plenário, Rel. Min. José Jorge, Ata nº 08/14.

[19] BRASIL. Supremo Tribunal Federal. RE 351905, Relator(a): Min. Ellen Grace, 2ª Turma, julgado em 24-5-2005, *DJ* 01-07-2005 PP-00088 Ement. Vol. 02198-05 PP-00831, Republicação: *DJ* 9-9-2005, PP-00063, LEXSTF, v. 27, n. 322, 2005, p. 299-303.

Nesse sentido, o Conselho Nacional de Justiça estabeleceu, em ato normativo, regras específicas para a compatibilidade de horários entre a magistratura e o magistério, nos termos do artigo 95, parágrafo único, inciso I, da Constituição da República. A Resolução CNJ nº 34, de 24 de abril de 2007, impôs aos membros da magistratura o dever de comprovar, perante cada Tribunal, a compatibilidade entre os horários fixados para o expediente forense e para a atividade acadêmica. Além disso, de acordo com o artigo 2º da citada Resolução, "o exercício de cargos ou funções de coordenação acadêmica, como tais considerados aqueles que envolvam atividades estritamente ligadas ao planejamento e/ou assessoramento pedagógico, será admitido se atendidos os requisitos previstos no artigo anterior".

6.3 Acumulação e remuneração

Como visto, o artigo 37, inciso XVI, condiciona a legalidade da acumulação de cargos, empregos e funções públicas à obediência do disposto no inciso XI do mesmo artigo. O artigo 37, XI, por seu turno, estabelece o teto constitucional para as remunerações no serviço público. O dispositivo possui a seguinte redação, conferida pela Emenda Constitucional nº 19/1998:

> "art. 37. [...] XI – a remuneração e o subsídio dos ocupantes de cargos, funções e empregos públicos da administração direta, autárquica e fundacional, dos membros de qualquer dos Poderes da União, dos Estados, do Distrito Federal e dos Municípios, dos detentores de mandato eletivo e dos demais agentes políticos e os proventos, pensões ou outra espécie remuneratória, percebidos cumulativamente ou não, incluídas as vantagens pessoais ou de qualquer outra natureza, não poderão exceder o subsídio mensal, em espécie, dos Ministros do Supremo Tribunal Federal, aplicando-se como limite, nos Municípios, o subsídio do Prefeito, e nos Estados e no Distrito Federal, o subsídio mensal do Governador no âmbito do Poder Executivo, o subsídio dos Deputados Estaduais e Distritais no âmbito do Poder Legislativo e o subsídio dos Desembargadores do Tribunal de Justiça, limitado a noventa inteiros e vinte e cinco centésimos por cento do subsídio mensal, em espécie, dos Ministros do Supremo Tribunal Federal, no âmbito do Poder Judiciário, aplicável este limite aos membros do Ministério Público, aos Procuradores e aos Defensores Públicos".

A primeira interpretação naturalmente sugerida pelo dispositivo seria a incidência do valor correspondente ao teto remuneratório à soma das remunerações relativas aos cargos, empregos ou funções acumuláveis nos termos do artigo 37, inciso XVI. O resultado dessa operação, contudo, seria contraditório: admitir-se-ia como lícito o exercício acumulativo, mas com retribuição pecuniária menor em razão da sujeição ao teto remuneratório. A inadequação dessa interpretação pode ser demonstrada com um exemplo: imagine-se dois professores de instituições públicas de ensino sujeitos a idêntica jornada e carga horária, sendo que um deles titulariza, com compatibilidade de horário, outro cargo público. Se a soma das remunerações deste último servidor superar o teto, não parece haver sentido em admitir que exista retribuição diferenciada no tocante à função de magistério, pois a mesma é desempenhada de acordo com as mesmas exigências legais que recaem sobre os demais.

A esse respeito, é importante atentar que a expressão "percebidos cumulativamente ou não" está ligada pelo conectivo "e" aos "proventos, pensões ou outra espécie remuneratória", indicando a possibilidade de interpretar incidência sobre o somatório quando se tratar de remuneração em atividade cumulada com aposentadoria, pensão ou outra espécie remuneratória ligada à inatividade (a esse ponto, voltar-se-á em seguida).

Em síntese, nos casos de acumulação autorizados expressamente pela Constituição, a interpretação sistemática dos dispositivos impõe a aplicação do artigo 37, XI (teto remuneratório), tendo como base de incidência a retribuição percebida por cada um dos cargos, empregos ou funções, e não a soma das retribuições. Esse é o entendimento, por exemplo, do Conselho Nacional de Justiça.[20] No Superior Tribunal de Justiça existem precedentes importantes consagrando o mesmo entendimento:

> "Tratando-se de cumulação legítima de cargos, a remuneração do servidor público não se submete ao teto constitucional, devendo os cargos, para este fim, ser considerados isoladamente."[21]

No que toca à possibilidade de recebimento conjunto de proventos e vencimentos (remuneração), a regra constante do § 10 do artigo 37,[22] estabelecida pela Emenda Constitucional nº 20, veio consolidar entendimento jurisprudencial. Nesse sentido, mesmo durante a vigência da redação original da Constituição, ou seja, sem proibição expressa de acumulação de remuneração e proventos, sedimentou-se na jurisprudência do Supremo Tribunal Federal o entendimento de que

> "a) a acumulação a que se refere a Constituição não é de cargos, mas de vínculos jurídicos, os quais não se rompem, apenas mudam de configuração ao passar o servidor para a inatividade, máxime quando aquele elo

---

[20] Art. 8º, inciso II, "a", da Resolução nº 13, de 21 de março de 2006.

[21] RMS 33134/DF, Relator: Ministro MAURO CAMPBELL MARQUES, 1ª Seção, *DJe* 27-8-2013; AgRg no RMS 33.100/DF, Rel. Ministra ELIANA CALMON, *DJe* 15-5-2013 e RMS 38.682/ES, Rel. Ministro HERMAN BENJAMIN, *DJe* 5-11-2012.

[22] "Art. 37 [...] § 10. É vedada a percepção simultânea de proventos de aposentadoria decorrentes do art. 40 ou dos arts. 42 e 142 com a remuneração de cargo, emprego ou função pública, ressalvados os cargos acumuláveis na forma desta Constituição, os cargos eletivos e os cargos em comissão declarados em lei de livre nomeação e exoneração."

jurídico-funcional estiver estabilizado na forma constitucionalmente prevista; b) desde que haja uma remuneração, qualquer que seja o seu fator determinante – estar na ativa ou nela ter estado pelo período constitucionalmente previsto para a aquisição do direito à aposentadoria –, há acumulação para os efeitos da regra constitucional proibitiva".[23]

Prevaleceu no STF o entendimento de que

"[...] A acumulação de proventos e vencimentos somente é permitida quando se tratar de cargos, funções ou empregos acumuláveis na atividade, na forma permitida pela Constituição. C.F., art. 37, XVI, XVII; art. 95, parágrafo único, I. Na vigência da Constituição de 1946, art. 185, que continha norma igual à que está inscrita no art. 37, XVI, CF/88, a jurisprudência do Supremo Tribunal Federal era no sentido da impossibilidade da acumulação de proventos com vencimentos, salvo se os cargos de que decorrem essas remunerações fossem acumuláveis. II. – Precedentes do STF: RE-81729-SP, ERE-68480, MS-19902, RE-77237-SP, RE-76241-RJ. III. – R.E. conhecido e provido" (RE 163204, Relator: Min. Carlos Velloso, Julgamento em 9-11-1994, *DJ* de 31-3-1999).

A nova regra proibitiva abrange proventos de aposentadoria dos servidores públicos civis titulares de cargos efetivos (art. 40), militares dos Estados e Distrito Federal (art. 42) e membros das Forças Armadas (art. 142). As exceções à proibição remetem aos cargos, empregos e funções acumuláveis nos termos do artigo 37, XVI, bem como aos detentores de mandato eletivo e ocupantes de cargos comissionados.

Ao fazer menção à remuneração de cargo, emprego ou função pública, a regra alcança também os agentes vinculados às entidades da Administração Indireta com personalidade de direito privado, às quais também se aplicam as exceções. Ao apreciar a arguição de inconstitucionalidade de dispositivo que permitia a acumulação de proventos e vencimentos em empresas públicas e sociedades de economia mista, decidiu o Supremo Tribunal Federal:

"AÇÃO DIRETA DE INCONSTITUCIONALIDADE. READMISSÃO DE EMPREGADOS DE EMPRESAS PÚBLICAS E SOCIEDADES DE ECONOMIA MISTA. ACUMULAÇÃO DE PROVENTOS E VENCIMENTOS. EXTINÇÃO DO VÍNCULO EMPREGATÍCIO POR APOSENTADORIA ESPONTÂNEA. NÃO-CONHECIMENTO. INCONSTITUCIONALIDADE. Lei 9.528/1997, que dá nova redação ao § 1º do art. 453 da Consolidação das Leis do Trabalho – CLT –, prevendo a possibilidade de readmissão de empregado de

---

[23] ROCHA, Cármen Lúcia Antunes. *Princípios constitucionais dos servidores públicos*. São Paulo: Saraiva, 1999. p. 277.

empresa pública e sociedade de economia mista aposentado espontaneamente. Art. 11 da mesma lei, que estabelece regra de transição.

Não se conhece de ação direta de inconstitucionalidade na parte que impugna dispositivos cujos efeitos já se exauriram no tempo, no caso, o art. 11 e parágrafos. É inconstitucional o § 1º do art. 453 da CLT, com a redação dada pela Lei 9.528/1997, quer porque permite, como regra, a acumulação de proventos e vencimentos – vedada pela jurisprudência do Supremo Tribunal Federal –, quer porque se funda na ideia de que a aposentadoria espontânea rompe o vínculo empregatício. Pedido não conhecido quanto ao art. 11, e parágrafos, da Lei nº 9.528/1997. Ação conhecida quanto ao § 1º do art. 453 da Consolidação das Leis do Trabalho, na redação dada pelo art. 3º da mesma Lei 9.528/1997, para declarar sua inconstitucionalidade" (ADI 1770, Relator: Min. Joaquim Barbosa, Julgamento em 11-10-2006, Publicação DJ 1º-12-2006, p. 65).

A análise da jurisprudência do Supremo Tribunal Federal é importante para se precisar o alcance da nova regra, inclusive no tocante à exceção trazida pelo artigo 11 da Emenda Constitucional nº 20, de 15 de dezembro de 1998. A respeito da possibilidade de acumulação tríplice, entendeu o STF que

"[...] a acumulação de proventos e vencimentos somente é permitida quando se tratar de cargos, funções ou empregos acumuláveis na atividade, na forma permitida na Constituição. Não é permitida a acumulação de proventos de duas aposentadorias com os vencimentos de cargo público, ainda que proveniente de aprovação em concurso público antes da EC 20/98" (AI 484.756-AgR, Rel. Min. Carlos Velloso, julgamento em 15-2-2005, Publicação: DJ de 1º-4-2005).

Em diversos julgados é reforçado pela Corte o entendimento de que a vedação já se encontrava, implicitamente, no texto original da Constituição. O tema é relevante na análise do alcance da regra permissiva constante do artigo 11 da Emenda nº 20/1998, que garantiu a situação de cumulatividade dos servidores que até a data de sua vigência haviam ingressado novamente no serviço público nas formas nela previstas, vedando, todavia, a percepção simultânea de proventos.

Nesse sentido, orientou-se a jurisprudência do STF:

"Servidora aposentada que reingressou no serviço público, acumulando proventos com vencimentos até a sua aposentadoria, quando passou a receber dois proventos. Conforme assentado pelo Plenário no julgamento do RE 163.204, mesmo antes da citada emenda constitucional, já era proibida a acumulação de cargos públicos. Pouco importava se o servidor estava na ativa ou aposentado nesses cargos, salvo as exceções previstas na própria Constituição. Entendimento que se tornou expresso com a Emenda Constitucional 20/98, que preservou a situação daqueles servidores que retornaram ao serviço público antes da sua promulgação, nos termos do art. 11. A pretensão ora deduzida, dupla acumulação de proventos, foi expressamente vedada no citado art. 11, além de não ter sido aceita pela jurisprudência desta Corte, sob a égide da CF/88" (RE 463.028, Rel. Min. Ellen Gracie, julgamento em 14-2-2006, Publicação: *DJ* de 10-3-2006).

"[...] As recorrentes pretendem continuar recebendo, cumulativamente, os proventos de aposentadoria com os vencimentos do cargo da ativa. Alegam que foram beneficiadas pela exceção criada no art. 11 da EC 20/98. A EC 20/98 vedou a percepção simultânea de proventos de aposentadoria com a remuneração de cargo, emprego ou função pública, ressalvados os cargos acumuláveis na forma desta Constituição. Por outro lado, reconheceu o direito daqueles servidores aposentados que, até a data da promulgação dessa emenda, retornaram à atividade. Não é o caso das recorrentes. Elas não ingressaram novamente no serviço público, mas ocuparam indevidamente dois cargos públicos em atividade. Embora não recebessem os vencimentos de um deles, pois gozaram de sucessivas licenças para tratar de interesse particular, tal circunstância não as torna beneficiárias da referida regra transitória. O gozo de licença não descaracteriza o vínculo jurídico do servidor com a Administração" (RE 382.389, Rel. Min. Ellen Gracie, julgamento em 14-2-2006, Publicação: *DJ* de 17-3-2006).

Há, contudo, precedente mais específico:

"Magistério. Acumulação de proventos de uma aposentadoria com duas remunerações. Retorno ao serviço público por concurso público antes do advento da EC 20/1998. Possibilidade. É possível a acumulação de proventos oriundos de uma aposentadoria com duas remunerações quando o servidor foi aprovado em concurso público antes do advento da EC 20. O art. 11 da EC 20 convalidou o reingresso – até a data da sua publicação – do inativo no serviço público, por meio de concurso. A convalidação alcança os vencimentos em duplicidade se os cargos são acumuláveis na forma do disposto no art. 37, XVI, da Constituição do Brasil, vedada, todavia, a percepção de mais de uma aposentadoria" (RE 489.776-AgR, Rel. Min. Eros Grau, julgamento em 17-6-2008, Segunda Turma, *DJE* de 1º-8-2008).

Percebe-se, na ressalva final, que nos casos albergados por essa regra específica a percepção cumulativa somente pode ser admitida durante a atividade, vedado o recebimento de mais de uma aposentadoria às custas do mesmo regime (admite-se, entretanto, a percepção de aposentadoria vinculada ao regime geral, desde que não proveniente de cargo público efetivo). A esse respeito, é elucidativo o seguinte acórdão recente do Superior Tribunal de Justiça:

"[...] 1. O art. 11 da EC nº 20/98 autorizou a cumulação de proventos de aposentadoria com vencimentos de cargo público, fora das hipóteses já autorizadas constitucionalmente, desde que o inativo tenha regressado ao serviço público antes da EC nº 20/98. 2. Todavia, a autorização não se estendeu à acumulação de duas aposentadorias. Assim, ainda que o reingresso no serviço público tenha ocorrido antes da EC 20/98, somente é possível acumular os proventos com os vencimentos do novo cargo. A partir do momento em que se aposenta novamente, já não poderá o servidor acumular as duas aposentadorias, por expressa vedação constitucional. 3. Assim, a Emenda Constitucional nº 20/98 vedou a cumulação de mais de uma aposentadoria à conta do regime previdenciário do art. 40 da CF/88, ressalvadas as aposentadorias decorrentes dos cargos acumuláveis expressamente previstos, dos cargos eletivos e dos cargos em comissão declarados em lei de livre nomeação e exoneração. Precedentes do STF e do STJ. 4. No caso, o impetrante aposentou-se como procurador judicial da Assembleia Legislativa do Estado de Pernambuco no ano de 1995 e nesse mesmo ano reingressou no serviço público, no cargo de juiz de direito, cargo no qual veio a se aposentar compulsoriamente após a EC 20/98. Portanto, não é legítima sua pretensão de cumular dois proventos de aposentadoria ligados ao regime do art. 40 da CF/88, ainda que o reingresso no serviço público tenha se dado antes da EC nº 20/98. Essa vedação, estampada expressamente em norma constitucional, não viola o ato jurídico perfeito nem o direito adquirido".[24]

Ainda com relação à cumulação permitida de proventos de aposentadoria com remuneração de cargo na atividade, o STF e o STJ firmaram entendimento de que é "impertinente a exigência de compatibilidade de horários como requisito para a percepção simultânea de um provento de aposentadoria com a remuneração pelo exercício de outro cargo público".[25]

Relativamente à percepção de dupla pensão – também na hipótese do artigo 11 da Emenda nº 20/98, o STF tem precedente em que registra que "se era proibida a percepção de dupla aposentadoria estatutária não é possível cogitar-se de direito à segunda pensão, uma vez que o art. 40, § 7º, da Constituição subordinava tal benefício ao valor dos proventos a que o servidor faria jus".[26]

---

[24] RMS 32.756-PE, Rel. Min. Castro Meira, 2ª Turma, DJe 6-12-2012.
[25] STF – RE 547731 AgR, Relator(a): Min. EROS GRAU, Segunda Turma, DJe 31-7-2008 e RE 701999 AgR, Rel. Min. RICARDO LEWANDOWSKI, Segunda Turma, julgado em 2-10-2012, DJe 19-10-2012). STJ – AgRg no AREsp 415.292/SC, Rel. Ministro MAURO CAMPBELL MARQUES, SEGUNDA TURMA, julgado em 3-12-2013, DJe 10-12-2013.
[26] RE 584388, Relator(a): Min. RICARDO LEWANDOWSKI, Tribunal Pleno, julgado em 31-8-2011, DJe-185 DIVULG. 26-9-2011 PUBLIC. 27-9-2011, EMENT VOL-02595-02 PP-00171.

7

Regime remuneratório dos servidores públicos – fixação e revisão da remuneração

Luciano Ferraz

O inciso X do artigo 37, da Constituição Federal, na redação original, garantia paridade remuneratória entre servidores civis e militares. A redação foi alterada pela Emenda Constitucional nº 19, de 4-6-1998, para estipular regras próprias de fixação e aumento de remuneração e relativas à revisão geral anual.

A redação original desse dispositivo constitucional estabelecia vinculação entre a remuneração de servidores civis e militares, garantindo-lhes paridade nas eventuais revisões remuneratórias, que necessariamente deveriam estar dispostas em lei, em atenção ao princípio da reserva legal (art. 61, § 1º, II, *a*, CF).[1]

Com base nele, o Supremo Tribunal Federal reconheceu aos servidores civis da União (Poder Executivo) a extensão do percentual de 28,86% dado aos militares pelas Leis nºs 8.622/1993 e 8.627/1993, entendimento que restou consolidado pela Súmula Vinculante nº 51 (antiga Súmula nº 672), do STF: "O reajuste de 28,86%, concedido aos servidores militares pelas Leis nºs 8.622/1993 e 8.627/1993, estende-se aos servidores civis do Poder Executivo, observadas as eventuais compensações decorrentes dos reajustes diferenciados concedidos pelos mesmos diplomas legais."

Ainda com fundamento nesse preceito, a Suprema Corte fixou orientação segundo a qual a paridade por ele estabelecida não ia ao ponto de garantir data-base e assegurar revisão geral anual aos servidores, prescrevendo apenas a unicidade de índice e de data na revisão remuneratória.[2]

---

[1] BRASIL. Supremo Tribunal Federal. ADI 3.369-MC, Rel. Min. Carlos Velloso, *DJ* 1-2-2005.

[2] BRASIL. Supremo Tribunal Federal. MS 22.439, Rel. Min. Maurício Corrêa, *DJ* 11-4-2003; RE 412.275-AgR, Rel. Min. Sepúlveda Pertence, *DJ* 8-10-2004.

A promulgação da Emenda Constitucional nº 18, de 5-2-1998, estabeleceu distinção entre servidores públicos – que passaram a ser apenas os antigos servidores civis – e militares, que desde então constituem extrato próprio de agentes do Estado. O regime constitucional dos Militares está disciplinado nos artigos 42 e 43, 142 e 143 e 144, V e §§ 5º e 6º da Constituição.

O advento da Emenda Constitucional nº 19, de 4-6-1998, produziu alteração significativa na redação e no conteúdo da regra, passando a dispor que

> "a remuneração dos servidores públicos e o subsídio de que trata o § 4º do art. 39 somente poderão ser fixados ou alterados por lei específica, observada a iniciativa privativa em cada caso, assegurada a revisão geral anual, sempre na mesma data e sem distinção de índices".

Dois são seus comandos atuais: fixação e alteração de remuneração e subsídio e revisão geral anual.

7.1 Fixação e alteração de remuneração e subsídio

O primeiro comando do dispositivo determina que a fixação ou alteração da remuneração e do subsídio depende de lei específica (de cada entidade da federação), observada a iniciativa privativa (do processo legislativo) em cada caso. A necessidade de lei para a fixação ou alteração dos valores pelo exercício de cargo público tornou-se explícita (princípio da reserva legal), pois é certo que descabe aos demais Poderes, que não têm função legislativa, aumentar vencimentos de servidores públicos (ver Súmula nº 339, do STF, convertida na Súmula Vinculante nº 37, do STF).[3]

Mas a lei que fixa ou majora os valores agora deve ser específica, ou seja, trata-se de lei ordinária (art. 59, III, CF), porém com conteúdo exclusivamente voltado à finalidade de estipular os parâmetros de retribuição pecuniária, à semelhança daquela destinada à regulamentação do direito de greve dos servidores públicos (art. 37, VII, da CF). A iniciativa do respectivo processo legislativo demandará verificação de outros dispositivos constitucionais, que observarão como regra geral o princípio da separação dos poderes (art. 2º, CF) e a independência funcional do Ministério Público e do Tribunal de Contas, além dos limites remuneratórios estipulados pelo artigo 37, XI, da Constituição.

Assim, possuem legitimidade para iniciar o processo legislativo pertinente à primeira parte do inciso X do artigo 37, nos respectivos âmbitos, o Chefe do Poder Executivo (art. 61, § 1º, II, *a*, CF), a Câmara dos Deputados (art. 51, IV, CF), o Senado Federal (art. 52, XIII, CF), o Supremo Tribunal Federal, os Tribunais

---

[3] Súmula Vinculante nº 37, do STF: "Não cabe ao Poder Judiciário que não tem função legislativa aumentar vencimentos dos servidores públicos sob fundamento de isonomia."

Superiores e os Tribunais de Justiça (art. 96, II, b, CF), o Ministério Público (art. 127, § 2º, CF) e o Tribunal de Contas da União (arts. 73 e 96, CF).

De se notar que a regra em comentário não veda sejam concedidos aumentos diferenciados de remuneração ou subsídio (reais ou não), mediante lei específica, para determinado Poder, categoria, carreira ou classe de agentes: nada impede nova avaliação, a qualquer tempo, dos vencimentos ou subsídios reais atribuídos a carreiras ou cargos específicos.[4]

> [A] jurisprudência do Supremo Tribunal Federal firmou entendimento de que não viola o princípio constitucional da isonomia, nem da revisão geral anual a concessão de reajustes salariais setoriais com o fim de corrigir eventuais distorções remuneratórias.[5]

Note-se, ainda, que a primeira parte do preceito menciona duas espécies de retribuição pecuniária aos agentes públicos, a remuneração e o subsídio.

Remuneração, do latim *remuneratio*, de *remunerare*, originariamente indica qualquer tipo de retribuição monetária correlata à prestação dos serviços efetuada. O termo, em sentido amplo, corresponde a toda e qualquer verba contraprestativa atribuída aos agentes do Estado em virtude do seu labor. Mas, *stricto sensu*, tal como empregado no artigo 37, X, da Constituição, remuneração é sinônimo de vencimentos do servidor, correspondendo ao somatório do vencimento – retribuição em dinheiro pelo exercício de cargo ou função pública com valor fixado em lei[6] e das demais vantagens inerentes ao cargo ou aos seus respectivos ocupantes (vantagens de caráter individual).

Subsídio, por sua vez, tem raiz etimológica em *subsidium*, o que, não olvidamos de mencionar, corresponderia gramaticalmente a auxílio, reforço, subvenção ou ajuda. O termo, todavia, assumiu significação própria e lamentável[7] a partir da EC nº 19/1998, passando a designar a forma de remuneração de determinados agentes públicos. Segundo o § 4º do artigo 39 da Constituição, o membro de Poder, o detentor de mandado eletivo, os Ministros de Estado e os Secretários Estaduais e Municipais serão remunerados exclusivamente por subsídio fixado em parcela única, vedado o acréscimo de qualquer gratificação, adicional, abono, prêmio, verba de representação ou outra espécie remuneratória, obedecido, em qualquer caso, o disposto no artigo 37, X e XI.

---

[4] BRASIL. Supremo Tribunal Federal. ADI 3599, Rel. Min. Gilmar Mendes, Tribunal Pleno, *DJe*-101 Divulg 13-9-2007, PUBLIC 14-9-2007, *DJ* 14-9-2007.

[5] BRASIL. Supremo Tribunal Federal. ARE 765304 AgR, Rel. Min. Roberto Barroso, 1ª Turma, julgado em 10-6-2014, ACÓRDÃO ELETRÔNICO *DJe*-151 Divulg 5-8-2014 Public 6-8-2014.

[6] MEDAUAR, Odete. *Direito administrativo moderno*. 10. ed. São Paulo: Revista dos Tribunais, 2006. p. 270.

[7] DI PIETRO, Maria Sylvia Zanella. *Direito administrativo*. 28. ed. São Paulo: Atlas, 2015. p. 682.

Perceba-se que, pela definição de subsídio constante do § 4º do artigo 39, integram-no exclusivamente as parcelas de natureza remuneratória, excluindo-se as eventuais verbas percebidas com caráter indenizatório. Essa interpretação, embora já derivasse do próprio § 4º do artigo 39 da Constituição (*a contrario sensu*), restou evidenciada a partir da introdução do § 11º do artigo 37 da Constituição, mediante a Emenda Constitucional nº 47, de 5-7-2005.

Serão remunerados mediante subsídio, obrigatoriamente, os seguintes agentes públicos: detentores de mandato eletivo do Poder Legislativo, Executivo e Judiciário, Ministros de Estado, Secretários Estaduais e Municipais (art. 39, § 4º, da CF), membros do Ministério Público (art. 128, § 5º, da CF), membros da Advocacia Geral da União, Defensores Públicos, Procuradores dos Estados e Distrito Federal (art. 135, da CF), Ministros do Tribunal de Contas da União (art. 73, § 3º, da CF) e policiais (art. 144, § 9º, da CF); e facultativamente, os demais servidores públicos organizados em carreira (art. 39, § 8º, da CF).

É da competência exclusiva do Congresso Nacional fixar, mediante decreto legislativo, idêntico subsídio para os Deputados Federais e Senadores (art. 49, VII, CF), bem como para o Presidente da República, o Vice-Presidente e os Ministros de Estado (art. 49, VIII, CF).

No âmbito dos Estados e do Distrito Federal, o subsídio dos Deputados Estaduais (e Distritais) correspondente a, no máximo, 75% do estabelecido aos Deputados Federais (art. 27, § 2º, CF), do Governador, do Vice-Governador e dos Secretários de Estado (art. 28, § 2º, CF), será fixado por lei de iniciativa da Assembleia Legislativa (ou Câmara Legislativa) respectiva.

Nos Municípios, os subsídios do Prefeito, do Vice-Prefeito e dos Secretários Municipais serão fixados por lei de iniciativa da Câmara Municipal (art. 29, V, CF). Já o subsídio dos Vereadores será fixado por ato próprio da Câmara Municipal (Resolução), obedecendo, além dos critérios estabelecidos na respectiva Lei Orgânica, aos limites máximos estipulados pelas alíneas a a f do inciso VI do art. 29, com a redação dada pela Emenda Constitucional nº 25, de 14-2-2000, limites estes fixados conforme a densidade populacional de cada Município.

Note-se que para os Vereadores (e somente para estes) existe, ainda, a incidência da regra da anterioridade (art. 29, VI, CF), que prescreve a necessidade de fixação dos subsídios respectivos de uma legislatura para a outra. Por isso, não importa, por exemplo, que os subsídios dos demais agentes públicos, em especial dos deputados estaduais, venha a sofrer majoração no curso da legislatura municipal, porquanto o subsídio dos legisladores municipais permanecerá inalterado. A única hipótese de acréscimo remuneratório autorizado aos Vereadores será o decorrente da revisão geral na mesma data e no mesmo índice conferido aos de- mais agentes municipais, diferentemente dos demais agentes políticos, os quais poderão, além de perceber a revisão, ter seus respectivos subsídios majorados a qualquer tempo.

De toda forma, é fundamental examinar as Leis Orgânicas Municipais (também as Constituições Estaduais para o respectivo âmbito) no momento de se fixar novos subsídios para os agentes políticos do Poder Executivo e do Poder Legislativo. Isto porque, a existência de disposições específicas sobre a regra da anterioridade pode estabelecer a obrigatoriedade de sua observância.[8] Convém verificar a interseção dos preceptivos constitucionais e orgânicos com a previsão do art. 21, parágrafo único, da Lei Complementar nº 101/2000.

Particularmente, critica-se a atribuição de subsídio a agentes públicos que se organizam em carreira (*v. g.*, magistrados, membros do Ministério Público, policiais, servidores em geral), cujo vínculo com o Estado é permanente. É que a ascensão funcional deve servir de estímulo aos agentes, que na expectativa de se movimentarem na carreira exercem com afinco suas funções, visando ao acréscimo pecuniário correspondente.

A atribuição do subsídio a esses agentes somente teria razão de ser se fosse possível, numa mesma carreira, atribuir subsídios diversos conforme o patamar em que se localizassem ditos agentes. Nesse caso, contudo, a noção de subsídio seria parelha à de vencimentos do cargo, incluindo a contraprestação básica fixada em lei (vencimento), acrescida das vantagens inerentes ao seu exercício (do cargo), excluindo-se apenas as vantagens de natureza individual que são próprias de cada agente.

7.2 Revisão geral anual

O segundo comando do dispositivo trata da revisão geral anual das remunerações (e subsídios) sempre na mesma data e sem distinção de índices: o constituinte reformador instituiu regra para assegurar o direito à revisão, que atinge cada ente federativo, garantindo aos agentes públicos, a cada período de um ano (contado a partir da promulgação da Emenda Constitucional nº 19/1998), reposição das perdas inflacionárias respectivas, mediante percentual único.

Houve quem defendesse a aplicabilidade imediata dessa revisão, independentemente de regulamentação infraconstitucional, pleiteando a incorporação dos valores devidos aos vencimentos. A posição não se afigurava correta, porquanto, também em matéria de revisão geral, fundamental a obediência ao princípio da reserva legal, sobretudo para a incorporação definitiva dos valores correspondentes às remunerações ou subsídios dos agentes (art. 61, § 1º, II, *a*, CF). A iniciativa do processo legislativo respectivo é do Chefe do Poder Executivo por abranger uniformemente os agentes públicos da entidade federativa.

Nessa linha, foi a decisão do Supremo Tribunal Federal, no julgamento da ADI 2.061/DF, proposta pelo Partido dos Trabalhadores – PT, ao reconhecer a mora do Presidente da República em enviar ao Congresso Nacional o projeto de lei respectivo:

---

[8] BRASIL. Supremo Tribunal Federal. AI 417936 AgR, Rel. Min. Maurício Corrêa, 2ª Turma, julgado em 22-4-2003, *DJ* 23-5-2003.

"norma constitucional que impõe ao Presidente da República o dever de desencadear o processo de elaboração da lei anual de revisão geral da remuneração dos servidores da União, prevista no dispositivo constitucional em destaque, na qualidade de titular exclusivo da competência para iniciativa da espécie, na forma do art. 61, § 1º, II, *a*, da CF".

A ausência de regulamentação da revisão geral, no entender deste autor, enseja a possibilidade de acionamento do Estado (União, Estados, Distrito Federal e Municípios, conforme o caso), com base no artigo 37, § 6º, da Constituição, pela omissão legislativa,[9] mas o Supremo Tribunal Federal – que tem precedentes monocráticos em sentido contrário à tese[10] – somente chegará a uma conclusão definitiva ao cabo do julgamento da repercussão geral suscitada no RE 565089/SP, rel. Min. Marco Aurélio, 2-10-2014. Neste caso, os Ministros do STF estão divididos. Já votaram em favor do direito à indenização os Ministros Marco Aurélio (relator), Luiz Fux e Cármen Lúcia; votaram contra os Ministros Roberto Barroso, Teori Zavascki, Rosa Weber e Gilmar Mendes. Pediu vista dos autos o Ministro Dias Toffoli.[11]

A revisão deve abarcar tanto as remunerações quanto os subsídios, e não é vedado deduzir dos valores inflacionários apurados a concessão de aumentos diferenciados (albergados pela primeira parte do dispositivo – art. 37, X, CF) verificável no mesmo período, porquanto,

"sem embargo da divergência conceitual entre as duas espécies de acréscimo salarial, inexiste óbice de ordem constitucional para que a lei ordinária disponha, com antecedência, que os reajustes individualizados no exercício anterior sejam deduzidos da próxima correção ordinária".[12]

Como se vê, as alterações remuneratórias dos agentes públicos, todas elas, dependerão de lei (princípio da reserva legal), e haverão também de respeitar as regras orçamentárias previstas no artigo 169, § 1º, da Constituição e nos artigos 17, 22 e 23 da Lei Complementar nº 101/2000 (Lei de Responsabilidade Fiscal).

---

[9] FERRAZ, Luciano. Responsabilidade do Estado por Omissão Legislativa – Caso do art. 37, X, da Constituição da República. In: FREITAS, Juarez (Org.). *Responsabilidade civil do Estado*. São Paulo: Malheiros, 2005. p. 208-225.

[10] RE 505.194-AgR, Rel. Min. Cármen Lúcia, julgamento em 13-12-2006, 1ª Turma, *DJ* de 16-2-2007. No mesmo sentido: RE 529.489-AgR, Rel. Min. Joaquim Barbosa, julgamento em 27-11-2007, 2ª Turma, DJE de 1º-2-2008; RE 501.669-AgR, Rel. Min. Ricardo Lewandowski, julgamento em 13-12-2006, 1ª Turma, *DJ* de 16-2-2007; RE-Agr 554810/PR, Rel. Min. Celso de Mello, *DJ* 7.12.2007.

[11] BRASIL. Supremo Tribunal Federal. *Informativos* nºs 630 e 741 e 761.

[12] BRASIL. Supremo Tribunal Federal. ADI 2.726, Rel. Min. Maurício Corrêa, *DJ* 29-8-2003. No mesmo sentido: RE 573.316-AgR, Rel. Min. Eros Grau, julgamento em 4-11-2008, 2ª Turma, *DJE* de 28-11-2008.

8

Isonomia remuneratória

Luciano Ferraz

O inciso XII do artigo 37,[1] que versa sobre isonomia remuneratória entre os Poderes, mantém a redação original da Constituição de 1988. Trata-se do único dispositivo da Constituição atinente à remuneração de servidores públicos que mantém incólume sua redação original. A regra é certamente inspirada no *caput* do artigo 98 da Constituição de 1967, incluído pela Emenda Constitucional nº 1/1969, e dispõe que os vencimentos dos cargos dos Poderes Legislativo e Judiciário não poderão ser superiores aos pagos pelo Poder Executivo.

Expressão nítida do princípio constitucional da isonomia (art. 5º, *caput*, CF), o inciso XII do artigo 37 é parelho ao artigo 23, II, da Declaração dos Direitos Humanos da ONU, de 10-12-1948: "Todo homem, sem qualquer distinção, tem direito a igual remuneração por igual trabalho." E encontra disposições semelhantes no âmbito da legislação infraconstitucional trabalhista (arts. 460 e 461 da CLT).

Com efeito, o dispositivo em exame ligava-se ao antigo § 1º do artigo 39 da Constituição original (suprimido pela Emenda Constitucional nº 19/1998), segundo o qual a lei asseguraria, aos servidores da Administração Direta (também das autarquias e fundações públicas), isonomia de vencimentos para cargos de atribuições iguais ou assemelhadas do mesmo Poder ou entre servidores dos Poderes Executivo, Legislativo e Judiciário, ressalvadas as vantagens de caráter individual e as relativas à natureza ou ao local de trabalho.

---

[1] "Art. 37. [...] XII – os vencimentos dos cargos do Poder Legislativo e do Poder Judiciário não poderão ser superiores aos pagos pelo Poder Executivo;"

Nesse sentido, foi a decisão do Supremo Tribunal Federal, no julgamento da ADI nº 14-4/DF, Rel. Min. Célio Borja, *DJ* de 11-12-1989, ao verberar que

> "em ambos os dispositivos, a Constituição toma as expressões vencimentos do cargo com vista a um mesmo fim e no contexto de um só tema que é a isonomia de vencimentos dos cargos do mesmo Poder ou entre servidores do Legislativo, Judiciário e Executivo (art. 39, § 1º), sob o paradigma dos vencimentos pagos por este último (art. 37, XII)", não havendo, pois, de se "confundir tal contexto com o do inciso XI do artigo 37 da Constituição [...]".

8.1 Necessidade de verificação das atribuições dos cargos

A despeito de a regra do inciso XII silenciar, para fins da isonomia prescrita, quanto à necessidade de verificação do cargo em si, de suas atribuições e dos cargos ditos assemelhados, a pertinência temática com o § 1º do artigo 39 deixava ver que o constituinte elegera como parâmetro para a verificação da isonomia as atribuições típicas de cada cargo: a isonomia dependeria, portanto, da constatação da igualdade ou similitude das atribuições dos cargos,[2] seja no âmbito de um determinado Poder, seja entre cargos pertencentes a Poderes distintos (paridade). Em suma: entre cargos desiguais não se legitimava a isonomia.[3]

A necessidade de verificação da similitude de atribuições dos cargos afastava a possibilidade de cogitação de isonomia entre cargos com atribuições peculiares no mesmo Poder, bem como entre cargos cujas atribuições não se encontravam amiúde nos demais Poderes, pois, "existindo cargos no Poder Legislativo [ou no Poder Judiciário] sem similar no Poder Executivo, não se há de cogitar de igualdade de vencimentos por ausência de paradigma [...]".[4]

Logo, só se deve cogitar de aplicabilidade do inciso XII do artigo 37 relativamente aos cargos de nível administrativo, excluindo-se, destarte, os membros de Poder (os membros do Ministério Público e dos Tribunais de Contas), haja vista que quanto a estes é impossível pretender identidade ou semelhança de atribuições num e noutro Poder.

Registre-se que o inciso XII do artigo 37, por não fazer alusão à necessidade de lei para a estipulação gradual da isonomia que prescreve, deu azo a que

---

[2] SILVA, José Afonso da. *Curso de Direito constitucional positivo*. São Paulo: Revista de Tribunais, 1991.

[3] BRASIL. Superior Tribunal de Justiça. ROMS, 1500/MG, Rel. Min. Américo da Luz, 2ª Turma, *DJ* 20-2-1995.

[4] BRASIL. Supremo Tribunal Federal. ADI no 48-9/RS, Rel. Min. Maurício Corrêa, *DJ* 18-10-2002.

ocupantes de cargos com semelhança de atribuições fossem a juízo buscar vencimentos idênticos ao de seus paradigmas no Poder Executivo e vice-versa, sem que percebessem que a pretensão esbarrava na Súmula nº 339 do STF (correspondente à Súmula Vinculante nº 37, do STF): "Não cabe ao Poder Judiciário, que não tem função legislativa, aumentar vencimentos de servidores públicos, sob fundamento de isonomia."

Em outras palavras, a paridade ditada pelo dispositivo é dirigida ao legislador, no momento de estabelecer, em lei, os vencimentos de cada cargo, não sendo, desta feita, autoaplicável o *teto específico* (referido ao Poder Executivo), que ele – inciso XII – prescreve. Não se aplica o dispositivo constitucional sem prévia lei,[5] porquanto

> "o que o inciso XII, artigo 37, da Constituição cria é um limite, não uma relação de igualdade. Ora esse limite reclama, para implementar-se, intervenção legislativa uma vez que já não havendo paridade, antes do advento da Constituição, nem estando, desse modo, contidos os vencimentos, somente por redução dos que são superiores aos pagos pelo Executivo, seria alcançável a parificação prescrita".[6]

Com efeito, não seria possível cogitar-se do estabelecimento automático da paridade, sem que houvesse a determinação, mediante lei (de cada esfera da Federação), do patamar de vencimentos dos cargos do Poder Executivo que serviria de paradigma, para os demais Poderes (art. 37, XIV, CF).

Nesse sentido, a jurisprudência do STF tem precedentes vários que prestigiam o princípio da reserva legal em tema de isonomia remuneratória, a ver:

> A instituição de gratificação remuneratória por meio de ato normativo interno de Tribunal sempre foi vedada pela Constituição Federal de 1988, mesmo antes da reforma administrativa advinda com a promulgação da Emenda Constitucional nº 19/1998. 2. A utilização do fundamento de isonomia remuneratória entre os diversos membros e servidores dos Poderes da República, antes contida no art. 39, § 1º, da Constituição Federal, não prescindia de veiculação normativa por meio de lei específica, mesmo quando existente dotação orçamentária suficiente. Ofensa ao art. 96, II, *b*, da Constituição Federal.[7]

Nada impede que procuradores autárquicos e fundacionais venham a ter os seus vencimentos fixados no mesmo patamar dos procuradores da Administra-

---

[5] BRASIL. Superior Tribunal de Justiça, ROMS 930/SE, Rel. Min. Milton Luiz Pereira, 1ª Turma, DJ de 16-11-1992.

[6] BRASIL. Supremo Tribunal Federal. ADI 603-7/RS, Rel. Min. Eros Grau, *DJ* 6-10-2006.

[7] BRASIL. Supremo Tribunal Federal. ADI 1776, Rel. Min. Dias Toffoli, Tribunal Pleno, julgado em 4-9-2014, ACÓRDÃO ELETRÔNICO *DJe*-196 Divulg 7-10-2014 Public 8-10-2014.

ção Direta. Mas é preciso que lei estadual, uma para cada classe de advogados públicos, expressamente fixe os respectivos valores.[8]

---

[8] BRASIL. Supremo Tribunal Federal. Rcl 2817, Rel. Min. Carlos Britto, Tribunal Pleno, julgado em 12-8-2009, *DJe*-200, DIVULG 22-10-2009, Public 23-10-2009 Ement Vol-02379-02, PP-00214.

9

Vinculação ou equiparação de vencimentos

Luciano Ferraz

A regra contida no inciso XIII do artigo 37 da Constituição reverbera dispositivo já presente na ordem jurídica brasileira, sob a égide da Constituição anterior, a saber, artigos 96 e 106 da Constituição de 1967. Desde a sua inserção na Constituição de 1988, o dispositivo teve sua redação alterada em função da EC nº 19, de 4-6-1998, estendendo sua incidência aos agentes cuja retribuição pecuniária consiste em subsídio.

A regra, que veda vinculações e equiparações remuneratórias no âmbito do serviço público, repete o teor dos artigos 96 e 106 (parte final) da Constituição de 1967 e do parágrafo único do artigo 98 da Emenda Constitucional nº 1/1969.

A inclusão dessa regra, desde 1967, pretendeu afastar abusos cometidos sob a égide das Constituições anteriores, especialmente a de 1946:[1]

> "o que o constituinte quis impedir foi a subtração aos administradores da pecúnia pública da faculdade de dosar despesas de pessoal, de acordo com as possibilidades do Erário e a oportuna avaliação da utilidade dos cargos para o serviço público e da justa retribuição dos ocupantes".[2]

Na redação original, o dispositivo mencionava a vedação de vinculações e equiparações relativamente aos vencimentos (do cargo), ressalvando a paridade do inciso XII e a isonomia do § 1º do artigo 39 da Constituição. A Emenda Cons-

---

[1] ROCHA, Cármen Lúcia Antunes. *Princípios constitucionais dos servidores públicos*. São Paulo: Saraiva, 2000. p. 332.

[2] BRASIL. Supremo Tribunal Federal – voto do Min. Célio Borja, Representação nº 1.370/GO, *RTJ* 123/24.

titucional nº 19/1998 ampliou essa vedação a quaisquer espécies remuneratórias – continuam excluídas as parcelas indenizatórias –, de modo a abarcar vencimentos (também o vencimento básico – STF – AI 218.095-AgR, Rel. Min. Octavio Gallotti, DJ 5.2.1999), adicionais, vantagens, subsídios.

Supera-se, a partir dessa Emenda, discussão acerca da extensão do obstáculo do preceito aos agentes políticos, entendimento este que já foi objeto de anterior posicionamento do Supremo Tribunal Federal, consoante o qual a referência contida no inciso XIII do artigo 37 à remuneração de pessoal do serviço público restringia o preceito aos servidores em geral, não alcançando os agentes políticos.[3]

A vinculação estabelece elo vertical-hierárquico entre cargos de maior retribuição pecuniária com outros de menor retribuição, em ordem a que o aumento concedido ao cargo paradigma traga reflexo automático para os demais situados em nível inferior de hierarquia; a equiparação, por sua vez, estabelece elo horizontal de igualação remuneratória entre cargos ontologicamente desiguais, para o efeito de lhes dar vencimentos idênticos, de tal sorte que, ao aumentar-se o padrão do cargo-paradigma, automaticamente o do outro ficará também majorado na mesma proporção.[4]

Note-se que o inciso XIII do artigo 37 direciona-se ao legislador (de cada entidade da Federação), que fica impedido de editar leis que tragam em seu bojo as figuras constitucionalmente vedadas. Isso porque se ressalvam da vedação "as hipóteses expressamente autorizadas em sede constitucional".[5]

Assim, por exemplo, o artigo 93, V, primeira parte, estabelece vinculação lícita entre o subsídio dos Ministros dos Tribunais Superiores e o subsídio dos Ministros do Supremo Tribunal Federal, ao determinar que aquele corresponderá a 95% deste; e o artigo 73, § 3º, estabelece equiparação lítica, ao prescrever que os Ministros do Tribunal de Contas da União terão os mesmos vencimentos e vantagens dos Ministros do Superior Tribunal de Justiça.

Como se vê, as vinculações e equiparações, conquanto conceitualmente distintas, produzem o mesmo efeito prático: o aumento remuneratório, por via reflexa, de determinado(s) grupo(s) de agentes públicos, pelo fato de outros agentes (hierarquicamente superiores ou com status equivalente na estrutura estatal) terem sido beneficiados pelo acréscimo pecuniário.

---

[3] BRASIL. Supremo Tribunal Federal. RE 181.715, Rel. Min. Marco Aurélio, *DJ* de 7-2-1997.

[4] SILVA, José Afonso da. *Curso de Direito Constitucional Positivo*. São Paulo: Revista dos Tribunais, 1991.

[5] BRASIL. Supremo Tribunal Federal. ADI 507/AM, Rel. Min. Celso de Mello, *DJ* de 8-8-2003.

9.1 Vinculações e equiparações na visão da jurisprudência

A jurisprudência do Supremo Tribunal Federal e do Superior Tribunal de Justiça, com base no inciso XIII do artigo 37, entende ser inconstitucional:

a) vinculação do reajuste de vencimentos de servidores estaduais e municipais a índices federais de correção monetária (Súmula nº 681, STF, convertida na Súmula Vinculante nº 42);

b) vinculação de cargos de último grau na carreira da Advocacia Pública, com seu dirigente máximo (BRASIL. Supremo Tribunal Federal. ADI 955, Rel. Min. Sepúlveda Pertence, *DJ* de 25-8-2006);

c) fixação de vencimentos de cargos comissionados por meio de equivalência com outros cargos (BRASIL. Supremo Tribunal Federal. ADI 1227, rel. Min. Maurício Corrêa, *DJ* de 29.11.2002);

d) reajuste automático de vencimentos dos servidores públicos, vinculado mensalmente ao coeficiente de crescimento nominal de arrecadação de tributo (BRASIL. Supremo Tribunal Federal. AO 317/SC, Rel. Min. Maurício Corrêa, *DJ* de 15-12-1995);

e) vinculação de vencimentos de cargos efetivos ao salário-mínimo vigente (BRASIL. Supremo Tribunal Federal. RE 210.682, Rel. Min. Ilmar Galvão, *DJ* de 28-8-1998);

f) equiparação de categorias de agentes públicos pertencentes a carreiras distintas (BRASIL. Superior Tribunal de Justiça. RMS 16253/RO, Rel. Min. Paulo Medina. DJ de 2-4-2007; BRASIL. Superior Tribunal de Justiça. RMS 12565/SP, Rel. Min. Maria Thereza de Assis Moura, *DJ* 26-11-2007).[6]

Por outro lado, entende a Suprema Corte não haver violação do aludido preceito (art. 37, XIII, CF), nos seguintes casos:

a) estabilização financeira (apostilamento) de servidores públicos, haja vista que a parcela outorgada aos beneficiários tem natureza de vantagem pessoal (BRASIL. Supremo Tribunal Federal. RE 303.673, Rel. Min. Moreira Alves, DJ 14-6-2002; RE 226.462, Rel. Min. Sepúlveda Pertence, *DJ* 25-5-2001);

---

[6] No mesmo sentido, no STF: STA 208-AgR, Rel. Min. Presidente Gilmar Mendes, julgamento em 22-4-2010, Plenário, *DJE* de 21-5-2010. Ver, ainda, com a mesma racionalidade a Súmula Vinculante nº 42.

b) percepção dos vencimentos de cargo distinto, pela circunstância de ter o servidor exercido as funções correspondentes (BRASIL. Supremo Tribunal Federal. RE 222.656, Rel. Min. Otávio Galloti, *DJ* 16-6-2000);

c) equiparação legislativa de vencimentos para cargos, pertencentes à mesma carreira, com atribuições iguais (BRASIL. Supremo Tribunal Federal. RE 201.458, Rel. Min. Octavio Gallotti, *DJ* 17-9-1999).

De toda sorte, o importante é perceber que a vedação ditada pelo inciso XIII do artigo 37 é obsequiosa ao princípio constitucional da publicidade e à exigência de planejamento dos gastos de pessoal (art. 169, § 1º, CF), à medida que impede, por intermédio de remissões miúdas e resultado de pressões políticas de dadas categorias, que leis remuneratórias venham a conceder aumentos escamoteados em cascata, muitas vezes com reflexos indesejados para os cofres e limites de gastos das entidades federativas.

9.2 Desvio de função

O inciso XIII do art. 37 da Constituição não raro é invocado para obstar que servidores públicos, em desvio de função, pleiteiem em face da Administração Pública, remuneração equivalente ao do seu paradigma, situação comumente verificada no âmbito das relações trabalhistas (celetistas).

Todavia, conquanto o art. 37, XIII, da Constituição vede equiparações e vinculações remuneratórias (vedação essa que se dirige ao próprio legislador), prevalece na jurisprudência o entendimento quanto à legitimidade de pleitos de equivalência remuneratória nas situações de desvio de função. Nessas hipóteses, o servidor faz jus à indenização correspondente à diferença entre o seu vencimento e o vencimento do cargo paradigma, sem, contudo, ter direito ao reenquadramento. Essa vedação quanto ao reenquadramento é ponto pacífico, notadamente por conta da regra do concurso público para toda e qualquer investidura (art. 37, II, CR). Conforme a orientação do Supremo Tribunal Federal:

O servidor público desviado de suas funções, após a promulgação da Constituição, não pode ser reenquadrado, mas tem direito ao recebimento, como indenização, da diferença remuneratória entre os vencimentos do cargo efetivo e os daquele exercido de fato.[7]

Enfim, a despeito de todas as repercussões práticas que o dispositivo constitucional implica, o importante é perceber que a vedação ditada pelo inciso XIII do artigo 37 é obsequiosa ao princípio constitucional da publicidade e à exigên-

---

[7] BRASIL. Supremo Tribunal Federal. RE 481660 AgR, Rel. Min. Ricardo Lewandowski, 1ª Turma, julgado em 17/10/2006, *DJ* 10-11-2006 PP-00054 EMENT, VOL-02255-05, PP-00900 RT, v. 96, n. 857, 2007, p. 188-190).

cia de planejamento dos gastos de pessoal (art. 169, § 1º, CF). Pretende o constituinte impedir que, por intermédio de remissões miúdas, muitas vezes resultado de pressões políticas de dadas categorias, leis remuneratórias venham a conceder aumentos escamoteados em cascata, com reflexos indesejados para os cofres públicos majorando os limites de gastos das entidades federativas.

10

Acréscimos pecuniários

Luciano Ferraz

O inciso XIV do artigo 37 da Constituição, na redação original, vedava o cômputo e acumulação de acréscimos pecuniários aos servidores públicos, sob o mesmo título e idêntico fundamento. A Emenda Constitucional nº 19, de 4-6-1998, suprimiu do preceito a expressão *sob o mesmo título ou idêntico fundamento*, ampliando dessa maneira o campo de incidência da proibição.

Na mesma linha dos preceitos anteriores, o inciso XIV tinha e tem a ver com a necessidade de planejamento dos gastos de pessoal. Seu objetivo sempre foi o de evitar que os acréscimos pecuniários outorgados aos servidores públicos incidissem sobre todas as parcelas que lhes compusessem a remuneração – o chamado "efeito-repicão" ou "repiquíssimo" –,[1] ou ainda que os adicionais e vantagens concedidos sob o mesmo título e fundamento (duplicidade) fossem sucessivamente acumulados, produzindo aumentos em "cascata".[2] A regra dirigia-se também aos proventos de aposentadoria.[3]

Pretendia-se impedir duas práticas: primeira, a de tomar como base de cálculo dos novos acréscimos a retribuição básica aduzida dos acréscimos preexistentes; segunda, a de que um mesmo acréscimo fosse repetidamente computado para fins de concessões posteriores.[4]

---

[1] MORAES, Alexandre de. *Direito constitucional administrativo*. São Paulo: Atlas, 2002. p. 192; SILVA, José Afonso da. *Curso de Direito constitucional positivo*. São Paulo: Revista dos Tribunais, 1991, p. 573.

[2] BRASIL. Supremo Tribunal Federal – MS 22.891, Rel. Min. Carlos Velloso, *DJ* de 7-11-2003.

[3] BRASIL. Superior Tribunal de Justiça – RMS no 771-BA, *DJ* de 21-10-1991.

[4] BANDEIRA DE MELLO, Celso Antônio. *Curso de Direito administrativo*. 19. ed. São Paulo: Malheiros, 1990.

Todavia, a redação original do preceito, ao prescrever que a cascata dos acréscimos somente seria vedada quando fossem concedidos "sob o mesmo título ou idêntico fundamento", restringiu seu campo de abrangência, permitindo a concessão de vantagens nominalmente diferentes, que se tornavam realidade apenas porque concedidas sob rótulo diverso.[5]

A Emenda Constitucional nº 19/1998 alterou a redação do dispositivo, excluindo a restrição e passando a dispor que "os acréscimos pecuniários percebidos por servidor público não serão computados nem acumulados para fins de concessão de acréscimos ulteriores".

A nova redação tornou mais abrangente a norma constitucional, vedando cumulatividade de toda e qualquer adição remuneratória para fins de cálculo da remuneração, independentemente de seu fundamento. É dizer: a base de cálculo para acréscimos ulteriores passa a ser exclusivamente o vencimento básico do servidor, excluindo-se adicionais, vantagens do cargo e vantagens pessoais,[6] porém "se a norma não fixa a base de cálculo, o percentual incidirá sobre o vencimento básico do servidor, porque a relação estabelecida entre as partes não tem natureza celetista, e o artigo 37, XIV, da CF, veda o cômputo de acréscimos pecuniários percebidos para fins de concessão de acréscimos ulteriores."[7]

Com base nisso, o STF entendeu que sequer parcelas obtidas em juízo se opõem à incidência da vedação, não podendo "ser oposta à administração pública, para efeito de impedir redução de excesso na percepção de adicionais e sexta-parte, calculados com influência recíproca, coisa julgada material formada antes do início de vigência da atual Constituição da República".[8]

Por outro lado, firmou-se a jurisprudência da Corte no sentido de que parcelas remuneratórias que compõem o vencimento básico do servidor – como em alguns casos a gratificação de produtividade – servem de base de cálculo para a incidência de vantagens pessoais.[9] Mais recentemente, o STF compreendeu que o dispositivo "não proíbe a concessão de mais de uma vantagem sob o mesmo fundamento, desde que calculadas de forma singela sobre o vencimento básico."[10]

---

[5] BRASIL. Supremo Tribunal Federal – RE 206.117, Rel. Min. Sepúlveda Pertence, *DJ* de 28-4-2000.

[6] MINAS GERAIS. Tribunal de Justiça. Acórdão nº 1.0024.05.680930-4/001, Rel. Armando Freire, j. 4-12-2007.

[7] BRASIL. Supremo Tribunal Federal. RE 706357 AgR, Rel. Min. Luiz Fux, 1ª Turma, julgado em 16-10-2012, ACÓRDÃO ELETRÔNICO *DJe*-226 Divulg 16-11-2012 Public 19-11-2012.

[8] BRASIL. Supremo Tribunal Federal. RE 146.331-EDv, Rel. Min. Cezar Peluso, julgamento em 23-11-2006, Plenário, *DJ* de 20-4-2007.

[9] BRASIL. Supremo Tribunal Federal. AI 414.610-AgR, Rel. Min. Ellen Gracie, julgamento em 25-8-2009, 2ª Turma, DJE de 18-9-2009. No mesmo sentido, AI 820.974-AgR, Rel. Min. Marco Aurélio, 1ª Turma, *DJE* de 15-2-2012.

[10] BRASIL. Supremo Tribunal Federal. RE 633077 AgR, Rel. Min. Ricardo Lewandowski, 2ª Turma, julgado em 5-3-2013, ACÓRDÃO ELETRÔNICO *DJe*-051, DIVULG 15-03-2013 Public 18-3-2013.

Note-se que a regra somente abrange os servidores que não são remunerados pela sistemática do subsídio. À medida que o subsídio se compõe de parcela única, qualquer acréscimo ulterior incidirá sobre o todo (a parcela única), nela se incorporando, sob pena de quebra da unicidade do subsídio, o que afasta a possibilidade de aplicação do dispositivo.

Os servidores que já percebiam vantagens ou adicionais incidentes sobre o todo de sua remuneração antes da vigência da Emenda Constitucional nº 19/1998 devem ter preservado o direito à expressão financeira correspondente, em razão do princípio da irredutibilidade, mas os acréscimos posteriores não devem ser considerados para fins de base de cálculo. Apenas sobre o vencimento básico do cargo os acréscimos pecuniários posteriores haverão de incidir e mesmo assim respeitado o obstáculo da duplicidade de fundamento.

Nessa linha, o TCU afirmou, ao apreciar a impossibilidade de cumulação de adicionais diversos lastreados em tempo de serviço concomitante,

> "a impossibilidade de percepção simultânea de bienal com o adicional por tempo de serviço por possuírem o mesmo suporte fático, qual seja, o tempo de serviço público. A percepção de vantagens fundadas no mesmo título jurídico é vedada pelo art. 37, inciso XIV, da Constituição Federal [...] a percepção simultânea dessas duas vantagens já foi apreciada pelo Tribunal em diversas oportunidades, sendo pacífica a jurisprudência no sentido da impossibilidade de acumulação dos dois benefícios, especialmente em decorrência do fato de que, em sendo a bienal uma espécie do gênero gratificação por tempo de serviço, não há como admitir que o mesmo período seja computado para fundamentar o pagamento de duas gratificações que possuem a mesma natureza".[11]

---

[11] BRASIL. Tribunal de Contas da União. Acórdão 3753/2010. Primeira Câmara.

11

Teto remuneratório

Luciano Ferraz

11.1 Teto na redação originária da Constituição de 1988

O inciso XI do artigo 37 da Constituição trata de tetos remuneratórios aplicáveis no âmbito do serviços públicos de todos os Poderes e esferas da Federação. Sua leitura primitiva conjugava-se com a do artigo 17 do ADCT. A primeira alteração veio com a Emenda Constitucional nº 19, de 4-6-1998, mas o Supremo Tribunal Federal considerou-a não autoaplicável, repristinando a redação anterior. Mediante a Emenda Constitucional nº 41, de 19-12-2003, o dispositivo foi mais uma vez modificado para assumir a redação atual.

A ideia subjacente à inclusão desse dispositivo na Constituição foi a de estabelecer limites remuneratórios no âmbito do serviço público de todas as esferas (União, Estados, Distrito Federal e Municípios): a redação original autorizava a fixação, pelo legislador de cada entidade federativa, de teto remuneratório para seus servidores, além de disciplinar a relação entre a maior e a menor remuneração de cada qual (a menor não poderia ser inferior ao salário-mínimo – art. 7º, IV, CF). Para essa fixação, dever-se-ia observar como limite máximo dentro dos Poderes, como teto, a remuneração percebida pelos membros do Congresso Nacional (Legislativo), Ministros de Estado (Executivo), Ministros do Supremo Tribunal Federal (Judiciário), e seus correspondentes nos Estados, no Distrito Federal e Territórios, e, no Município, a remuneração, em espécie, percebida pelo Prefeito.

Em outras palavras, a Constituição originária estabelecia tetos (para todas as esferas e Poderes) e autorizava que o legislador de cada entidade impusesse subtetos, cabendo a iniciativa do processo legislativo às autoridades competentes para a edição de ato normativo com eficácia equivalente para fixação da remuneração dos respectivos servidores: na União, o Presidente da República para os servidores do Executivo (art. 61, § 1º, II, *a*); a Câmara e o Senado Federal para os servidores do Legislativo (arts. 51, IV, e 52, XIII); o Supremo Tribunal Federal e os Tribunais Superiores para os servidores do Judiciário (art. 96, II, *b*); o Procurador-Geral da República, para os servidores do Ministério Público Federal (art. 127, § 2º); o Tribunal de Contas da União, para seus servidores; nos Estados, respectivamente, os Governadores, as Assembleias Legislativas, os Tribunais de Justiça, os Procuradores-Gerais de Justiça, os Tribunais de Contas; nos Municípios, os Prefeitos e as Câmaras Municipais.

Na União Federal, apenas o Poder Executivo tomou a iniciativa de assegurar a definição do subteto para os vencimentos dos seus servidores. O primeiro redutor (10%) foi estabelecido pela Lei nº 8.852, de 4-2-1994 (art. 2º), e foi posteriormente ampliado (20%), mediante sucessivas medidas provisórias, até a conversão da Medida Provisória nº 1.480-40 na Lei nº 9.624, de 8-4-1998 (art. 10). Os demais Poderes não apresentaram projeto de lei com vistas à definição de limite máximo de remuneração abaixo do patamar constitucional permitido.

De qualquer forma, a concepção inaugural do artigo 37, XI, da Constituição, para além de possibilitar estabelecer-se limite interno entre a maior e a menor remuneração, atrelava-se ao artigo 17 do ADCT da Constituição, de modo a permitir reduções remuneratórias sem malferimento à regra da irredutibilidade (art. 37, XV, CF), e sem que contra tais medidas pudessem os agentes públicos atingidos invocar o direito adquirido, haja vista tratar-se de regra concebida pelo constituinte originário.[1]

Com efeito, o artigo 17 do ADCT, inalterado até o momento, dispõe que

> "os vencimentos, a remuneração, as vantagens e os adicionais, bem como os proventos de aposentadoria que estejam sendo percebidos em desacordo com a Constituição serão imediatamente reduzidos aos limites dela decorrentes, não se admitindo, neste caso, invocação de direito adquirido ou percepção de excesso a qualquer título".

Pela dicção pura e simples da regra transitória, perceptível que seu comando determinava a imediata redução de todas as remunerações excedentes (em todas as esferas) aos limites máximos (tetos) previstos no artigo 37, XI, da Constituição (redação original). Anote-se que ditas reduções estariam limitadas aos tetos previstos no próprio inciso XI (redação original) e não àqueles que viessem a ser fixados pelos legisladores de cada entidade federativa.

No julgamento da ADI nº 14, Rel. Min. Célio Borja, o Supremo Tribunal Federal apreciou a constitucionalidade do artigo 2º, § 2º, da Lei nº 7.721, de 6-1-1989, que dispunha:

---

[1] HORTA, Raul Machado. *Estudos de Direito constitucional*. Belo Horizonte: Del Rey, 1995. p. 281.

"A remuneração dos Ministros do Supremo Tribunal Federal, considerado o básico, a verba de representação e vantagens pessoais (adicionais por tempo de serviço), não poderá ultrapassar o limite previsto no art. 37, XII, da Constituição Federal)."

Como se vê, o dispositivo impugnado mencionava o inciso XII (os vencimentos dos cargos do Poder Legislativo e do Poder Judiciário não poderão ser superiores aos pagos pelo Poder Executivo) e não o inciso XI do artigo 37 da Constituição da República (a matriz do teto remuneratório), sendo que o voto condutor do Acórdão, da lavra do relator, ao fundamento de que existia diferença substancial entre os termos remuneração e vencimentos do cargo (o que de fato existe), concluiu pela inconstitucionalidade da expressão "[...] e vantagens pessoais (adicionais por tempo de serviço) [...]", prevista no § 2º do artigo 2º da Lei nº 7.721, por entendê-la excluída do conceito de vencimentos (do cargo), nos termos dos artigos 37, XII, e 39, § 1º, da Constituição.

Acontece que a ADI nº 14, embora tratasse do confronto dos dispositivos mencionados com o inciso XII do artigo 37, tornou-se o *leading case* sobre teto remuneratório do serviço público (inciso XI), e foi constantemente utilizada como precedente para orientar a jurisprudência da Suprema Corte no sentido de que as vantagens individuais e pessoais excluíam-se da limitação decorrente do inciso XI do artigo 37 da Constituição, o mesmo não se podendo dizer relativamente às vantagens percebidas em razão do cargo.[2]

Logo, os tetos remuneratórios não abrangeriam adicionais por tempo de serviço,[3] quintos,[4] apostilamento ou estabilidade financeira,[5] adicional de aposentadoria, gratificação de gabinete ou função,[6] considerados todos vantagens de caráter pessoal.

A interpretação construída pelo Supremo Tribunal Federal praticamente impediu a incidência do comando do artigo 17 do ADCT da Constituição, culminando com a alteração do inciso XI do artigo 37, por intermédio da Emenda Constitucional nº 19, de 4-6-1998.

11.2 Teto na Emenda Constitucional nº 19/1998

O novo texto do inciso XI do artigo 37, além de retirar a menção aos limites internos, mínimo e máximo, de remuneração dos servidores (que passou a cons-

---

[2] BRASIL. Supremo Tribunal Federal. RE 174.742, Rel. p/Ac. Min. Nelson Jobim, *DJ* 23-6-2006.
[3] BRASIL. Supremo Tribunal Federal. ADIMC-1550/AL, Rel. Min. Maurício Corrêa, *DJ* 4-4-1997.
[4] BRASIL. Supremo Tribunal Federal. RE 185842/PE, Rel. Acórdão Maurício Corrêa, *DJ* 2-5-1997.
[5] BRASIL. Supremo Tribunal Federal. RE 201.499, Rel. Min. Sepúlveda Pertence, *DJ* 29-5-1998.
[6] BRASIL. Supremo Tribunal Federal. RE 220.397-SP, rel. Min. Ilmar Galvão, 9-12-1998, *Informativo* 135.

tar do art. 39, § 5º, CF), dispôs que a remuneração e o subsídio dos ocupantes de cargos, funções e empregos públicos da administração direta, autárquica e fundacional, dos membros de qualquer dos Poderes da União, dos Estados, do Distrito Federal e dos Municípios, dos detentores de mandato eletivo e dos demais agentes políticos, e os proventos, pensões ou outra espécie remuneratória, percebidos cumulativamente ou não, incluídas as vantagens pessoais ou de qualquer outra natureza, não poderão exceder o subsídio mensal, em espécie, dos Ministros do Supremo Tribunal Federal.

A EC nº 19/1998 modificou também o artigo 93, V, da Constituição Federal para determinar que o subsídio dos Ministros dos Tribunais Superiores corresponderá a 95% (noventa e cinco por cento) do subsídio mensal fixado para os Ministros do Supremo Tribunal Federal e os subsídios dos demais magistrados serão fixados em lei e escalonados, em nível federal e estadual, conforme as respectivas categorias da estrutura judiciária nacional, não podendo a diferença entre uma e outra ser superior a 10% ou inferior a 5%, nem exceder a 95% do subsídio mensal dos Ministros dos Tribunais Superiores, obedecido, em qualquer caso, o disposto nos artigos 37, XI, e 39, § 4º.

Ocorre que o Supremo Tribunal Federal, em decisão administrativa prolatada na 3ª Sessão Administrativa, de 24-6-1998, por maioria de votos (7 a 4), vencidos os Ministros Sepúlveda Pertence, Carlos Velloso, Marco Aurélio e Ilmar Galvão, fixou entendimento no sentido de que, mesmo com a alteração determinada pela EC nº 19/1998, o artigo 37, XI, não seria autoaplicável, por força da exigência prevista no artigo 48, XV, da Constituição (incluído pela EC nº 19/1998), de lei de iniciativa conjunta dos Presidentes da República, da Câmara dos Deputados, do Senado Federal e do próprio Supremo Tribunal, para a fixação do subsídio dos Ministros do STF. Na mesma assentada, o Supremo Tribunal Federal entendeu que a redação revogada do dispositivo (art. 37, XI, CF) – e consequentemente sua interpretação – continuaria em vigor até posterior regulamentação. O mesmo se diga quanto ao artigo 93, V, da Constituição. Esse entendimento foi sufragado pelo Supremo Tribunal Federal também em sede jurisdicional.[7]

11.3 Teto na Emenda Constitucional nº 41/2003

Sobreveio, antes que se editasse a lei mencionada no artigo 48, XV, da Constituição, a Emenda Constitucional nº 41, de 19-12-2003, responsável por atribuir ao inciso XI do artigo 37 da Constituição a atual redação:

"a remuneração e o subsídio dos ocupantes de cargos, funções e empregos públicos da administração direta, autárquica e fundacional, dos membros

---

[7] BRASIL. Supremo Tribunal Federal. AO 524/PA, Rel. Min. Nelson Jobim, *DJU* 20-4-2001; BRASIL. Supremo Tribunal Federal. RE 285.706/RJ, Rel. Min. Sepúlveda Pertence, *DJU* 26-4-2002.

de qualquer dos Poderes da União, dos Estados, do Distrito Federal e dos Municípios, dos detentores de mandato eletivo e dos demais agentes políticos e os proventos, pensões ou outra espécie remuneratória, percebidos cumulativamente ou não, incluídas as vantagens pessoais ou de qualquer outra natureza, não poderão exceder o subsídio mensal, em espécie, dos Ministros do Supremo Tribunal Federal, aplicando-se como limite, nos Municípios, o subsídio do Prefeito, e nos Estados e no Distrito Federal, o subsídio mensal do Governador no âmbito do Poder Executivo; o subsídio dos Deputados Estaduais e Distritais no âmbito do Poder Legislativo; e o subsídio dos Desembargadores do Tribunal de Justiça, limitado a noventa inteiros e vinte e cinco centésimos por cento do subsídio mensal, em espécie, dos Ministros do Supremo Tribunal Federal, no âmbito do Poder Judiciário, aplicável este limite aos membros do Ministério Público, aos Procuradores e aos Defensores Públicos".

Com o objetivo de afastar a polêmica acerca da ausência de regulamentação do teto, o artigo 8º da Emenda Constitucional nº 41, de 19-12-2003, prescreveu regra transitória para determinar que até que seja fixado o valor do subsídio de que trata o artigo 37, XI, da Constituição Federal, será considerado, para os fins dos limites fixados naquele inciso, o valor da maior remuneração atribuída por lei na data de publicação da Emenda a Ministro do Supremo Tribunal Federal, a título de vencimento de representação mensal e da parcela recebida em razão do tempo de serviço, aplicando-se como limite, nos Municípios, o subsídio do Prefeito, e, nos Estados e no Distrito Federal, o subsídio mensal do Governador no âmbito do Poder Executivo, o subsídio dos Deputados Estaduais e Distritais no âmbito do Poder Legislativo e o subsídio dos Desembargadores do Tribunal de Justiça, limitado a noventa inteiros e vinte e cinco centésimos por cento da maior remuneração mensal de Ministro do Supremo Tribunal Federal a que se refere este artigo, no âmbito do Poder Judiciário, aplicável este limite aos membros do Ministério Público, aos Procuradores e Defensores Públicos.

A Emenda Constitucional nº 41/2003 (art. 9º) pretendeu, ainda, ressuscitar o artigo 17 do ADCT, determinando a redução imediata de todas as remunerações e proventos que ultrapassassem os tetos e subtetos por ela fixados, pretensão esta objeto de críticas na doutrina.[8] Com efeito, não se afigura juridicamente viável que um dispositivo transitório da Constituição originária – que não cumpriu sua finalidade por conta de interpretação firmada pela Suprema Corte, e que autoriza, para sua completa incidência, a violação a direitos adquiridos – venha a ter seus efeitos restaurados por meio de emenda à Constituição.

É que o constituinte reformador deve-se adstringir aos limites materiais impostos pela Constituição originária ao poder de emenda, cumprindo-lhe não violar cláusulas pétreas (art. 60, § 4º, CF), especificamente o direito fundamental

---

[8] FERRAZ, Luciano. O teto dos sem teto. *Jurídica Administração*, Salvador, v. 9, nº 5, 2004.

previsto no artigo 5º, XXXVI, da Constituição, relativo à intangibilidade do ato jurídico perfeito e do direito adquirido.[9]

Bem de ver que é possível realizar interpretação conciliadora acerca da temática, bastando, para tanto, entender

> "que os novos tetos fixados pela EC nº 41/2003 valerão apenas para o futuro, alcançando os agentes públicos que, na data inicial de sua vigência (31-12-2003), percebiam valores aquém dos novos tetos. Aqueles que percebiam remunerações superiores preservarão esse direito, sendo-lhes inviável, todavia, agregar novas parcelas, até quando a correção dos tetos venha a superar o *quantum* remuneratório que percebem. Aí, poderão novamente perceber aumentos, desde que a remuneração que vierem a perceber se limite ao teto".[10]

Essa foi a posição que o STF adotou no julgamento do MS 24.875/DF, Rel. Min. Sepúlveda Pertence, a qual, todavia, restou revisitada no julgamento do RE 609.381/GO (com repercussão geral), como abaixo se verá.

11.4 Teto remuneratório na Emenda Constitucional nº 41/2003: posições do STF

No julgamento do MS 24.875, Rel. Min. Sepúlveda Pertence, o STF, *DJ* 6-10-2006, por unanimidade de votos, reconheceu que o art. 8º da Emenda Constitucional nº 41/03 determinava a absorção (e consequente extinção), pelo subsídio/provento, dos adicionais por tempo de serviço, e que, na esteira de sua jurisprudência, inexistia direito adquirido a determinada fórmula de composição remuneratória. Segundo esse entendimento, "a Constituição assegurou diretamente o direito à irredutibilidade de vencimentos – modalidade qualificada de direito adquirido, oponível às emendas constitucionais mesmas", pelo que

> "os impetrantes – sob o pálio da garantia da irredutibilidade de vencimentos –, têm direito de continuar percebendo o acréscimo de 20% sobre os proventos, até que seu montante seja absorvido pelo subsídio fixado em lei para o Ministro do Supremo Tribunal Federal".

No entanto, com as mudanças na composição do Plenário do STF, verificou-se, em 2-10-2014, o julgamento do RE 609.381/GO, Rel. Min. Teori Zavascki, oportunidade em que o STF revisitou a questão. Assentou a Suprema Corte nesta oportunidade que a incidência do teto remuneratório da EC nº 41/03 é imediata e sem ressalvas, atingindo quaisquer valores além do limite, sem que

---

[9] Idem.

[10] Ibidem.

haja violação da irredutibilidade de vencimentos/direito adquirido ao montante estipendial. Nos termos do Acórdão do STF:

> "1. O teto de retribuição estabelecido pela EC 41/2003 é de eficácia imediata, e submete às referências de valor máximo nele discriminadas todas as verbas de natureza remuneratória percebidas pelos servidores públicos da União, dos Estados, do Distrito Federal e dos Municípios, ainda que adquiridas de acordo com regime legal anterior. 2. A observância da norma de teto de retribuição representa verdadeira condição de legitimidade para o pagamento de remunerações no serviço público. Os valores que ultrapassam os limites preestabelecidos para cada nível federativo na Constituição Federal constituem excesso cujo pagamento não pode ser reclamado com amparo na garantia da irredutibilidade de vencimentos. 3. A incidência da regra constitucional da irredutibilidade exige a presença cumulativa de pelo menos dois requisitos: (a) que o padrão remuneratório nominal tenha sido obtido conforme o direito, e não de maneira ilícita, ainda que por equívoco da Administração Pública; e (b) que o padrão remuneratório nominal esteja compreendido dentro do limite máximo predefinido pela Constituição Federal. O pagamento de remunerações superiores aos tetos de retribuição de cada um dos níveis federativos traduz exemplo de violação qualificada no texto constitucional."

Como se vê, o Supremo Tribunal Federal foi além da sua orientação anterior, admitindo a tese de que emendas à Constituição podem tocar o direito adquirido (pelo menos quando o constituinte originário de alguma maneira tenha aludido ao tema). Do ponto de vista prático, mesmo que não se concorde com essa posição, quaisquer remunerações de servidores (ativos, inativos, pensionistas), que recebam valores superiores aos tetos previstos no art. 37, XI, da Constituição, sofrem a sua incidência, fazendo cessar a percepção de excessos a qualquer título, salvo quando se tratar de parcelas de natureza indenizatória previstas em lei (§ 11 do art. 37 da Constituição), bem como os auxílios estendidos para determinadas categorias por decisões judiciais.

Em suma, o que se vê nas entrelinhas do novo entendimento do Supremo Tribunal Federal sobre teto remuneratório é o seguinte:

a) não é inconstitucional o art. 9º da Emenda Constitucional nº 41/03, que ressuscita o art. 17 do ADCT da Constituição da República (redação originária);

b) o constituinte reformador pode determinar a redução de vencimentos e vantagens dos servidores públicos ao montante do teto (art. 37, XI), porque o comando constitucional próprio, embora fulminado pela interpretação primitiva do Supremo Tribunal Federal, admite "revigoramento" via emenda constitucional;

c) o precedente abre caminho para divergências e reascende a discussão sobre a intangibilidade do direito adquirido e os limites do poder de emenda à Constituição.

Pela redação atual do artigo 37, XI, portanto, incluem-se nos tetos todas as vantagens de natureza remuneratória percebidas pelos agentes públicos, sem exceção, não importando se foram adquiridas antes ou depois da EC nº 41/03, tampouco se expressam monetariamente valores superiores ao teto. Somente se excluem do teto do inciso XI do artigo 37 as parcelas de natureza indenizatória previstas em lei, tal como expressamente reconhece o § 11 do artigo 37, acrescentado pela Emenda Constitucional nº 47, de 5-7-2005.

11.5 Teto e empresas estatais

Antes da alteração proporcionada pela EC nº 19/1998, discutia-se se o teto remuneratório aplicar-se-ia às empresas públicas, sociedades de economia mista e suas subsidiárias. Sustentava-se, por um lado, que o artigo 173, § 1º, da Constituição, ao submeter ditas entidades ao regime jurídico próprio das empresas privadas, estaria a excluí-las da incidência do teto remuneratório, e, por outro lado, que pelo fato de integrarem a Administração Indireta como outras entidades públicas, submeter-se-iam ao aludido teto.

O entendimento pacificado pelo Supremo Tribunal Federal[11] e pelo Tribunal Superior do Trabalho[12] foi o de que as empresas estatais estariam submetidas ao teto previsto no artigo 37, XI, da Constituição.

Com o acréscimo do § 9º ao artigo 37 da Constituição dita orientação encontra-se parcialmente afetada. É que o dispositivo prevê a submissão ao teto apenas das empresas estatais e suas subsidiárias que dependam de recursos públicos da União, dos Estados, do Distrito Federal e dos Municípios, para a realização de despesas de custeio em geral, incluídas as de pessoal (empresas estatais dependentes – art. 2º, III, da Lei Complementar nº 101/2000 – Lei de Responsabilidade Fiscal).

Como se vê, a base do dispositivo constitucional para determinar a incidência do teto remuneratório do artigo 37, XI, é a dependência orçamentário-financeira da empresa relativamente aos cofres da entidade política controladora (União, Estados, Distrito Federal e Municípios), de modo que, *a contrario sensu*, somente às empresas públicas, sociedades de economia mista e suas subsidiárias que recebam

---

[11] BRASIL. Supremo Tribunal Federal – ADIMC-1033/DF, Rel. Ministro Ilmar Galvão, *DJ* de 16-9-1994.
[12] BRASIL. Tribunal Superior do Trabalho – OJ nº 339 da SDI-1.

transferências do tesouro para pagamento de despesas com pessoal ou de custeio em geral aplica-se teto remuneratório (art. 37, XI, CF).

Em outras palavras, as empresas públicas, sociedades de economia mista e suas subsidiárias, verdadeiramente autônomas (do ponto de vista orçamentário e financeiro), estão excluídas da incidência do teto de remuneração (art. 37, XI, CF), podendo pagar a seus dirigentes e empregados salários que lhe sejam superiores.

11.6 Teto remuneratório e a exclusão de indenizações

A regra constante do dispositivo, mesmo antes de consagrada no texto constitucional, já era encarecida pela doutrina na interpretação do artigo 37, inciso XI, que estabeleceu limite para a remuneração dos cargos, empregos e funções públicas. Cite-se, como exemplo, o correto magistério de Paulo Modesto, exposto antes da Emenda Constitucional nº 47/2005:

> "[...] As indenizações não poderão ser consideradas no limite constitucional de remuneração por razões singelas:
>
> a) em razão do princípio da igualdade, pois se despesas adicionais e trabalho adicional não autorizarem ressarcimento ou compensações, haveria desequilíbrio de situações jurídicas (ex. direito de utilização de apartamento funcional e direito a ressarcimento de despesa com moradia se inexiste apartamento funcional disponível; despesas de diária, locomoção etc.);
>
> b) pela razão de que as parcelas indenizatórias não integram, a todo rigor, a remuneração do agente público, constituindo valores pagos em caráter eventual (ex. diárias de viagem), não devendo integrar os limites constitucionais de remuneração.
>
> O conceito de indenização não é elástico, vago ou fluido na medida do conceito das famosas 'vantagens pessoais'.
>
> As indenizações são valores ou vantagens pecuniárias que apresentam as seguintes características definitórias:
>
> a) são eventuais (não são necessárias, ou inerentes, ao exercício do cargo público, mas decorrentes de fatos ou acontecimentos especiais previstos na norma);

b) são isoladas, não se incorporando ou integrando aos vencimentos, subsídios ou proventos para qualquer fim;

c) são compensatórias, pois estão sempre relacionadas a acontecimentos, atividades ou despesas extraordinárias feitas pelo servidor ou agente pelo exercício da função;

d) são referenciadas a fatos, e não à pessoa do servidor."[13]

Com efeito, verbas indenizatórias possuem natureza de ressarcimento de gastos efetuados em decorrência do exercício de cargos, empregos e funções públicas. São valores fixados, como regra, em lei, e percebidos em caráter eventual e transitório, enquanto durar a situação prevista na norma como apta a ensejar o ressarcimento. Não se trata de vantagem ou privilégio, mas simplesmente de recomposição do patrimônio do agente público em razão de dispêndios realizados no e para o exercício de suas atribuições públicas.

A Lei nº 8.112/1990, por exemplo, em seus artigos 51 e seguintes, estabelece como verbas indenizatórias: ajuda de custo, diárias, transporte e auxílio-moradia, todas ligadas diretamente ao atendimento do interesse público. Em última análise, trata-se de acudir despesas que são de responsabilidade do Estado e que foram custeadas pelo agente.

- O Supremo Tribunal Federal suspendeu cautelarmente a eficácia da Resolução nº 15, de 4 de dezembro de 2006, do Conselho Nacional do Ministério Público, mantendo-se a observância estrita do disposto no artigo 37, inciso XI e seu § 12, no artigo 39, § 4º, e no artigo 130-A, § 2º, todos da Constituição da República (ADI 3.831-MC, Rel. Min. Cármen Lúcia, julgamento em 15-12-2006, DJ de 3-8-2007). A Resolução em referência cuidava dos percentuais definidores do teto remuneratório dos membros e servidores do Ministério Público, possibilitando que fosse ultrapassado o limite máximo fixado na Constituição Federal;

- O mesmo Supremo Tribunal Federal, posteriormente, concedeu liminar para atribuir interpretação conforme a Constituição ao artigo 37, inciso XI, e § 12, da Constituição da República – o primeiro dispositivo, na redação da EC nº 41/2003, e o segundo, introduzido pela EC nº 47/2005 – e excluir a submissão dos membros da magistratura estadual do subteto de remuneração, bem como para suspender a eficácia do artigo 2º da Resolução nº 13/2006 e do artigo 1º, parágrafo único, da Resolução nº 14, ambas do Conselho Nacional de Justiça (ADI 3.854-MC, voto do Min. Cezar Peluso, julgamento em 28-2-2007, *DJ* de 29-

---

[13] MODESTO, Paulo. Teto constitucional de remuneração dos agentes públicos: uma crônica de mutações e emendas constitucionais. *Jus Navigandi*, Teresina, ano 6, nº 49, 1º fev. 2001. Disponível em: <http://jus.uol.com.br/revista/texto/328>. Acesso em: 19 jan. 2011.

6-2007). Nos termos do voto do Ministro Relator, a ostensiva distinção de tratamento entre as situações dos membros das magistraturas federal (a) e estadual (b) parece vulnerar a regra primária da isonomia (CF, art. 5º, *caput* e inc. I).

11.7 Teto remuneratório e procuradores municipais

Sobre a incidência do teto a extratos específicos de agentes, questiona-se se os Procuradores Municipais estariam sujeitos ao teto remuneratório correspondente ao subsídio dos Desembargadores Estaduais ou ao subsídio do Prefeito. A matéria está com repercussão geral reconhecida no RE nº 663.696/MG, Rel. Min. Luiz Fux.

Os adeptos da tese da submissão do subsídio dos procuradores municipais ao teto dos Desembargadores defendem interpretação literal da parte final do inciso XI do artigo 37 (com a redação dada pela EC 41/03), que se refere a "procuradores" em termos genéricos, não os qualificando como estaduais, distritais ou municipais. Argumentam também que o constituinte derivado quis evitar que a remuneração de determinadas carreiras – a dos procuradores – ficasse sujeita a um teto fixado por critérios políticos, excluindo-se a submissão dos respectivos subsídios ao subsídio do Prefeito.

A interpretação não se sustenta. Primeiro porque se a questão política tivesse efetivamente sido fundamental na fixação do teto do subsídio dos procuradores nada justificaria essa diferenciação relativamente aos demais servidores públicos. Estar-se-ia a criar dessa forma uma casta privilegiada de servidores municipais. Segundo porque a Constituição, desde a redação originária, é silente quanto aos Procuradores Municipais, contemplando apenas os Procuradores Estaduais e Distritais no art. 132 e no art. 69 do ADCT, além da Advocacia-Geral da União (art. 131).

> Conforme Dallari: "trata-se de silêncio eloquente ditado pelo simples bom senso, pois existem Municípios de todos os portes, que comportam ou não a instituição de uma procuradoria: a Constituição deixou aberta a possibilidade de que cada um dos Municípios, no exercício de sua autonomia, decida sobre a criação ou não de uma procuradoria ou de cargos de procuradores."[14]

Ademais, importa resgatar o argumento federativo. É que a autonomia legislativa, administrativa e orçamentária dos Municípios (arts. 1º, 18, 29, 30, 34, VII,

---

[14] DALLARI, Adilson Abreu. Contratação de serviços de advocacia pela Administração Pública. In: WAMBIER, Teresa Arruda Alvim et al. (Coord.). *Licitações e contratos administrativos*. São Paulo: Revista dos Tribunais, 1999.

c e 39 da Constituição Federal) requer respeito à competência exclusiva para estabelecer a política de remuneração aplicável aos seus servidores, estabelecendo o teto remuneratório de acordo com sua realidade financeira.

Por fim, não seria razoável supor que os Procuradores Municipais, como servidores administrativos, pudessem ter seus subsídios em patamar superior ao da máxima autoridade do Poder Executivo Municipal, que é o Prefeito.[15] O argumento é reforçado pela disposição do § 12 do artigo 37, inserido pela Emenda Constitucional nº 47/05, que autorizou apenas os Estados e Distrito Federal (não os Municípios) a estabelecerem em seu âmbito, mediante emendas à Constituição Estadual ou à Lei Orgânica Distrital, subtetos uniformes a todos os Poderes, correspondente ao subsídio dos Desembargadores dos Tribunais de Justiça, excluindo-se da submissão os Deputados Estaduais, Distritais e os Vereadores.[16,17]

11.8 Teto remuneratório no caso de acumulação lícita de cargos, empregos e funções públicas, proventos e pensões

O teto remuneratório do inciso XI do artigo 37 abrange, ainda, as hipóteses de acumulação lícita de cargos, empregos e funções públicas (artigo 37, XVI, CR), extensível aos empregos das empresas públicas, sociedades de economia mista e suas subsidiárias, que recebam recursos da União, Estados, Distrito Federal ou Municípios para pagamento de despesas de pessoal e de custeio em geral (§ 9º do art. 37, CR).

Por ausência de previsão expressa, questiona-se a possibilidade de aplicação do teto aos casos de acumulação lícita de remuneração/subsídio e remuneração/proventos ou remuneração/pensões, bem como aos casos de magistrados, membros de Tribunais de Contas e do Ministério Público, que exerçam funções de magistério, nos termos do artigo 95, parágrafo único, I e artigo 128, § 5º, II, *d*, CR.

---

[15] No mesmo sentido, o magistério de Di Pietro: "No âmbito municipal, o teto é igual para todos os servidores, sendo representado pelo subsídio do Prefeito" (DI PIETRO, Maria Sylvia Zanella. *Direito administrativo*. 28. ed. São Paulo: Atlas, 2015. p. 690).

[16] O Supremo Tribunal Federal, em liminar concedida em 28.2.2007, na ADI 3854-1 MC, Rel. Min. Cezar Peluso, excluiu, em interpretação conforme a Constituição, a submissão dos membros da magistratura estadual ao subteto de remuneração, previsto no § 12 do artigo 37, ao argumento de que a magistratura é órgão de caráter nacional e unitário, sendo inconstitucional o estabelecimento de diferenciações remuneratórias entre a magistratura federal e a estadual.

[17] A alusão a "vereadores" no dispositivo é equivocada, à medida que somente Estados e Distrito Federal podem estabelecer subtetos, valendo verificar que o texto do dispositivo é alusivo ao próprio parágrafo e não ao inciso XI do artigo 37. Nos Municípios o teto remuneratório uniforme é o subsídio em espécie do Prefeito. Os subsídios dos vereadores submetem-se, além de a este teto, a outras limitações remuneratórias, como as das alíneas do inciso VI do artigo 29 da Constituição, com a redação dada pela EC nº 25/00. Além disso, por força também do inciso VI, os Vereadores estão submetidos ao princípio da anterioridade na fixação do respectivo subsídio.

O Superior Tribunal de Justiça assumiu posição inicial no sentido de que a incidência do teto levaria em conta o somatório das remunerações acumuláveis, no julgamento do RMS 33.171/DF, Rel. Min. Mauro Campbell Marques, *Dje* de 14-6-2011. Em julgados mais recentes, entretanto, adotou orientação diversa, notadamente a partir do julgamento do RMS 33.170/DF, Rel. p. Ac. Min. César Asfor Rocha, *Dje* de 7-8-2012 e do RMS 38.682/ES, Rel. Min. Herman Benjamim, *DJe* de 5-11-2012, pontuando a incidência isolada dos tetos a cada um dos cargos, empregos ou funções acumuláveis. No Supremo Tribunal Federal, a matéria está com repercussão geral reconhecida, no RE 612.975, Rel. Min. Marco Aurélio.

Correto é o posicionamento mais recente do STJ, fundamentalmente em razão da exigência de compatibilidade de horários na acumulação de cargo, emprego ou função – que evidencia que o servidor se submete a jornada dupla de trabalho (art. 37, XVI e XVII), devendo perceber a remuneração integral pelo exercício de cada uma das duas funções, submetida cada qual isoladamente ao respectivo teto. Sobre o tema, consulte-se o tópico pertinente à acumulação que integra esta obra.

Em reforço, deve-se frisar que o direito à acumulação de cargos foi previsto pelo constituinte originário, enquanto o teto remuneratório (tal como hoje é compreendido) foi veiculado por Emenda à Constituição (EC 41/03). Assim, diante da possível divergência interpretativa há de se reconhecer prevalência àquela que preserva o quanto possível a disciplina originária do Texto Constitucional, consoante leciona Noberto Bobbio.[18]

O CNJ, no mesmo sentido, editou a Resolução nº 13, de 21-3-2006, excluindo do teto remuneratório a remuneração ou provento decorrente do exercício do magistério, ao mesmo fundamento.

Também este deve ser o raciocínio a ser empregado quanto à acumulação de vencimentos/subsídios com proventos de aposentadoria decorrente do artigo 40 da Constituição (quando forem acumuláveis: § 10 do art. 37, CR). Quanto às pensões elas também devem se submeter ao teto de maneira isolada. Se o servidor percebe remuneração de cargo ou emprego ou aposentadoria decorrente do artigo 40 (cargo efetivo) e percebe ainda pensão na condição de beneficiário, cada um desses valores deve se submeter ao teto próprio, isoladamente. A questão está com repercussão geral reconhecida no RE 602.584, Rel. Min. Marco Aurélio.

---

[18] "Em cada ordenamento o ponto de referência último de todas as normas é o poder originário, quer dizer, o poder além do qual não existe outro pelo qual se possa justificar o ordenamento jurídico" (BOBBIO, Norberto. *Teoria do ordenamento jurídico*. São Paulo: Polis, 1989).

11.9 Teto remuneratório incidente nas cessões de servidores públicos de um ente para o outro

Mais recentemente outra questão restou suscitada a propósito do tema, a da incidência do teto remuneratório no caso de cessão de servidor público de um ente para o outro para, *v. g.*, o exercício de cargos comissionados.

A regra lógica é a de que o teto remuneratório incidente seja o do órgão ou entidade pagadora (considerando-se a opção feita pelo servidor para a respectiva remuneração). Foi esse o posicionamento sustentado por Germana Galvão.[19]

Há o caso, porém, de existência de convênios de cooperação estabelecidos entre cedente e cessionário, segundo o qual permanece o órgão de origem remunerando o servidor com o vencimento do seu cargo efetivo, enquanto incumbe ao cessionário o pagamento de outra parcela remuneratória, em razão da assunção do cargo em comissão. Em tal hipótese, o teto incidente haverá de ser, por coerência, o do órgão ou entidade responsável pelo pagamento da maior parcela remuneratória, devendo o convênio disciplinar o meio adequado para se proceder ao corte, se necessário.

Não obstante a existência do teto, cujo escopo é impedir que remunerações e subsídios excessivos sejam pagos no âmbito das três esferas da Federação, o que se percebe, após a fixação do teto, é a busca, cada vez mais aguçada, de categorias específicas de agentes públicos (em regra com relevantes funções e poder de barganha) pela fixação dos parâmetros remuneratórios iniciais das carreiras em patamar aproximado do teto máximo ou o estabelecimento de vantagens diversas que dele se excluem, o que, na verdade – e na prática – termina por trazer prejuízo ao conceito e à implantação fidedigna de carreiras no serviço público.

---

[19] Em parecer sobre o tema, discorreu: "Optando o servidor cedido pela percepção da remuneração integral do cargo comissionado no qual será investido no destino, aplica-se o teto específico do cessionário (subteto), cabendo-lhe a responsabilidade pelo eventual corte, na integralidade da extrapolação. Permanecendo o servidor cedido apenas com os vencimentos de seu cargo efetivo, mantém-se o teto específico da origem, incumbindo à fonte pagadora respectiva o controle do seu limite máximo, para efeito de eventual decote sobre a integralidade do excesso" (GALVÃO, Germana. Parecer MPCO nº 350/2013 no Processo TCE-PE nº 1301345-2).

12

Irredutibilidade de vencimentos

Luciano Ferraz

A irredutibilidade de vencimentos dos servidores, na redação originária da Constituição de 1988, referia-se tanto aos servidores públicos civis quanto aos militares. Com a Emenda Constitucional nº 18, de 5-2-1998, o dispositivo foi alterado, deixando de se referir aos militares. A Emenda Constitucional nº 19, de 4-6-1998, imprimiu nova redação ao dispositivo para aludir também aos agentes públicos remunerados mediante subsídio.

Na história constitucional brasileira, a garantia da irredutibilidade de vencimentos foi tradicionalmente deferida aos magistrados como corolário da independência funcional inerente ao exercício da judicatura. Desde a Constituição de 1891 (art. 57, § 1º), sob influência direta da Constituição norte-americana (art. 3º, 1ª seção), os textos constitucionais pátrios dedicaram espaço próprio à matéria, com ampliações sucessivas ao longo do tempo.

A Constituição de 1988, nesse passo, conferiu irredutibilidade de vencimentos, no âmbito do serviço público, não só aos membros do Poder Judiciário (art. 95, III) e aos equiparados – os membros dos Tribunais de Contas (art. 73, § 3º) –, mas também aos membros do Ministério Público (art. 128, § 5º, c) e aos servidores públicos civis e militares (art. 37, XV).

No âmbito da iniciativa privada, o constituinte também garante irredutibilidade de salário, mas possibilita que convenção ou acordo coletivo possam dispor de modo diverso (art. 7º, VI, CF), hipótese que o Supremo Tribunal Federal, a despeito da remissão originária do primitivo § 2º do artigo 39 ao inciso VI do artigo 7º, considerou incompatível com o regime estatutário dos servidores públicos.[1]

---

[1] BRASIL. Supremo Tribunal Federal. ADI 559/MT, Rel. Eros Grau, *DJ* 5-5-2006.

12.1 Conceito jurídico de irredutibilidade

Em linhas gerais, a irredutibilidade pode ser entendida como o direito que detêm os agentes públicos de não sofrerem cortes em seus vencimentos permanentes, oriundos de lei ou ato administrativo supervenientes ao seu ingresso no serviço público:

> "a garantia constitucional da irredutibilidade do estipêndio funcional traduz conquista jurídico-social outorgada, pela Constituição da República, a todos os servidores públicos (CF, art. 37, XV), em ordem a dispensar-lhes especial proteção de caráter financeiro contra eventuais ações arbitrárias do Estado" (BRASIL. Supremo Tribunal Federal. ADI 2.075-MC, Rel. Min. Celso de Mello, *DJ* de 27-6-2003).

A redação primeira do inciso XV do artigo 37 dispunha que os vencimentos eram irredutíveis e a remuneração deveria observar os incisos XI e XII, além das regras tributárias dos artigos 150, II (princípio da isonomia tributária), 153, III e § 2º, I (imposto de renda):

> "os termos vencimentos e remuneração exsurgem na norma constitucional, um ao lado do outro, com os respectivos sentidos em função de situações diversas (art. 37, XV, CF). Este preceito estatui que os vencimentos dos servidores públicos, civis e militares, são irredutíveis e a remuneração observará o que dispõem os arts. 37, XI, XII, 150, II, 153, III, e 153, § 2º, I, CF. Assim, só os vencimentos – vencimentos e vantagens fixas – são ir- redutíveis. A remuneração, em sentido próprio, não, precisamente porque um de seus componentes é necessariamente variável" (BRASIL. Supremo Tribunal Federal. RE 201.460-AgR, Rel. Min. Maurício Corrêa, julgamento em 27-9-1996, *DJ* de 22-11-1996).

Como se vê, a irredutibilidade alcança vencimento (básico), vantagens fixas (do cargo) e vantagens próprias do servidor (individuais), mas não aqueles percebidos por exercício específico de funções especiais e gratificadas.

É claro que a irredutibilidade do inciso XV haveria de se compatibilizar com a regra do artigo 17 do ADCT, porquanto o teor do preceito transitório excepcionava sua incidência. Entretanto, consoante os comentários ao inciso XI, a interpretação que lhe foi dada pelo Supremo Tribunal Federal terminou por prejudicar a finalidade do aludido artigo 17 do ADCT.

De toda sorte, a garantia da irredutibilidade de vencimentos não alcança tributos de caráter geral (*v. g.*, contribuições previdenciárias), haja vista que, "em tema de tributação, há que se ter presente o que dispõe o art. 150, II, da Carta Política" (BRASIL. Supremo Tribunal Federal. ADC 8-MC, Celso de Mello, *DJ* de 4-4-2003).

Sob a égide da dicção originária do inciso XV, o Supremo Tribunal Federal[2] e o Superior Tribunal de Justiça[3] assentaram que o "princípio" da irredutibilidade dos vencimentos guarda conteúdo jurídico e não econômico, pelo que a proteção que dele se extrai é contra a redução do *quantum* que se recebe, e não daquilo que se pretende receber para que não haja perda do poder aquisitivo em decorrência da inflação.

12.2 Irredutibilidade e direito adquirido

De igual modo, a jurisprudência do Pretório Excelso é uníssona em estabelecer que a garantia da irredutibilidade traduz-se como tutela do montante global dos vencimentos, sem que haja direito adquirido do servidor estatutário a determinado regime jurídico de composição dos vencimentos, tampouco a intocabilidade de parcelas isoladas, querendo significar que a substituição ou absorção de um adicional ou vantagem por outros, a determinação de novas fórmulas de cálculo do *quantum* remuneratório dos servidores, desde que não acarretem diminuição nominal dos vencimentos (ou proventos), respeita o "princípio" constitucional da irredutibilidade.

Vários são os Acórdãos do STF que expressam a orientação segundo a qual não há direito adquirido a regime jurídico remuneratório se e quando preservado o montante global nominal dos vencimentos.[4] O dispositivo comentado foi alterado pelas Emendas Constitucionais n°s 18/1998 – para retirar do texto a referência aos militares – e 19/1998 para mencionar também a irredutibilidade dos subsídios.

Conforme enfatizado nos comentários ao inciso XI, a Emenda Constitucional nº 41/2003 (art. 9º) pretendeu ressuscitar o artigo 17 do ADCT, impondo redução imediata a todos os agentes públicos que estivessem a perceber valores superiores aos novos tetos e subtetos. Essa questão, que teve seus rumos inicialmente tratados pelo Supremo Tribunal Federal no julgamento do MS 24.875, Rel. Min. Sepúlveda Pertence, *DJ* 6-10-2006, adquiriu novos contornos a partir da decisão do RE 609.381/GO (com repercussão geral), Rel. Min. Teori Zavascki. O novo entendimento do STF alinha-se em compreender como constitucional o artigo 9º da EC nº 41/03.

---

[2] BRASIL. Supremo Tribunal Federal. AI 256.044-AgR, Rel. Moreira Alves, *DJ* de 12-5-2000.

[3] BRASIL. Superior Tribunal de Justiça. SS 602/SC, Rel. Min. Octavio Galloti, *DJ* 26-11-1993.

[4] BRASIL. Supremo Tribunal Federal. MS no 22.094, Relatora a Ministra Ellen Gracie, *DJ* 25-2-2005; BRASIL. Supremo Tribunal Federal. MS 25.072, Rel. p/ o Ac. Min. Eros Grau, julgamento em 7-2-2007, *DJ* de 27-4-2007; BRASIL. Supremo Tribunal Federal. AI 318.209-AgR-ED-ED, Rel. Min. Cezar Peluso, julgamento em 7-8-2007, *DJ* de 24-8-2007.

13

Estabilidade do servidor público

Maria Sylvia Zanella Di Pietro

O artigo 41 da Constituição,[1] com a redação dada pela Emenda Constitucional nº 19/1998, trata do direito à *estabilidade* no serviço público, reconhecido ao servidor público que cumpra os requisitos constitucionais. Tal direito dá ao servidor a garantia de permanência no serviço público, só possibilitando a perda do cargo nas hipóteses expressamente previstas na Constituição; nas Constituições anteriores e mesmo na redação original da Constituição de 1988, a perda do cargo só ocorria mediante sentença judicial ou processo administrativo em que fosse assegurada ampla defesa. A partir da Emenda à Constituição nº 19/1998, outras possibilidades foram previstas, como será analisado adiante.

---

[1] "Art. 41. São estáveis após três anos de efetivo exercício os servidores nomeados para cargo de provimento efetivo em virtude de concurso público.
§ 1º O servidor público estável só perderá o cargo:
I – em virtude de sentença judicial transitada em julgado;
II – mediante processo administrativo em que lhe seja assegurada ampla defesa;
III – mediante procedimento de avaliação periódica de desempenho, na forma de lei complementar, assegurada ampla defesa.
§ 2º Invalidada por sentença judicial a demissão do servidor estável, será ele reintegrado, e o eventual ocupante da vaga, se estável, reconduzido ao cargo de origem, sem direito a indenização, aproveitado em outro cargo ou posto em disponibilidade com remuneração proporcional ao tempo de serviço.
§ 3º Extinto o cargo ou declarada sua desnecessidade, o servidor estável ficará em disponibilidade, com remuneração proporcional ao tempo de serviço, até seu adequado aproveitamento em outro cargo.
§ 4º Como condição para a aquisição da estabilidade, é obrigatória a avaliação especial de desempenho por comissão instituída para essa finalidade."

Ainda como garantia do servidor estável, o dispositivo prevê, no § 2º, o direito à reintegração do servidor demitido, no caso de ser invalidada por sentença judicial a pena de demissão, disciplinando, ainda, os efeitos da reintegração em relação ao outro servidor que vinha ocupando o cargo. No § 3º, garante o direito à disponibilidade com proventos proporcionais ao tempo de serviço, no caso do cargo ocupado pelo servidor estável ser extinto ou declarado desnecessário, situação que permanece até o adequado aproveitamento em outro cargo.

13.1 Escorço histórico: a evolução da estabilidade do servidor público no direito brasileiro

A estabilidade não foi assegurada na Constituição Política do Império do Brasil, de 1824, ao contrário da vitaliciedade garantida aos membros do Poder Judiciário pelo artigo 153, em cujos termos "os Juízes de Direito serão perpétuos, o que todavia se não entende, que não possam ser mudados de uns para outros Lugares pelo tempo, e maneira, que a Lei determinar".

A primeira Constituição da República, de 1891, também foi omissa nessa matéria, mantendo, contudo, a vitaliciedade (já com essa denominação) e com a previsão de que a perda do cargo pelos juízes federais só ocorreria por sentença judicial (art. 57). Essa garantia manteve-se em todas as Constituições posteriores, com a mesma característica.

A estabilidade foi prevista pela primeira vez na Constituição de 1934, cujo artigo 169 determinava que

> "os funcionários públicos, depois de dois anos, quando nomeados em virtude de concurso de provas e, em geral, depois de dez anos de efetivo exercício, só poderão ser destituídos em virtude de sentença judiciária ou mediante processo administrativo, regulado por lei, e no qual lhes será assegurada plena defesa".

Nada foi previsto relativamente aos direitos à reintegração e à disponibilidade.

Norma semelhante constou do artigo 156, c, da Constituição de 1937. Além disso, foi prevista, pela primeira vez, a disponibilidade, porém com caráter punitivo. O artigo 157 previa a disponibilidade do servidor estável, com proventos proporcionais ao tempo de serviço, desde que não coubesse no caso a pena de demissão e, a juízo de uma comissão disciplinar nomeada pelo Ministro ou chefe de serviço, o afastamento do exercício fosse considerado de conveniência ou de interesse público.

A Constituição de 1946, no artigo 188, introduziu duas alterações: (a) reduziu de dez para cinco anos o tempo de serviço exigido para aquisição da estabilidade pelos servidores nomeados sem concurso público; e (b) excluiu expressamente do benefício os cargos de confiança e os que a lei declare de livre nomeação e demissão. No parágrafo único do mesmo dispositivo previu que, em caso de extinção do cargo, o funcionário estável ficaria em disponibilidade remunerada até o seu obrigatório aproveitamento em outro cargo de natureza e vencimentos compatíveis com o que ocupava. E no artigo 190 dispôs sobre o direito à reintegração em caso de ser invalidada por sentença a demissão de "qualquer" servidor (sem referência, portanto, ao servidor estável). Quanto àquele que tivesse ocupado o lugar, a norma determinava que seria destituído de plano ou reconduzido ao cargo anterior, mas sem direito a indenização.

A Constituição de 1967 disciplinou a matéria de forma um pouco diferente, porque, no artigo 99, no capítulo sobre funcionários públicos, restringiu o direito à estabilidade, após dois anos, aos funcionários, "quando nomeados por concurso"; e ainda reforçou a mesma exigência no § 1º, ao determinar que "ninguém pode ser efetivado ou adquirir estabilidade, como funcionário, se não prestar concurso público". Contudo, foi inserida norma no título das disposições gerais e transitórias, seja para garantir a estabilidade de funcionários já amparados pela legislação anterior, seja para considerar estáveis os "atuais servidores da União, dos Estados e dos Municípios, da administração centralizada ou autárquica, que, à data da promulgação desta Constituição, contem, pelo menos, cinco anos de serviço público" (art. 177, § 2º). Verifica-se que a aquisição de estabilidade por funcionários não concursados, que era assegurada nas Constituições anteriores, pelo simples requisito de tempo de exercício preenchido a qualquer momento, passou a constituir benefício outorgado apenas aos que tivessem o tempo de serviço (cinco anos) na data da promulgação da Constituição. Com isso, os funcionários que não tinham cinco anos de serviço público naquela data ficaram sem possibilidade de adquirir o benefício.

A Constituição de 1967 também garantiu para o servidor estável, em caso de extinção do cargo, a disponibilidade remunerada, com vencimentos integrais, até o seu obrigatório aproveitamento em cargo equivalente (art. 99, § 2º). Com relação à reintegração, a norma contida no artigo 103, parágrafo único, era a mesma da Constituição de 1946.

Com a Emenda nº 1, de 1969, o artigo 100 manteve a mesma norma do artigo 99 do texto original da Constituição e não repetiu a disposição transitória constante do artigo 177, § 2º. Porém, no artigo 109, III, previu lei federal que viesse a dispor sobre "*as condições para aquisição de estabilidade*". Com relação à disponibilidade, passou a prever vencimentos proporcionais ao tempo de serviço (art. 100, parágrafo único); e, quanto à reintegração, repetiu, no artigo 105, parágrafo único, a norma contida no texto original.

13.2 A estabilidade na Constituição de 1988

A Constituição de 1988, em sua redação original, deu à matéria o mesmo tratamento dado pela Constituição de 1967: previu a estabilidade após dois anos de serviço; só concedeu o benefício aos servidores nomeados por concurso público; só admitiu a perda do cargo em virtude de sentença judicial transitada em julgado ou mediante processo administrativo em que lhe fosse assegurada ampla defesa.

Além disso, à semelhança da Constituição anterior, incluiu entre as garantias asseguradas ao servidor estável: (a) o direito à reintegração em caso de demissão invalidada por sentença judicial; (b) o direito à disponibilidade remunerada em caso de extinção do cargo, acrescentando a hipótese de declaração de sua desnecessidade; (c) o direito ao aproveitamento em outro cargo, outorgado ao servidor estável posto em disponibilidade.

Quanto aos servidores não concursados, mais uma vez foi dada estabilidade (conforme art. 19 do ADCT) aos que tivessem completado cinco anos de serviço público na data da entrada em vigor da Constituição. O benefício alcançou os servidores da Administração direta, das autarquias e das fundações públicas. Foram expressamente excluídos os professores universitários e os ocupantes de cargos, funções e empregos de confiança ou em comissão, além dos que a lei declara de livre exoneração.

Isso significa que existem na Administração Pública direta, nas autarquias e nas fundações públicas dois tipos de servidores públicos estáveis: os que foram nomeados por concurso público e cumpriram os requisitos para aquisição da estabilidade; e os que adquiriram a estabilidade excepcional, independentemente de concurso, pelo simples requisito de tempo de serviço previsto em disposição de natureza transitória. As duas categorias têm igual garantia de permanência no serviço público e estão sujeitas à perda do cargo nas mesmas hipóteses previstas no artigo 41 (sentença judicial transitada em julgado ou processo administrativo em que seja assegurada ampla defesa), além de fazerem jus à reintegração e à disponibilidade remunerada até o adequado aproveitamento em outro cargo, se ocorrerem as hipóteses previstas nos §§ 2º e 3º do mesmo dispositivo.

13.2.1 As alterações trazidas pela Emenda Constitucional nº 19/1998

A Emenda Constitucional nº 19/1998, conhecida como Emenda da Reforma Administrativa, trouxe algumas modificações no artigo 41:

a) elevou de dois para três anos o tempo de exercício para aquisição da estabilidade (*caput* do art. 41), ressalvando, para os que já eram servidores na data da promulgação da Emenda, o direito de adquirirem estabilidade no prazo de dois anos (art. 28 da Emenda);

b) além do tempo de serviço, exigiu o procedimento de avaliação de desempenho como requisito para aquisição da estabilidade (art. 41, § 4º);

c) previu mais duas hipóteses de perda do cargo: uma que ocorrerá mediante avaliação de desempenho (art. 41, § 1º, inciso III); e outra que poderá ocorrer se não for cumprido o limite de despesa com pessoal previsto no artigo 169 da Constituição;

d) tornou expresso que a estabilidade só beneficia os servidores nomeados para cargo de provimento efetivo (*caput* do art. 41);

e) incluiu na Constituição o artigo 247 estabelecendo que "as leis previstas no inciso III do § 1º do art. 41 e no § 7º do art. 169 estabelecerão critérios e garantias especiais para a perda do cargo pelo servidor estável que, em decorrência das atribuições de seu cargo efetivo, desenvolva atividades exclusivas de Estado".

Outra hipótese de perda do cargo pelo servidor estável foi prevista na Emenda Constitucional nº 51, de 14-2-2006, especificamente para o pessoal da área da saúde. Essa Emenda incluiu um § 6º no artigo 198 para prever que, além das hipóteses previstas no § 1º do artigo 41 e no § 4º do artigo 169 da Constituição, o servidor que exerça funções equivalentes às de agente comunitário de saúde ou de agente de combate às endemias poderá perder o cargo em caso de descumprimento dos requisitos específicos, fixados em lei, para o seu exercício. O dispositivo foi regulamentado pela Lei nº 11.350, de 5 de outubro de 2006 (art. 10).

13.3 Conceito de estabilidade

A estabilidade, como prevista nas várias Constituições brasileiras, desde a de 1934, pode ser definida de maneira genérica como o direito à permanência no serviço público, assegurado ao servidor público que cumpra o requisito de tempo de serviço exigido para esse fim e cujo vínculo jurídico com o Poder Público somente se rompe nas hipóteses previstas na Constituição.

Para amoldar o conceito às alterações introduzidas no artigo 41 da Constituição pela Emenda Constitucional nº 19/1998, que correspondem à conformação atual do instituto, pode-se definir a estabilidade, de forma descritiva, como *o direito à permanência no serviço público, assegurado após três anos de efetivo exercício e aprovação em procedimento de avaliação de desempenho, ao servidor público nomeado mediante concurso público, para cargo de provimento efetivo, cuja perda somente ocorre mediante sentença judicial transitada em julgado, processo administrativo em que seja assegurada ampla defesa, procedimento de avaliação de desempenho ou necessidade de adequar as despesas com pessoal ao limite constitucional*.

Esse conceito abrange somente a estabilidade ordinária, disciplinada pelo artigo 41. Não alcança a estabilidade extraordinária outorgada pelo artigo 19 das disposições transitórias. Para incluir estes últimos, tem-se que fazer referência aos servidores não concursados que tenham completado cinco anos de efetivo serviço público na data da entrada em vigor da Constituição.

Os requisitos para aquisição do direito serão diferentes para as duas espécies de estabilidade agasalhadas na Constituição vigente; a garantia de permanência no serviço público é a mesma, já que as hipóteses de rompimento do vínculo não diferem, como também não diferem os direitos à reintegração, à disponibilidade e ao aproveitamento,[2] também assegurados ao servidor estável pelos parágrafos do artigo 41. Outra diferença é que o servidor que cumpre os requisitos desse dispositivo tem *efetividade* (no cargo) e *estabilidade* no serviço público, enquanto o beneficiado pela estabilidade excepcional do artigo 19 do ADCT tem *estabilidade*, mas não tem *efetividade*. Em reforço desse entendimento, merece ser citado acórdão do Supremo Tribunal Federal que afirma que

> "o servidor que preencher as condições exigidas pelo art. 19 do ADCT-CF/99 é estável no cargo para o qual fora contratado pela Administração Pública, mas não é efetivo. Não é titular do cargo que ocupa, não integra a carreira e goza apenas de uma estabilidade especial no serviço público, que não se confunde com aquela estabilidade regular disciplinada pelo art. 41 da Constituição Federal. Não tem direito a efetivação, a não ser que se submeta a concurso público".[3]

---

[2] "[...] O servidor público posto em disponibilidade tem o direito de ser aproveitado em outro cargo da administração pública direta ou indireta, desde que observada a compatibilidade de atribuições e vencimentos com o cargo anterior" (RE 560.464-AgR, Rel. Min. Eros Grau, julgamento em 11-12-2007, Segunda Turma, *DJe* de 15-2-2008). No mesmo sentido: ARE 656.166-AgR, Rel. Min. Cármen Lúcia, julgamento em 22-11-2011, Primeira Turma, *DJe* de 14-12-2011.

[3] RE 167.635, Rel. Min. Maurício Corrêa, julgamento em 17-9-1996, 2a Turma, *DJ* de 7-2-1997. O Superior Tribunal de Justiça tem seguido o mesmo entendimento: "[...] Estabilidade e Efetividade. Conceitos distintos. Art. 1º da Lei Estadual nº 11.847/91. Direito Líquido e certo não evidenciado. 1. O art. 1º da Lei Estadual nº 11.847/91 impõe como requisito indispensável para a aquisição da gratificação de função a titularidade de cargo efetivo. 2. No caso concreto, o Recorrente, quando da promulgação da Constituição Federal de 1988, contava com mais de cinco anos continuados de exercício no cargo, tendo sido, pois, beneficiado com a estabilidade de que trata o art. 19 do ADCT – estabilidade extraordinária, o que não implica efetividade. Estabilidade e efetividade são conceitos distintos. 3. Ausência de direito líquido e certo" (RMS 12499/CE, Relatora Min. Laurita Vaz, Órgão Julgador: 5ª Turma, *DJ* 12-6-2006).

13.4 Razão de ser do instituto

A estabilidade é tratada como direito do servidor. Alguns entendem até que é um *privilégio* do servidor público, incompatível com o princípio da isonomia, já que não outorgado, com as mesmas características, ao trabalhador do setor privado. Diferentemente do que ocorre em relação a este último – cuja relação de emprego é protegida contra a despedida injusta –, no âmbito da Administração Pública o fundamento para a outorga da estabilidade é outro; o que se objetiva é garantir que o exercício da função pública se faça em consonância com os princípios a que se submete a Administração Pública, voltados ao cumprimento da lei e do Direito.

Nas palavras de Cármen Lúcia Antunes Rocha,[4]

> "a estabilidade jurídica do vínculo administrativo firmado entre o servidor e o pessoal estatutário tem como finalidade, primeiramente, garantir a qualidade do serviço prestado por uma burocracia estatal democrática, impessoal e permanente. Tanto conjuga o profissionalismo que deve predominar no serviço público contemporâneo (e profissionais não são descartáveis, até mesmo porque o Estado se aprende e não da noite para o dia) com a impessoalidade, que impede práticas nepotistas e personalistas na Administração Pública".

Ela cita, em nota de rodapé, a lição de Carlos S. de Barros Júnior, quando o autor afirma que

> "a regra no serviço público moderno, que em virtude de seu caráter complexo e técnico exige funcionários experimentados, é a da continuidade dos agentes. Exceção feita aos que exercem funções de si mesmas transitórias, os funcionários se incorporam, de modo mais ou menos permanente, em quadros administrativos, e fazem de sua função uma profissão [...] A continuidade é exigência do serviço público, e a permanência do agente o seu corolário. Assim, é norma a durabilidade e permanência das funções e de seus ocupantes, salvo quando se trate de função que, por sua própria natureza, deva ter caráter transitório".

A estabilidade no serviço público é própria da forma burocrática de Administração Pública e constitui garantia necessária quando se quer proteger o interesse geral, no sentido de que as atividades administrativas do Estado sejam desempenhadas com observância impessoal do disposto no ordenamento jurídico, independentemente da vontade pessoal do servidor e de seus superiores hierárquicos.

---

[4] *Princípios constitucionais dos servidores públicos*. São Paulo: Saraiva, 1999. p. 251-252.

É pensando no fundamento último da estabilidade que se deve afastar, para as atividades-fins da Administração Pública, voltadas para o atendimento das necessidades coletivas, a possibilidade de prestação de serviços por pessoas não protegidas pelo instituto da estabilidade.

Por isso mesmo, quando a Constituição outorga a estabilidade ao servidor e lhe dá os contornos de direito subjetivo, não se pode considerar esse direito como um privilégio outorgado ao servidor para proteger a relação de emprego, mas como uma garantia de permanência necessária ao desempenho adequado da função pública, com imparcialidade, continuidade, legalidade. Quer-se a subordinação do servidor à vontade da lei e não à vontade do superior hierárquico.

Não há, na previsão de estabilidade do servidor público, quando comparada com a proteção outorgada ao trabalhador da empresa privada, infringência ao princípio da isonomia. As situações são diversas, os fundamentos são diversos e os respectivos regimes jurídicos são diversos. Essa diversidade de situação justifica a diversidade de tratamento.

13.5 Requisitos para aquisição da estabilidade

13.5.1 Nomeação mediante concurso público

Desde a Constituição de 1967 a estabilidade passou a ser garantida apenas aos servidores nomeados por concurso público. Os não concursados ficaram com a estabilidade excepcional prevista em disposições transitórias (art. 177 da Constituição de 1967 e art. 19 do Ato das Disposições Constituições Transitórias da Constituição de 1988).

Concurso público é procedimento aberto a todos os interessados que preencham os requisitos previstos no edital, afastada a possibilidade de ingresso mediante concursos internos abertos só para os que já sejam servidores públicos. Esse tipo de procedimento era comum na vigência da Constituição de 1967, que só exigia concurso público para a primeira investidura, dando margem a nomeações mediante ascensão, acesso, transposição e outros institutos semelhantes, em que o servidor passava de um cargo a outro de conteúdo ocupacional diverso. Nessa situação, as vagas eram destinadas, total ou parcialmente, a quem já tivesse a qualidade de servidor público.

Hoje esse tipo de acesso a cargo público ficou vedado. O Supremo Tribunal Federal já consagrou esse entendimento pela Súmula nº 685, em cujos termos "é inconstitucional toda modalidade de provimento que propicie ao servidor investir-se, sem prévia aprovação em concurso público destinado ao seu provimento, em cargo que não integra a carreira na qual anteriormente investido".

Não atende ao requisito constitucional a realização de processo seletivo adotado para a contratação de servidores temporários, conforme previsto na Lei nº 8.745, de 9-12-1993, até porque essa forma de provimento é feita, por imposição constitucional, para atender a *"necessidade temporária de excepcional interesse público"*, na redação do artigo 37, inciso IX, da Constituição.

13.5.2 *Nomeação para cargo de provimento efetivo*

No texto original, o *caput* do artigo 41 da Constituição estabelecia apenas que *"são estáveis, após dois anos de efetivo exercício, os servidores nomeados em virtude de concurso público"*.

Essa redação deu margem ao entendimento de que a estabilidade beneficiava tanto os servidores estatutários como os contratados no regime da CLT, já que a exigência de concurso público é prevista para ingresso em cargo ou emprego, na redação do artigo 37, inciso II. E essa foi a posição do STF no tocante a empregados públicos na Administração Pública Direta, Autarquias e Fundações Públicas, mas não nas Sociedades de Economia Mista e Empresas Públicas – este também o caso das fundações instituídas e mantidas pelo Poder Público.

Com a alteração introduzida pela Emenda Constitucional nº 19/1998, ficou expresso, no *caput* do artigo 41, que a estabilidade só beneficia os servidores nomeados para *cargo de provimento efetivo*.

A Constituição de 1988, incontestavelmente, distinguiu o *cargo* e o *emprego público* pelo tipo de vínculo que liga o servidor ao Estado; o ocupante de emprego público tem um vínculo contratual, sob a regência da CLT, enquanto o ocupante de cargo público tem um vínculo estatutário, regido pela legislação estatutária de cada ente federativo.

Daí as duas categorias de servidores públicos: os *estatutários*, que ocupam cargos públicos, e os *celetistas*, que ocupam empregos públicos.

O regime constitucional das duas categorias foi parcialmente igualado pelas normas do artigo 37, como as que impõem concurso público para ingresso em cargo ou emprego, o teto salarial, as restrições à acumulação de cargos, empregos e funções, a proibição de equiparação ou vinculação de cargos para fins salariais, dentre outras.

Mas, no que diz respeito à aposentadoria, ao regime previdenciário e à estabilidade, a Constituição separou as duas categorias, submetendo-as a regimes diferenciados, especialmente com as alterações introduzidas pelas Emendas Constitucionais nºs 19 e 20, de 1998.

Pode-se afirmar que os servidores estatutários são abrangidos por todas as normas dos artigos 37 a 41, pertinentes aos servidores públicos. Beneficiam-se ainda de alguns dos direitos sociais previstos no artigo 7º da Constituição, em decorrência da norma contida no artigo 39, § 3º, da Constituição.

Os servidores celetistas submetem-se às normas do artigo 7º da Constituição (que trata dos direitos sociais dos trabalhadores), em tudo o que não estiver derrogado pelo artigo 37. A eles não foi estendida a estabilidade prevista, no artigo 41, apenas para os servidores nomeados para cargos de provimento efetivo, assim entendidos os servidores estatutários. A proteção que a Constituição confere ao servidor celetista é a mesma que outorga ao trabalhador do setor privado. Contudo, muitos servidores celetistas têm estabilidade igual à dos estatutários, em decorrência da estabilidade excepcional outorgada em disposições transitórias das Constituições de 1967 e 1988.

Em decorrência da redação atual do artigo 41, *caput*, dada pela Emenda Constitucional 19/98, não tem qualquer sentido a Súmula nº 390, I, do Tribunal Superior do Trabalho, quando estabelece que "*o servidor celetista da administração direta, autárquica ou fundacional é beneficiário da estabilidade prevista no artigo 41 da CF/1988*". Esse entendimento já era difícil de ser aceito diante da redação original do artigo 41 da Constituição, mas chegou a ser adotado pelo Supremo Tribunal Federal, antes da Emenda Constitucional nº 19/1998.[5] A partir dessa Emenda, que só assegura estabilidade ao servidor nomeado para cargo de provimento efetivo, não mais se justifica a outorga de estabilidade ao servidor celetista, que é contratado (e não nomeado) para emprego (e não para cargo). Conforme assinalado, a distinção entre cargo e emprego resulta claramente da Constituição, especialmente do artigo 37, I, II e VIII, e também dos respectivos regimes previdenciários. Os ocupantes de emprego são beneficiados com os direitos sociais previstos no artigo 7º (proteção contra despedida arbitrária, seguro-desemprego, fundo de garantia), não assegurados aos servidores estatutários; e o próprio regime previdenciário é diverso, consoante decorre do artigo 40, § 13, da Constituição. A Súmula 390, I, do Tribunal Superior do Trabalho iguala situações que, pela Constituição, são submetidas a regimes jurídicos diferenciados.

Aliás, os dois regimes são excludentes entre si: se o servidor celetista tem direito à estabilidade prevista no artigo 41, não se justifica a aplicação a ele das normas de proteção contra despedida arbitrária, seguro-desemprego e fundo de garantia.

A interpretação ora adotada, quanto à aplicação do artigo 41 apenas aos servidores estatutários, é a defendida no âmbito doutrinário, como se vê das obras de Cármen Lúcia Antunes Rocha, Hely Lopes Meirelles, Diógenes Gasparini, Ivan Barbosa Rigolin, Odete Medauar, dentre outros.[6] O Supremo Tribunal Federal,

---

[5] "Faz jus à estabilidade prevista no art. 41 da CF, em sua redação original, o empregado público que foi aprovado em concurso público e cumpriu o período de estágio probatório antes do advento da EC 19/1998" (AI 510.994-AgR, Rel. Min. Cezar Peluso, julgamento em 21-2-2006, 1ª Turma, *DJ* de 24-3-2006).

[6] ROCHA, Cármen Lúcia Antunes. Ob. cit. p. 253; MEIRELLES, Hely Lopes. *Direito administrativo brasileiro*. 28. ed. São Paulo: Malheiros, 2003. p. 421; GASPARINI, Diógenes. *Direito administrativo*. 11. ed. São Paulo: Saraiva, 2006. p. 209-210; RIGOLIN, Ivan Barbosa. O servidor público nas

em seus julgamentos mais recentes, aderiu a esse entendimento.[7] É importante ressaltar que a não aplicação do artigo 41 da Constituição Federal aos empregados públicos não exime as entidades com personalidade de direito privado do dever de motivar, expressamente, a rescisão unilateral do contrato de trabalho. Com efeito, trata-se de sujeição imposta pelo artigo 37 da Constituição para resguardar o interesse público e o princípio da isonomia.[8]

Dentre os servidores estatutários, ficam excluídos do benefício os nomeados para cargos de provimento em comissão, porque a própria Constituição, no artigo 37, inciso II, diz serem cargos de livre provimento e exoneração. São cargos de confiança que, por sua própria natureza, destinam-se a serem providos temporariamente. Cargo de provimento efetivo é, para fins de aquisição de estabilidade, aquele que depende de concurso público para ser provido.

13.5.3 Três anos de efetivo exercício

A Emenda Constitucional nº 19/1998 rompeu com a tradição que vinha desde a Constituição de 1934 até a Constituição de 1988 (em sua redação original), ao passar de dois para três anos o período de efetivo exercício para aquisição da estabilidade.

Esse período compreendido entre o início do exercício e a aquisição da estabilidade é denominado de estágio probatório e tem por finalidade apurar se o servidor apresenta condições para o exercício do cargo, referentes à assiduidade,

---

reformas constitucionais. 2. ed. Belo Horizonte: Fórum, 2006. p. 170; MEDAUAR, Odete. Direito administrativo moderno. 11. ed. São Paulo: Revista dos Tribunais, 2007. p. 275.

[7] "A decisão agravada está em conformidade com entendimento firmado por ambas as Turmas desta Corte, no sentido de que não se aplica a empregado de sociedade de economia mista, regido pela CLT, o disposto no art. 41 da CF, o qual somente disciplina a estabilidade dos servidores públicos civis. Ademais, não há ofensa aos princípios de direito administrativo previstos no art. 37 da Carta Magna, porquanto a pretendida estabilidade não encontra respaldo na legislação pertinente, em face do art. 173, § 1º, da Constituição, que estabelece que os empregados de sociedade de economia mista estão sujeitos ao regime jurídico próprio das empresas privadas, inclusive quanto às obrigações trabalhistas" (AI 465.780-AgR, Rel. Min. Joaquim Barbosa, julgamento em 23-11-2004, 2ª Turma, *DJ* de 18-2-2005). No mesmo sentido: AI 660.311-AgR, Rel. Min. Eros Grau.

[8] Esse é o entendimento atual do STF no tocante às empresas estatais que prestam serviços públicos: "[...] I – Os empregados públicos não fazem jus à estabilidade prevista no art. 41 da CF, salvo aqueles admitidos em período anterior ao advento da EC nº 19/1998. Precedentes. II – Em atenção, no entanto, aos princípios da impessoalidade e isonomia, que regem a admissão por concurso público, a dispensa do empregado de empresas públicas e sociedades de economia mista que prestam serviços públicos deve ser motivada, assegurando-se, assim, que tais princípios, observados no momento daquela admissão, sejam também respeitados por ocasião da dispensa. III – A motivação do ato de dispensa, assim, visa a resguardar o empregado de uma possível quebra do postulado da impessoalidade por parte do agente estatal investido do poder de demitir" (RE 589.998, Rel. Min. Ricardo Lewandowski, julgamento em 20-3-2013, Plenário, *DJE* de 12-9-2013).

disciplina, eficiência e outros requisitos exigidos para o exercício do cargo.[9] Desse modo, o servidor, depois de aprovado no concurso, nomeado e empossado no cargo, torna-se efetivo. Porém, só pode adquirir a estabilidade depois de cumpridos os três anos de efetivo exercício. Daí a afirmação corrente de que a efetividade é requisito para aquisição da estabilidade.

Pelo § 4º, acrescentado ao artigo 41 pela Emenda Constitucional nº 19, além do cumprimento do período de três anos, deve o servidor, para adquirir estabilidade, submeter-se a avaliação especial de desempenho por comissão instituída para essa finalidade (requisito a ser comentado no item subsequente).

Não confirmados os requisitos, caberá exoneração *ex officio*, desde que assegurado ao interessado o direito de defesa, consoante entendimento consagrado pelo Supremo Tribunal Federal na Súmula nº 21: "*Funcionário em estágio probatório não pode ser exonerado nem demitido sem inquérito ou sem as formalidades legais de apuração de sua capacidade.*" Esse entendimento, bastante antigo, ficou reforçado e inteiramente amoldado à norma do artigo 5º, LV, da Constituição, que assegura o contraditório e a ampla defesa, com os meios e recursos a ela inerentes, em qualquer situação em que haja litígio ou acusados nos processos judicial e administrativo.

Inexplicavelmente, vem surgindo na jurisprudência o entendimento de que o estágio probatório é um instituto previsto na legislação ordinária e não na Constituição e que não se confunde com o período de três anos para estabilização exigido pelo artigo 41. Nesse sentido, o acórdão proferido pelo Supremo Tribunal Federal no MS nº 24.543-3-DF, em que foi relator o Ministro Carlos Velloso. A decisão foi no sentido de que a presunção é que

> "*adquirem estabilidade no cargo municipal porque ultrapassado de muito, o prazo de dois anos do estágio probatório (Lei nº 8.112/90, art. 20) e o prazo de três anos para a aquisição da estabilidade (CF, art. 41), convindo esclarecer que o direito, que assiste ao servidor, de retornar ao cargo antigo ocorre no prazo do estágio, que é de dois anos (Lei nº 8.112/90). É o que está assentado no acórdão do MS nº 23.577-DF, invocado na inicial da impetração*".

No mesmo sentido foi o acórdão do Superior Tribunal de Justiça proferido no MS nº 9.373-DF, interpretando o artigo 41 da Constituição e o artigo 20 da Lei nº 8.112/1990.

---

[9] O STF possui precedentes nos quais não admite a distinção entre servidores estáveis e não estáveis para efeito de exercício do direito de greve. Nos casos analisados, foi considerada inconstitucional a previsão da adesão à greve como falta grave ou fato desabonador da conduta no serviço público, a ensejar a imediata exoneração do servidor público em estágio probatório, mediante processo administrativo próprio (ADI 3.235, Rel. p/ o ac. Min. Gilmar Mendes, julgamento em 4-2-2010, Plenário, *DJE* de 12-3-2010, e RE 226.966, Rel. p/ o ac. Min. Cármen Lúcia, julgamento em 11-11-2008, Primeira Turma, *DJE* de 21-8-2009).

A interpretação é inaceitável, pois, embora a Constituição não faça referência a *estágio probatório* (como também as anteriores não faziam), a expressão já tem um sentido consagrado, designando precisamente o período compreendido entre o início do exercício e a aquisição da estabilidade. E tem essa denominação porque o período se destina a comprovar a habilitação do servidor para o exercício do cargo. Os dois anos sempre foram chamados de estágio probatório, seja na doutrina, seja nas leis ordinárias que tratam da estabilidade. Não é porque o período se alterou de dois para três anos que o sentido da expressão se altera.

Vale dizer que o período de três anos a que se refere o artigo 41 corresponde ao chamado estágio probatório. Caso contrário, haveria dois períodos com o mesmo termo inicial e duração diferenciada com idêntico objetivo. Ter-se-ia que admitir que o período de avaliação, correspondente aos dois anos de estágio probatório, previsto na legislação ordinária, esgotaria o objetivo do instituto, ficando sem qualquer justificativa a exigência de mais um ano para aquisição da estabilidade. A jurisprudência atual do Superior Tribunal de Justiça adotou, finalmente, esse entendimento:[10]

> "MANDADO DE SEGURANÇA. SERVIDOR PÚBLICO CIVIL. ESTABILIDADE. ART. 41 DA CF. EC Nº 19/98. PRAZO. ALTERAÇÃO. ESTÁGIO PROBATÓRIO. OBSERVÂNCIA.
>
> I – Estágio probatório é o período compreendido entre a nomeação e a aquisição de estabilidade no serviço público, no qual são avaliadas a aptidão, a eficiência e a capacidade do servidor para o efetivo exercício do cargo respectivo.
>
> II – Com efeito, o prazo do estágio probatório dos servidores públicos deve observar a alteração promovida pela Emenda Constitucional nº 19/98 no art. 41 da Constituição Federal, no tocante ao aumento do lapso temporal para a aquisição da estabilidade no serviço público para 3 (três) anos, visto que, apesar de institutos jurídicos distintos, encontram-se pragmaticamente ligados.
>
> III – Destaque para a redação do artigo 28 da Emenda Constitucional nº 19/98, que vem a confirmar o raciocínio de que a alteração do prazo para a aquisição da estabilidade repercutiu no prazo do estágio probatório, se não seria de todo desnecessária a menção aos atuais servidores em estágio probatório; bastaria, então, que se determinasse a aplicação do prazo de 3 (três) anos aos novos servidores, sem qualquer explicitação, caso não houvesse conexão entre os institutos da es-

---

[10] No mesmo sentido segue o STF: "[...] a EC 19/1998, que alterou o art. 41 da CF, elevou para três anos o prazo para a aquisição da estabilidade no serviço público e, por interpretação lógica, o prazo do estágio probatório" (STA 263-AgR, Rel. Min. Presidente Gilmar Mendes, julgamento em 4-2-2010, Plenário, DJE de 26-2-2010).

tabilidade e do estágio probatório" (MS 12523/DF, Relator Min. Felix Fischer, Órgão Julgador: 3ª Seção, *DJe* 18-8-2009).[11]

Ainda com relação ao período de três anos, é importante realçar que ele somente conta, para fins de estabilidade, se o servidor se mantiver no efetivo exercício do cargo nesse período. Se ele se afastar para exercer outra função, esse período não pode ser computado, já que não haveria como demonstrar que possui as qualidades exigidas para o exercício das funções próprias do cargo de que é titular.

Nas palavras de Cármen Lúcia Antunes Rocha,[12] na obra citada, "o servidor pode estar habilitado para um cargo e não estar para outro, pelo que não é admissível o seu afastamento das funções inerentes ao cargo no qual se investiu para exercer outras nas quais não poderá ser avaliado, e comprovada, então, a sua aptidão, pois as funções que lhe foram cometidas referem-se ao cargo para o quanto se preparou e se ofereceu à Administração no concurso público".

A legislação estatutária normalmente contém as normas que definem as regras sobre contagem de tempo de serviço, prevendo inclusive algumas hipóteses de exercício ficto, ou seja, de situações em que o servidor, embora sem trabalhar, é considerado como se estivesse em efetivo exercício. É evidente que essas hipóteses têm que ser estabelecidas de modo a não frustrar os objetivos do constituinte ao exigir o período de três anos como requisito para aquisição de estabilidade.

O Supremo Tribunal Federal já se posicionou no sentido de que

> "o instituto da estabilidade, que, a par de um direito, para o servidor, de permanência no serviço público enquanto bem servir, representa para a Administração a garantia de que nenhum servidor nomeado por concurso poderá subtrair-se ao estágio probatório de dois anos, por isto, não pode a Administração federal, estadual ou municipal ampliar o prazo fixado pelo Texto constitucional, porque estaria restringindo direito do servidor público; mas também não pode diminuí-lo ou estendê-lo a outros servidores que não os nomeados por concurso, porquanto estaria renunciando a prerrogativas constitucionais consideradas essenciais na relação Estado-agente administrativo. Não sendo lícito ao ente federado renunciar a essas prerrogativas, nula e de nenhum efeito disposição estatutária em desacordo com o preceito constitucional".[13]

---

[11] O STF também tem o mesmo entendimento: "[...] a EC 19/1998, que alterou o art. 41 da CF, elevou para três anos o prazo para a aquisição da estabilidade no serviço público e, por interpretação lógica, o prazo do estágio probatório" (STA 263-AgR, Rel. Min. Presidente Gilmar Mendes, julgamento em 4-2-2010, Plenário, *DJE* de 26-2-2010.)

[12] Ob. cit., p. 253.

[13] RE 120133/MG, Relator Min. Maurício Correa, Julgamento: 27-9-1996, Órgão Julgador: 2ª Turma. Publicação: *DJ* 29-11-1996, p. 47175.

Embora o acórdão tenha sido proferido antes da Emenda nº 19/1998, que elevou de dois para três anos o período aquisitivo da estabilidade, não há dúvida de que essa interpretação se amolda ao artigo 41, em sua atual redação.

13.5.4 Avaliação especial de desempenho

A exigência de avaliação especial de desempenho por comissão instituída para essa finalidade,[14] como requisito para aquisição de estabilidade, consta do § 4º do artigo 41, introduzido pela Emenda Constitucional nº 19/1998.

A possibilidade de ser feita avaliação de desempenho sempre existiu e está implícita na ideia de estágio probatório. Só que agora a avaliação por comissão instituída para essa finalidade tornou-se obrigatória.

Trata-se de imposição voltada para a Administração Pública, no sentido de que depende de providência a ser por ela adotada. Se não o fizer, a omissão não poderá prejudicar a aquisição da estabilidade pelo servidor. Cumpridos os três anos de efetivo exercício, o servidor se tornará estável, com ou sem avaliação. Interpretação diversa poderia significar um incentivo à omissão da autoridade que, por alguma razão alheia ao objetivo do estágio probatório, quisesse impedir a aquisição da estabilidade.[15]

Por isso mesmo, a exigência é, de certa forma, inócua, já que o não cumprimento da mesma nenhuma consequência negativa poderá acarretar para o servidor. A autoridade que se omitir é que poderá responder administrativa e judicialmente pela omissão.

---

[14] "[...] Não se deve admitir que Servidores não estáveis integrem a Comissão de Avaliação de Estágio Probatório, a fim de assegurar ao examinado, ou ao Servidor que está sendo avaliado no seu desempenho funcional, o máximo possível de isenção da Comissão, tendo em vista a suposição do que geralmente acontece, de que o Servidor não estável, por ele mesmo achar-se em estágio probatório, tem uma vocação irresistível, uma tendência irrefreável de fazer aquilo que o seu superior hierárquico deseja" (STJ, RMS 35905/MG, Rel. Min. Sérgio Kukina. Órgão Julgador: 1ª Turma. Publicação: *DJe* 16-5-2013).

[15] O Supremo Tribunal Federal possui precedente em que reconheceu a aquisição do direito à estabilidade mesmo sem a realização de avaliação formal. Ainda que a ementa do Acórdão não trate especificamente do assunto, colhe-se do voto do Relator, Ministro Carlos Velloso: "[...] tem-se por evidente que o servidor ora impetrante foi aprovado em seu estágio probatório, ainda que não conste em seus assentamentos funcionais a avaliação formal. Ademais, a conduta omissiva da Administração em proceder a avaliação formal do servidor não pode ser alegada como óbice à aquisição da estabilidade após três anos de efetivo exercício em cargo provido por concurso público" (MS 24543/DF, Relator: Min. CARLOS VELLOSO, Órgão Julgador: Tribunal Pleno, Publicação *DJ* 12-9-2003, p. 29).

13.6 Hipóteses de perda do cargo

As duas primeiras hipóteses de perda do cargo – previstas em todas as Constituições desde a de 1934 – são de natureza punitiva, porque supõem a prática de infração administrativa, de ato de improbidade administrativa ou de ilícito penal que leve à perda do cargo.

A terceira hipótese diz respeito ao desempenho do servidor no exercício do cargo e não deixa de ter certo caráter punitivo, quando se lembra que a desídia, a negligência, a inassiduidade, a impontualidade, que constituem indícios de mau desempenho, são passíveis de punição por prática de infração administrativa (ineficiência). Talvez por isso a Constituição tenha exigido ampla defesa do servidor para que ocorra a perda do cargo nessa hipótese.

A quarta hipótese – prevista no artigo 169, § 4º, da Constituição – nada tem a ver com a atuação do servidor, porque constitui imposição ao ente federativo como forma de reduzir a despesa com pessoal aos limites estabelecidos em lei. Por isso mesmo, sujeita o Poder Público a indenizar o servidor, na forma do § 5º do mesmo dispositivo.

13.6.1 *Sentença judicial transitada em julgado*

Essa hipótese ocorre se o servidor praticar crime que possa levar à perda do cargo, o que está disciplinado pelo artigo 92 do Código Penal, com a redação dada pela Lei nº 9.268, de 1º-4-1996. Segundo esse dispositivo, a perda do cargo, função pública ou mandato eletivo pode ocorrer em duas hipóteses: (a) quando aplicada pena privativa de liberdade por tempo igual ou superior a um ano nos crimes praticados com abuso de poder ou violação de dever para com a Administração Pública; (b) quando for aplicada pena privativa de liberdade por tempo superior a quatro anos nos demais casos.

O efeito da sentença não é automático, devendo ser nela declarado motivadamente, conforme parágrafo único do mesmo dispositivo do Código Penal.

A perda do cargo, por sentença judicial, ainda pode decorrer da prática de ato de improbidade administrativa, com base no artigo 37, § 4º, da Constituição Federal, disciplinado pela Lei nº 8.429, de 2-6-1992. A perda da função pública é uma das penalidades previstas no dispositivo constitucional.

13.6.2 *Processo administrativo em que seja assegurada ampla defesa*

A expressão processo administrativo, no dispositivo constitucional, equivale a "*processo administrativo disciplinar*", disciplinado na legislação estatutária de cada ente político. Essa mesma legislação define as hipóteses em que a infração administrativa é punida com pena de demissão. Nesses casos, a instauração do processo administrativo disciplinar é obrigatória e exige a observância dos princípios do contraditório e da ampla defesa, com os meios e recursos a ela inerentes, por imposição não só do artigo 41, § 1º, inciso II, mas também do artigo 5º, LV, da Constituição.

13.6.3 Procedimento de avaliação periódica de desempenho

O artigo 41, § 1º, III, que prevê a possibilidade de perda do cargo mediante procedimento de avaliação periódica de desempenho, não é autoaplicável, uma vez que depende de lei complementar que o regule. Em 20 anos de vigência da Constituição, essa lei complementar, que deve ser de âmbito nacional, não foi promulgada.

De certa forma, o dispositivo é inútil porque já existe no direito positivo a previsão de perda do cargo, mediante demissão ou dispensa do servidor comprovadamente ineficiente ou desidioso (art. 100 do Decreto-lei nº 200/1967), além de penas mais brandas por descumprimento dos deveres funcionais.[16]

13.6.4 Excesso de despesa com pessoal

Essa hipótese ocorre se não for cumprido o limite de despesa com pessoal previsto no artigo 169 da Constituição, definido pela Lei de Responsabilidade Fiscal (Lei Complementar nº 101, de 4-5-2000). A perda do cargo, nesse caso, só poderá ocorrer depois que houver a redução de 20% das despesas com cargos em comissão e funções de confiança e exoneração dos servidores não estáveis, assim entendidos "aqueles admitidos na administração direta, autárquica e fundacional sem concurso público de provas ou de provas e títulos após o dia 5 de outubro de 1983" (art. 33 da Emenda nº 19). Adotadas essas medidas, se as mesmas se revelarem insuficientes para reduzir a despesa aos limites previstos em lei complementar, aí sim poderá ser exonerado o servidor que tenha adquirido estabilidade mediante concurso; nesse caso, a exoneração dependerá de que "ato normativo motivado de cada um dos Poderes especifique a atividade funcional, o órgão ou unidade administrativa objeto da redução de pessoal" (art. 169, § 4º); o servidor fará jus a indenização correspondente a um mês de remuneração por ano de serviço (art. 169, § 5º) e o cargo objeto da redução será considerado extinto, vedada a criação de cargo, emprego ou função com atribuições iguais ou assemelhadas pelo prazo de quatro anos (art. 169, § 6º). Essa hipótese de perda do cargo está disciplinada pela Lei nº

---

[16] A Lei nº 8.112/1990 estabelece no artigo 132 as hipóteses de aplicação da pena de demissão ao servidor público da administração direta, autarquias e fundações públicas da União. Dentre as situações ligadas ao desempenho insatisfatório do servidor destacam-se: abandono de cargo; a inassiduidade habitual; incontinência pública e conduta escandalosa, na repartição, e insubordinação grave em serviço.

9.801, de 14-6-1999, aplicável a todos os níveis de governo, já que tem a natureza de norma geral, conforme previsto no artigo 169, § 7º.

Luciano Ferraz[17] sustenta, a partir de leitura sistemática da Constituição (mesmo sem cogitação na Lei nº 9.801/1999), que antes da aplicação da hipótese de perda do cargo por excesso de despesas, mediante indenização, e depois de adotadas as duas primeiras medidas – redução das despesas com cargos comissionados e funções de confiança e exoneração dos servidores não estáveis, cuja situação indefinida na redação originária na Constituição restou convalidada a partir da Emenda nº 19 (art. 33), – é necessário respeitar dois outros estágios:

a) exoneração dos servidores em cumprimento de estágio probatório que por ainda não terem adquirido estabilidade têm sua situação mitigada em relação aos estáveis;

b) oferecimento compulsório da disponibilidade remunerada ao servidor estável, com remuneração proporcional ao tempo de serviço. Tal providência seria direito subjetivo do servidor decorrente da estabilidade, para além de também atingir o objetivo de redução das despesas de pessoal.

13.7 A garantia da estabilidade para os servidores efetivos que exerçam atividades exclusivas de Estado

O tema das carreiras típicas de Estado tornou-se hoje relevante à vista do artigo 247 da Constituição da República, acrescentado pela Emenda Constitucional nº 19, de 4-6-1998, assim redigido:

> "Art. 247. As leis previstas no inciso III do § 1º do art. 41 e nº § 7º do artigo 169 estabelecerão critérios e garantias especiais para a perda do cargo pelo servidor público estável que, em decorrência das atribuições de seu cargo efetivo, desenvolva atividades exclusivas de Estado."

Os dois dispositivos mencionados no artigo 247 referem-se ao instituto da estabilidade do servidor público: o artigo 41, § 1º, prevê as hipóteses de perda do cargo pelo servidor estável, incluindo dentre elas o *"procedimento de avaliação periódica de desempenho, na forma de lei complementar, assegurada ampla defesa"*.

O artigo 169, no *caput*, prevê limite de despesa com pessoal, a ser estabelecido mediante lei complementar. Esse limite está atualmente definido no artigo 18 da Lei Complementar nº 101, de 4-5-2000. O § 3º do artigo 169 indica as me-

---

[17] FERRAZ, Luciano. Lei de Responsabilidade Fiscal e medidas para a redução das despesas de pessoal: perspectiva de respeito aos direitos dos funcionários públicos estáveis. In: ROCHA, Valdir de Oliveira. *Aspectos relevantes da Lei de Responsabilidade Fiscal*. São Paulo: Dialética, 2001. p. 197-217.

didas que a União, os Estados, o Distrito Federal e os Municípios adotarão para cumprimento dos limites estabelecidos com base no *caput*, a saber: redução em pelo menos 20% das despesas com cargos em comissão e funções de confiança e exoneração dos servidores não estáveis. E o § 4º determina que

> "se as medidas adotadas com base no parágrafo anterior não forem suficientes para assegurar o cumprimento da determinação da lei complementar referida neste artigo, o servidor estável poderá perder o cargo, desde que ato normativo motivado de cada um dos Poderes especifique a atividade funcional, o órgão ou unidade administrativa objeto da redução de pessoal".

O § 7º, a que também se refere o artigo 247, determina que *"lei federal disporá sobre as normas gerais a serem obedecidas na efetivação do disposto no § 4º"*.

Vale dizer que a legislação infraconstitucional deverá definir as **atividades exclusivas do Estado**, de tal modo que o servidor que as exerça seja melhor protegido do que os demais servidores estáveis, em caso de perda do cargo mediante procedimento de avaliação de desempenho e em virtude de excesso de despesa com pessoal.

A primeira hipótese – procedimento de avaliação de desempenho – ainda não foi objeto de disciplina legal. A segunda hipótese – perda do cargo em virtude de excesso de despesa – foi disciplinada pela Lei nº 9.801, de 14-6-1999. Essa lei, contudo, não define as atividades exclusivas do Estado, limitando-se a fazer referência a elas e a remeter à lei a sua definição. O artigo 2º estabelece que a exoneração com fundamento no § 4º do artigo 169 da Constituição será precedida de ato normativo motivado dos Chefes de cada um dos Poderes da União, dos Estados, dos Municípios e do Distrito Federal. O § 1º do mesmo dispositivo indica as exigências que o ato normativo deve prever, dentre elas, no inciso IV, *"os critérios e as garantias especiais escolhidos para identificação dos servidores estáveis que, em decorrência das atribuições do cargo efetivo, desenvolvam atividades exclusivas do Estado"*.

Por sua vez, o artigo 3º da Lei nº 9.801/1999 determina que

> "a exoneração de servidor estável que desenvolva atividade exclusiva de Estado, assim definida em lei, observará as seguintes condições:
>
> I – *somente será admitida quando a exoneração de servidores dos demais cargos do órgão ou da unidade administrativa objeto da redução de pessoal tenha alcançado, pelo menos, trinta por cento do total desses cargos;*
>
> II – *cada ato reduzirá em no máximo trinta por cento o número de servidores que desenvolvam atividades exclusivas de Estado".*

Vale dizer que a lei indica as garantias que protegem o servidor efetivo que desenvolva atividades exclusivas de Estado, mas não dá a definição de tais atividades, remetendo-a à lei.

Existe na lei uma contradição: de um lado, o artigo 1º, § 1º, inciso IV, permite a interpretação de que o ato normativo motivado dos Chefes de cada um dos Poderes é que definirá os critérios e as garantias especiais para *identificação* dos servidores estáveis que, em decorrência das atribuições do cargo efetivo, desenvolvam atividades exclusivas do Estado; de outro lado, o artigo 3º faz referência a atividade exclusiva de Estado, *"assim definida em lei"*.

Para conciliar os dois dispositivos, tem-se que entender que, ao baixar o ato normativo, o Chefe de Poder indicará os critérios para identificação dos servidores que exercem atividade exclusiva de Estado, devendo, para esse fim, extrair do ordenamento jurídico vigente as normas legais que permitam a identificação desse tipo de atividade, já que não existe lei específica que contenha essa definição.

O que não é possível é o ato normativo prever iguais garantias para os que exerçam e os que não exerçam atividades exclusivas de Estado, sob pena de burla ao dispositivo constitucional.

Quanto ao procedimento de avaliação de desempenho a que se refere o artigo 41, § 1º, III, da Constituição, não está disciplinado em lei complementar, conforme previsto no dispositivo constitucional, razão pela qual é possível afirmar-se que o dispositivo não é autoaplicável. Se estabelecido esse procedimento, também não poderá deixar de dar tratamento diferenciado aos servidores efetivos que exerçam atividades exclusivas de Estado, sob pena de inconstitucionalidade.

Também para esse fim é possível procurar no ordenamento jurídico os caminhos para definição das atividades exclusivas de Estado, mesmo que não indicadas em lei específica. É o que nos dispomos a fazer.

13.7.1 A atividade exclusiva de Estado como limite à atuação do particular

Antes de procurar identificar, no direito brasileiro, quais são as atividades exclusivas de Estado, cumpre ressaltar que não é só para fins de estabilidade que a definição é importante. A mesma relevância existe com relação ao exercício, por particulares, de atividades exclusivas de Estado. Essa ideia é relevante, especialmente nos dias atuais, em que se caminha para a privatização, em sentido amplo, com o objetivo de *"diminuir o tamanho do Estado"* ou, melhor dizendo, diminuir o seu aparelhamento administrativo, transferindo para a iniciativa privada o exercício de atribuições antes desempenhadas pelo Estado.

Multiplicam-se as formas de parceria entre o setor público e o setor privado, por meio dos contratos de concessão e permissão de serviços públicos, a concessão patrocinada, a concessão administrativa (as duas últimas como modalidades de parcerias público-privadas), bem como os convênios, os termos de parceria, os contratos de gestão com entidades do terceiro setor. E também cresce o recurso à terceirização, sob a forma de prestação de serviços, de execução de obra pública, de fornecimento de mão de obra.

Em todos esses tipos de prestação de atividades públicas pelo particular têm que ser preservados alguns limites, dentre os quais aquele representado pelas atividades que, como o próprio nome diz, são *exclusivas* de Estado. Por essa razão, somente podem ser exercidas pelos servidores públicos que sejam integrantes de **carreiras típicas de Estado**.

Note-se que não é só em relação ao estatuto da estabilidade do servidor público que o legislador tem se furtado a definir as atividades exclusivas de Estado. Na Lei nº 11.079, de 30-12-2004, que disciplina as parcerias público-privadas, também há uma referência a esse tipo de atividades, porém com um elenco meramente exemplificativo. Com efeito, o artigo 4º da lei, ao estabelecer as diretrizes a serem observadas na contratação de parcerias público-privadas, expressamente prevê, no inciso III, a *"indelegabilidade das funções de regulação, jurisdicional, do exercício do poder de polícia e de outras atividades exclusivas do Estado"*. O fato de o legislador não indicar um rol taxativo não impede a aplicação do dispositivo. Na realidade, o enquadramento de determinada atividade como exclusiva do Estado e, portanto, como indelegável, ficou por conta da Administração Pública, no momento de decidir sobre a delegação por meio de parceria público-privada.

13.7.2 Definição de atividades exclusivas de Estado

Um primeiro aspecto a ressaltar é que o conceito de atividade exclusiva de Estado não se confunde com a ideia de serviços públicos exclusivos do Estado.

Serviços públicos exclusivos são aqueles que o Estado assume como seus, por razões de interesse público variáveis no tempo e no espaço. O que é serviço público em um país pode não ser em outro; e dentro do mesmo ordenamento jurídico, um serviço público pode, em determinado momento, perder essa natureza, transformando-se em atividade privada. O artigo 21 da Constituição menciona uma série de atividades de competência da União, como as dos incisos XI e XII, abrangendo telecomunicações, energia elétrica, portos, navegação aérea, transportes etc.

Tais atividades são consideradas serviços públicos exclusivos do Estado porque o legislador constituinte assim entendeu conveniente. Mas não são **atividades exclusivas de Estado**, mesmo porque o próprio dispositivo constitucional citado permite que sejam desempenhadas diretamente pela União, ou mediante concessão, permissão ou concessão. Vale dizer que podem ser prestadas pelo particular, o que não ocorreria se fossem atividades exclusivas de Estado.

Quando se fala em **atividades exclusivas de Estado** abrangem-se aquelas que, por sua própria natureza, são próprias e privativas do Estado.

Caio Tácito, em seu livro *Direito Administrativo* (São Paulo: Saraiva, 1975, p. 199), faz referência a uma classificação dos serviços públicos que os divide em duas categorias: ***originários ou congênitos*** e ***derivados ou adquiridos***. Essa classificação corresponde à distinção entre atividade ***essencial*** do Estado (tutela do direito) e atividade ***facultativa*** (social, comercial e industrial do Estado).

Ensina o autor que

> *"a evolução moderna do Estado exaltou de tal forma a sua participação na ordem social, que a **essencialidade** passou a abranger tanto os encargos tradicionais de garantias de ordem jurídica como as prestações administrativas que são emanadas dos modernos direitos econômicos e sociais do homem, tão relevantes, na era da socialização do direito, como os direitos individuais o foram na instituição da ordem liberal".*

Mas acrescenta que

> *"há, todavia, uma sensível diferença entre os serviços públicos que, por sua natureza, são próprios e privativos do Estado e aqueles que, passíveis em tese de execução particular, são absorvidos pelo Estado, em regime de monopólio ou de concorrência com a iniciativa privada. Aos primeiros poderíamos chamar de serviços estatais **originários** ou **congênitos**; aos últimos, de serviços estatais **derivados** ou **adquiridos**".*

Normalmente, são consideradas atividades exclusivas de Estado a defesa do país contra o inimigo externo, a segurança interna, a polícia, a intervenção, a justiça, a atividade jurídica do Estado, a regulação. Trata-se de atividades que, por sua própria natureza, são típicas do Estado, por envolverem exercício de autoridade, de prerrogativas de poder público, de repressão, de regime jurídico essencialmente publicístico, invadindo, no mais das vezes, a esfera de direitos do cidadão.

Tais atividades, por serem exclusivas de Estado, somente podem ser exercidas por servidores públicos que, ocupando cargos efetivos, integram as chamadas carreiras típicas de Estado.

O instrumento fundamental para identificação das atividades exclusivas que incumbem às carreiras típicas de Estado é o exame da própria Constituição. Ela estabelece normas aplicáveis para os servidores públicos em geral (especialmente nos arts. 37 a 41), porém dedica normas especiais a determinadas categorias de agentes públicos: é o caso dos militares dos Estados, do Distrito Federal e dos Territórios, de que trata o artigo 42; dos integrantes das Forças Armadas, a que se refere o artigo 142; dos encarregados da segurança pública, compreendendo polícia federal, polícia rodoviária federal, polícia ferroviária federal, polícias civis, polícias militares e corpos de bombeiros militares, guarda municipal, todos eles referidos no artigo 144. Também é o caso da função jurisdicional, exercida com exclusividade pelos integrantes da magistratura (art. 93 da Constituição), e das funções essenciais à Justiça, previstas nos artigos 127 a 135, abrangendo o Ministério Público, a Advocacia-Geral da União, as Procuradorias dos Estados e a

Defensoria Pública. Ainda é o caso da função reguladora, inserida no conceito de Estado como agente normativo e regulador da economia, contido no artigo 174 da Constituição, e que abrange a fiscalização, o incentivo e o planejamento. Também é o caso da função de controle exercida pelo Tribunal de Contas.

Também não tenho dúvidas em afirmar que, embora não previstos expressamente na Constituição, integram carreiras típicas de Estado todos os servidores civis que atuam no exercício do poder de polícia do Estado, nas atividades de fiscalização e repressão, adotando medidas preventivas e repressivas, aplicando sanções, outorgando autorizações e licenças e outros atos de polícia previstos em lei para a defesa do interesse público. Não é só na área da segurança que atua o poder de polícia; hoje, ele atua nos mais variados setores da vida em sociedade, em benefício da saúde, do meio ambiente, do patrimônio artístico, do consumidor, do patrimônio público etc. Essa ideia se confirma com a já citada norma contida no artigo 4º, inciso III, da Lei nº 11.079/2004, ao prever a indelegabilidade do poder de polícia.

Note-se que no Plano Diretor da Reforma do Aparelho do Estado, os setores de atuação do Estado foram divididos em quatro atividades:

a) o *núcleo estratégico*, que corresponde aos órgãos de governo, em sentido lato, que define as leis e as políticas públicas e cobra seu cumprimento; compreende os Poderes Legislativo, Judiciário, Ministério e, no Poder Executivo, o Presidente da República, os Ministros e seus auxiliares e assessores diretamente responsáveis pelo planejamento e formulação das políticas públicas;

b) as *atividades exclusivas*, que correspondem ao setor que presta atividades que só o Estado pode prestar, onde entram os poderes de regulamentar, fiscalizar, fomentar; exemplos indicados no Plano Diretor: cobrança e fiscalização dos impostos, polícia, previdência social básica, serviço de desemprego, fiscalização do cumprimento de normas sanitárias, serviço de trânsito, compra de serviços de saúde pelo Estado, controle do meio ambiente, subsídio à educação básica, serviço de emissão de passaportes;

c) *serviços não exclusivos*, que correspondem ao setor onde o Estado atua simultaneamente com outras organizações privadas ou públicas não estatais; são os serviços sociais do Estado, abrangendo fundamentalmente as universidades, hospitais, centros de pesquisa, museus;

d) *setor de produção de bens e serviços para o mercado*, que corresponde à área de atuação das empresas, abrangendo atividades econômicas voltadas para o lucro.

Na jurisprudência tem havido decisões, inclusive do STF, entendendo que a atividade de polícia é exclusiva do Estado. Exemplo disso é a decisão que julgou inconstitucionais dispositivos da Lei nº 9.986, 18-7-2000, que dispõe sobre a gestão de recursos humanos das Agências Reguladoras; a lei, em sua redação original, previa, no artigo 1º, que "as agências reguladoras terão suas relações de trabalho regidas pela Consolidação das Leis do Trabalho [...]". O STF entendeu, porém, que as agências desempenham atividade que se insere no poder de polícia e, portanto, seus servidores só podem ser estatutários, porque a eles é que se garantia a estabilidade prevista no artigo 41 da Constituição. Em consequência, o dispositivo foi revogado pela Lei nº 10.871, de 2004.

Também com relação aos serviços de fiscalização de profissões regulamentadas, houve decisão do STF. A Lei nº 9.649, de 27-5-1998, que dispunha sobre a organização da Presidência da República e dos Ministérios, estabelecia que tais serviços seriam exercidos em caráter privado, por delegação do poder público, mediante autorização legislativa. O STF, no julgamento da liminar da ADIn 1.717-6, declarou a inconstitucionalidade do *caput* e dos §§ 1º, 2º, 4º, 5º, 6º, 7º e 8º do artigo 58 da citada lei por considerar que

> "interpretação conjugada dos artigos 5º, XIII, 22, XVI, 21, XXIV, 70, parágrafo único, 149 e 175 da Constituição Federal, leva à conclusão, no sentido da indelegabilidade, a uma entidade privada, de atividade típica de Estado, que abrange até poder de polícia, de tributar e de punir, no que concerne ao exercício de atividades profissionais regulamentadas".[18]

13.8 Reintegração

13.8.1 *Direito do servidor estável*

A reintegração, tal como prevista no § 2º do artigo 41, é o reingresso do servidor estável demitido, quando seja invalidada por sentença judicial a sua demissão. Trata-se de direito somente reconhecido ao servidor que já tenha adquirido estabilidade, pelo cumprimento dos requisitos constitucionais, sejam os do artigo 41, seja os do artigo 19 das disposições constitucionais transitórias. Não beneficia o servidor em estágio probatório.

Embora o dispositivo constitucional silencie, é correto afirmar que, no caso de reintegração, o servidor faz jus ao ressarcimento dos prejuízos sofridos em decorrência da demissão ilegal, correspondentes às vantagens que deixou de usufruir no período em que esteve desligado do cargo. Trata-se de efeito próprio da invalidação dos atos administrativos ilegais, já que ela produz efeitos *ex tunc*, que retroagem à data em que foi praticado o ato ilegal.

---

[18] ADI 1717/DF, Relator: Min. SYDNEY SANCHES, Julgamento: 7-11-2002, *DJ* 28-3-2003, p. 61.

Além disso, embora a Constituição se refira à reintegração como sendo decorrente de anulação de demissão por sentença judicial, ela pode ocorrer também quando a anulação decorre de ato da própria Administração, pois, como o ato nulo não gera efeitos jurídicos, a anulação retroagirá, garantindo ao servidor o direito de ser reintegrado no cargo. Nesse sentido, o artigo 28 da Lei nº 8.112/1990 define a reintegração como "a reinvestidura do servidor estável no cargo anteriormente ocupado, ou no cargo resultante de sua transformação, quando invalidada a sua demissão por decisão administrativa ou judicial, com ressarcimento de todas as vantagens".

13.8.2 Direitos do eventual ocupante do cargo

Ao assegurar o direito à reintegração do servidor estável, a Constituição teve que cogitar da hipótese em que o cargo já esteja ocupado por outro servidor. E disciplinou muito mal a matéria. Previu três possibilidades em relação a esse servidor, *desde que ele também já seja estável*: (a) será reconduzido ao cargo de origem, sem direito a indenização; (b) será aproveitado em outro cargo; ou (c) será posto em disponibilidade com remuneração proporcional ao tempo de serviço.

A primeira hipótese, que vem de Constituições anteriores, chega às raias do absurdo e destoa do *caput* e do § 1º do mesmo artigo 41. Com efeito, se o servidor que vem ocupando o cargo em que será reintegrado o demitido também já tiver adquirido estabilidade, ele tem que fazer jus às garantias que o dispositivo constitucional outorga aos estáveis. Não tem sentido a sua recondução ao cargo de origem, especialmente se o mesmo for de nível inferior de remuneração ou de escolaridade.

Admitir-se que essa recondução possa fazer-se sem direito a indenização é também inteiramente inaceitável e contradiz princípios mínimos de justiça inerentes ao ordenamento jurídico constitucional. Se houve demissão invalidada pelo Poder Judiciário, é porque foi reconhecida a ilegalidade praticada pela Administração Pública. O servidor que vinha ocupando o cargo e nele adquiriu estabilidade, porque cumpriu todos os requisitos constitucionais, não pode ser penalizado em decorrência de erro da Administração; isso resultaria em infringência aos princípios da segurança jurídica, em seus dois aspectos (estabilidade das relações jurídicas e confiança legítima), além de conflitar com a regra constitucional da responsabilidade objetiva do Estado (art. 37, § 6º, da Constituição).

Se o servidor é estável, ele tem o direito de ser posto em disponibilidade ou de ser aproveitado em outro cargo equivalente. A primeira hipótese contemplada no § 2º do artigo 41 deve ser descartada, senão pelas razões apontadas, pela sua manifesta perversidade em relação a servidor que ingressou no serviço público mediante concurso.

A recondução ao cargo de origem, quando muito, poderia ser aceita se o eventual ocupante do cargo não fosse estável. Só que o dispositivo nega qualquer tipo de proteção ao servidor não estável. Porém, o fato de o dispositivo só proteger o servidor estável não impede a lei infraconstitucional de adotar solução justa para esse servidor, pois, se ele está ocupando o cargo de provimento efetivo, é porque preencheu os requisitos legais exigidos. Não há por que negar a ele a possibilidade de ser reconduzido ao cargo de origem ou de ser aproveitado em cargo equivalente.

13.9 Disponibilidade

O § 3º do artigo 41 prevê, entre as garantias asseguradas ao servidor estável, o direito à disponibilidade, com remuneração proporcional ao tempo de serviço, em caso de seu cargo ser extinto ou declarado desnecessário.

A disponibilidade corresponde à garantia de inatividade remunerada, só assegurada ao servidor que tenha adquirido estabilidade. Se o servidor está em estágio probatório, ele não faz jus a esse benefício, conforme decidido desde longa data pelo Supremo Tribunal Federal, em entendimento consagrado na Súmula nº 22, pela qual *"o estágio probatório não protege o funcionário contra a extinção do cargo"*.

A extinção do cargo ou a declaração de sua desnecessidade inserem-se no âmbito de discricionariedade da Administração Pública, mas tem que ser devidamente justificada, até pelas consequências danosas que produz, seja para o servidor, que ficará em inatividade, experimentando redução em seus proventos, seja para os cofres públicos, que terão que arcar com o pagamento de proventos a quem não está trabalhando.[19] A consequência ainda pode ser mais danosa para o servidor não estável, porque ele não faz jus à disponibilidade, podendo vir a ser exonerado *ex officio*, ainda que tenha sido nomeado mediante concurso público.

Na vigência da redação original, o dispositivo fazia referência apenas a *"disponibilidade remunerada"*, dando margem a controvérsias sobre a integralidade ou proporcionalidade dos proventos devidos. Houve decisão do Supremo Tribunal Federal, em medida cautelar, adotando o entendimento de que os proventos, na disponibilidade, seriam integrais.[20]

A Emenda Constitucional nº 19/1998 alterou a redação do dispositivo, para falar em *"disponibilidade, com remuneração proporcional ao tempo de serviço"*, pondo fim à controvérsia.

---

[19] "Desnecessidade de cargo público. Precedentes da Corte. Já assentou a Suprema Corte que a declaração de desnecessidade de cargos públicos está subordinada ao juízo de conveniência e oportunidade da Administração, não dependendo de lei ordinária para tanto" (RE 194.082, Rel. Min. Menezes Direito, julgamento em 22-4-2008, 1ª Turma, *DJE* de 30-5-2008).

[20] ADin 309/7-DF, Relator Ministro Sidney Sanches, *DJ* 14-2-1992.

Quanto à forma de contagem desse tempo, o artigo 40, § 9º, da Constituição determina que "o tempo de contribuição federal, estadual ou municipal será contado para efeito de aposentadoria e o tempo de serviço correspondente para efeito de disponibilidade". A diversidade de redação no que se refere à contagem para aposentadoria e para disponibilidade permite a conclusão de que, para a primeira, só pode ser computado o *tempo de contribuição* e, para a segunda, o tempo de *serviço público*, independentemente de contribuição. A distinção se justifica porque a aposentadoria passou a ser benefício de natureza previdenciária, o mesmo não ocorrendo com a disponibilidade, que constitui garantia do servidor estável, com proventos pagos pelo ente político com o qual o servidor mantém o vínculo funcional.

Para fins de disponibilidade, a Constituição não assegura a contagem do tempo de contribuição na atividade privada, que é prevista apenas para fins de aposentadoria (art. 209, § 9º).

13.10 Estabilidade excepcional

O artigo 19 do Ato das Disposições Constitucionais Transitórias[21] contém norma sobre estabilidade excepcional assegurada a servidores nomeados sem concurso público. É *excepcional* porque constitui exceção à regra geral de exigência de concurso público para a investidura em cargo público, contida no artigo 41 da Constituição.

O dispositivo estabelece os beneficiários da estabilidade (servidores civis da União, dos Estados, do Distrito Federal e dos Municípios), aponta os requisitos para aquisição do direito (exercício na data da promulgação da Constituição há cinco anos continuados), indica as categorias de servidores excluídos do alcance da norma (ocupantes de cargos, funções e empregos de confiança ou em comissão, os que a lei declare de livre exoneração, bem como os professores de nível superior) e permite que o tempo de serviço prestado pelos servidores beneficiados pelo dispositivo seja considerado como título quando se submeterem a concurso para fins de efetivação.

---

[21] "Art. 19. Os servidores públicos civis da União, dos Estados, do Distrito Federal e dos Municípios, da administração direta, autárquica e das fundações públicas, em exercício na data da promulgação da Constituição, há pelo menos cinco anos continuados, e que não tenham sido admitidos na forma regulada no art. 37, da Constituição, são considerados estáveis no serviço público.
§ 1º O tempo de serviço dos servidores referidos neste artigo será contado como título quando se submeterem a concurso para fins de efetivação, na forma da lei.
§ 2º O disposto neste artigo não se aplica aos ocupantes de cargos, funções e empregos de confiança ou em comissão, nem aos que a lei declare de livre exoneração, cujo tempo de serviço não será computado para os fins do *caput* deste artigo, exceto se se tratar de servidor.
§ 3º O disposto neste artigo não se aplica aos professores de nível superior, nos termos da lei."

13.10.1 Constituições anteriores

Faz parte da tradição do direito brasileiro conceder estabilidade, não só a servidores nomeados mediante concurso público, mas também a servidores não concursados, com a exigência, para estes últimos, de requisito de tempo de serviço público.

A primeira Constituição brasileira a prever o instituto da estabilidade foi a de 1934, cujo artigo 169 concedeu essa garantia aos funcionários públicos, depois de dois anos, quando nomeados em virtude de concurso público e, em geral, depois de dez anos de efetivo exercício. Norma semelhante foi prevista no artigo 156, *c*, da Constituição de 1937.

A Constituição de 1946, no artigo 188, foi mais generosa, porque manteve o mesmo benefício para os funcionários admitidos sem concurso público, porém reduzindo de dez para cinco anos o requisito de tempo de serviço; porém, foi mais restritiva, quando excluiu do benefício os ocupantes de cargos de confiança e dos que a lei declare de livre nomeação e demissão. Além disso, o Ato das Disposições Constitucionais Transitórias dispunha, no artigo 23, que

> "os atuais funcionários interinos da União, dos Estados e Municípios que contem, pelo menos, cinco anos de exercício serão automaticamente efetivados na data da promulgação deste Ato; e os atuais extranumerários que exerçam função de caráter permanente há mais de cinco anos ou em virtude de concurso ou prova de habilitação serão equiparados aos funcionários, para efeito de estabilidade, aposentadoria, licença, disponibilidade e férias".

Na Constituição de 1967, a possibilidade de aquisição de estabilidade por servidores nomeados sem concurso público ficou restrita aos que tivessem cinco anos de serviço público na data da promulgação da Constituição (art. 99). Daí para a frente, a estabilidade só poderia ser adquirida mediante a prestação de concurso público.

A Emenda Constitucional nº 1/1969, no artigo 100, manteve a mesma norma do artigo 99 do texto original, porém, no artigo 109, estabeleceu que "lei federal, de iniciativa exclusiva do Presidente da República, respeitado o disposto no artigo 97 e seu § 1º e no § 2º do artigo 108, definirá", dentre outras matérias, "as condições para aquisição de estabilidade" (inciso III).

13.10.2 Destinatários da norma

Pela redação do *caput* do artigo 19, o dispositivo constitucional somente beneficiou os servidores públicos civis da União, dos Estados, do Distrito Federal e dos Municípios, da administração direta, autárquica e das fundações públicas.[22]

Como não fez qualquer distinção quanto ao tipo de vínculo que une o servidor ao Estado, alcançou os servidores celetistas, assim chamados porque contratados sob o regime da CLT.[23] Note-se que, na Constituição anterior, a exigência de concurso público somente se aplicava à investidura em cargo público e não em emprego público (art. 97, § 1º, na redação dada pela Emenda nº 1/1969). Em consequência, havia, no quadro de servidores públicos, a categoria dos chamados servidores celetistas.

Essa concessão de estabilidade não acarretou a mudança de regime jurídico, pois tais servidores continuaram submetidos à legislação trabalhista, porém, agora, com o benefício da estabilidade. Para esse fim, ficaram implicitamente equiparados aos servidores nomeados mediante concurso público, na forma do artigo 41 da Constituição. Vale dizer que ficaram protegidos com a mesma garantia de permanência no serviço público prevista para os servidores concursados: perda do cargo somente mediante sentença judicial transitada em julgado, processo administrativo em que seja assegurada ampla defesa, procedimento de avaliação de desempenho (art. 41, § 1º) e em decorrência de excesso de despesa com pessoal (art. 169, § 4º).

Como o dispositivo comentado somente faz referência à administração direta, autarquias e fundações públicas, não foram beneficiados os servidores das empresas estatais (empresas públicas, sociedades de economia e outras entidades sob controle direto ou indireto das entidades políticas), nem os servidores das fundações com personalidade de direito privado. Embora o dispositivo fale em *fundações públicas*, entende-se que a referência é às fundações instituídas com personalidade de direito público, excluídas as instituídas como pessoas jurídicas de direito privado. Essa conclusão impõe-se pelo fato de que o artigo 39 da Constituição, na redação original, previu a instituição de regime jurídico único para os servidores da administração direta, autarquias e fundações públicas, o que se justifica exatamente pelo ponto comum entre todos esses servidores: o vínculo funcional estabelecido com pessoas jurídicas de direito público.

---

[22] "[...] este Supremo Tribunal assentou que os Conselhos de Fiscalização têm natureza jurídica de autarquia federal. [...] Assim, dada a natureza de autarquia federal do agravante, o acórdão recorrido está em harmonia com a jurisprudência deste Supremo Tribunal, que assentou a aplicação da estabilidade do art. 19 do ADCT aos servidores públicos não concursados da União, dos Estados, do Distrito Federal e dos Municípios, bem como de suas autarquias e fundações públicas, em exercício pelo menos cinco anos antes da promulgação da CR" (ARE 681.730-ED, Rel. Min. Cármen Lúcia, julgamento em 18-9-2012, Segunda Turma, *DJE* de 4-10-2012.) No mesmo sentido: RE 592.811-AgR, Rel. Min. Marco Aurélio, julgamento em 21-5-2013, Primeira Turma, *DJE* de 6-6-2013.

[23] "[...] A cessação de relação jurídica regida pela CLT, no tocante a servidor público que não detenha a estabilidade, prescinde da formalização de processo administrativo e, portanto, do contraditório" (RE 289.321, Rel. Min. Marco Aurélio, julgamento em 2-12-2010, Primeira Turma, *DJE* de 2-6-2011).

É para essas entidades que se justifica o regime estatutário; para as entidades integrantes da administração indireta, com personalidade de direito privado, não se justifica a aplicação do regime estatutário, até porque elas nem mesmo dispõem de cargos públicos e sim de empregos públicos. A consequência lógica é a concessão de estabilidade aos servidores não concursados integrantes apenas das entidades públicas, como é o caso das autarquias e fundações com personalidade de direito público.

13.10.3 Estabilidade e não efetividade

Como se verifica pela redação do artigo 19 das disposições transitórias, os servidores referidos pelo dispositivo foram considerados *"estáveis no serviço público"*. Se alguma dúvida houvesse quanto à estabilidade constituir garantia de permanência no *cargo* ou no *serviço público*, no caso do artigo 19 essa dúvida desapareceria por diferentes razões: (a) em primeiro lugar, pela interpretação literal do dispositivo, que se refere à estabilidade no *serviço público*; (b) em segundo lugar, porque o § 1º do dispositivo permite que o tempo de serviço seja contado quando tais servidores prestarem *"concurso para fins de efetivação"*, significando, com isto, que o servidor recebe a garantia da estabilidade, mas nem por isso se torna efetivo no cargo; (c) se o servidor é contratado pelo regime da CLT, ele não ocupa cargo público, razão pela qual a estabilidade não poderia ocorrer em cargo que não existe.

Merece menção o ensinamento de José Afonso da Silva[24] sobre dispositivo da Constituição anterior, uma vez que sua interpretação é válida perante a atual Constituição, por conter distinção muito precisa entre *estabilidade* e *efetividade*:

> "Deu-se estabilidade a quem não fizera concurso público. *Estabilidade* – frise-se bem – não *efetividade*. Aquela significa que o servidor não pode ser demitido do serviço público sem processo administrativo; é uma garantia constitucional do funcionário que se estendeu ao servidor beneficiado; é vínculo ao serviço público, não ao cargo. A *efetividade* é vínculo do funcionário ao cargo: diz respeito à titularidade de atribuições e responsabilidades específicas de um cargo. A Constituição deu o geral: *estabilidade*, mas não deu o específico: *efetividade*. Nesse particular, a norma é plenamente eficaz e de aplicabilidade imediata: não precisa lei para verificar-se o direito conferido. O servidor não deixou de ser servidor, só ganhou estabilidade com as consequências a ela inerentes: não poder ser demitido ou dispensado sem as garantias do processo administrativo em que se lhe assegure ampla defesa."

---

[24] *Aplicabilidade das normas constitucionais*. São Paulo: Revista dos Tribunais, 1968. p. 193-194.

Na vigência da Constituição anterior, parte considerável da doutrina,[25] ao interpretar o dispositivo que também outorgava estabilidade excepcional semelhante à desta Constituição, defendeu a ideia de que a estabilidade implicava efetividade, tendo muitas Constituições estaduais transformado essa tese em norma constitucional.

Contudo, o Supremo Tribunal Federal firmou o entendimento de que "o artigo 177, § 2º, da Constituição de 1967, conferiu apenas o direito à estabilidade no serviço público, e não no cargo que, por força da legislação ordinária, fosse ocupado pelo funcionário. A citada regra outorgou direito à estabilidade e não à promoção".[26]

Em trecho bastante elucidativo, o Supremo Tribunal Federal afirma que

> "o servidor que preenchera as condições exigidas pelo art. 19 do ADCT-CF-88 é estável no cargo para o qual fora contratado pela Administração Pública, mas não é efetivo. Não é titular do cargo que ocupa, não integra a carreira e goza apenas de uma estabilidade especial no serviço público, que não se confunde com aquela estabilidade regular disciplinada pelo art. 41 da Constituição Federal. Não tem direito a efetivação, a não ser que se submeta a concurso público, quando, aprovado e nomeado, fará jus à contagem do tempo de serviço prestado no período de estabilidade excepcional, como título".[27]

13.10.4 *Concurso para efetivação*

O § 1º do artigo 19 permite que o tempo de serviço prestado pelos servidores beneficiados pela estabilidade excepcional concedida pelo *caput* seja contado quando prestarem concurso para fins de efetivação.

A redação não foi muito feliz, porque fala em *concurso* apenas, e não em *concurso público*, dando margem a dúvida sobre a natureza do procedimento. Alguns autores, como Adilson Abreu Dallari,[28] defendem que o concurso pode ser interno, restrito aos servidores estabilizados, hipótese em que a realização do procedimento seria precedida da criação, por lei, dos cargos a serem preenchidos. Outros entendem que o concurso deva ser público, já que esta é a única

---

[25] Cf. DALLARI, Adilson Abreu. *Regime constitucional dos servidores públicos*. 2. ed. São Paulo: Revista dos Tribunais, 1990. p. 89; o autor cita o entendimento, nesse sentido, de Orlando Carlos Gandolfo, Adroaldo Mesquita da Costa, Bernardes Júnior, Rafael de Barros Monteiro, Clenício da Silva Duarte, Fernando Henrique Mendes de Almeida, Luiz Gallotti, Nelson Hungria, Pontes de Miranda, Joaquim Canuto Mendes de Almeida, Hely Lopes Meirelles e Vicente Ráo.

[26] Agravo Regimental 55.802, Rel. Min. Antônio Neder, apud Adilson Abreu Dallari, Ob. cit., p. 89.

[27] RTJ 165/684.

[28] Ob. cit., p. 91.

modalidade consagrada pela Constituição. É o pensamento, dentre outros, de Diógenes Gasparini.[29]

Este último entendimento é o que se amolda melhor ao ordenamento constitucional, tendo em vista que a Constituição de 1988 passou a exigir concurso público para a investidura em cargo ou emprego público, ao contrário da anterior, que somente fazia essa exigência para a *primeira investidura*. Além disso, a norma do § 1º somente faz sentido se considerada a possibilidade de concurso público, para permitir a diferenciação de tratamento entre o candidato que não é abrangido pela norma do *caput* e aquele que é beneficiado pela mesma.

O Supremo Tribunal Federal, em julgado já citado, entendeu também que o servidor beneficiado pelo artigo 19 do ADCT "não tem direito a efetivação, a não ser que se submeta a concurso público, quando, aprovado e nomeado, fará jus à contagem do tempo de serviço prestado no período de estabilidade excepcional, como título".[30]

13.10.5 Requisito de tempo de serviço

O *caput* do artigo 19 exige, para aquisição da estabilidade excepcional, que o servidor tenha "cinco anos continuados" de exercício na data da Constituição. Entende-se que esse tempo de serviço tenha sido prestado na própria pessoa jurídica com a qual o servidor tem o vínculo. Note-se que, na Constituição de 1967, o artigo 177, § 2º, concedia a estabilidade excepcional aos servidores que tivessem, na data da Constituição, "*cinco anos de serviço público*", enquanto a atual fala em "*exercício na data da promulgação da Constituição, há pelo menos cinco anos continuados*".

Como diz Diógenes Gasparini,[31]

> "trata-se de exceção e, como tal, deve ser interpretada restritivamente. Assim, deve-se entender que os cinco anos a considerar são os contados de 5 de outubro de 1988 para trás e todos na mesma entidade, isto é, naquela em que a Constituição Federal, nessa data, flagrou o servidor. Não podem, portanto, para completar esse tempo, ser somados, por exemplo, dois anos prestados à União, dois prestados a uma autarquia e um, o último prestado ao Município, dado que não seriam cinco anos de exercício na mesma entidade. Ademais, não seria justo, nem constitucional, que o Município, o que menos tempo teve a sua disposição o servidor e, por isso, não pôde avaliar seu desempenho, fosse obrigado a tê-lo como estável. Por essa razão, os cinco anos devem ser considerados na mesma entidade, pois só assim se pode presumir sua adequação ao serviço público. De fato, quem ultrapas-

---

[29] GASPARINI, Diógenes. *Direito administrativo*. 11. ed. São Paulo: Saraiva, 2006. p. 214.
[30] RE 167.635, Rel. Min. Maurício Corrêa, julgamento em 17-9-1996, 2ª Turma, *DJ* de 7-2-1997.
[31] Ob. cit., p. 212.

sou esse prazo provou sua capacidade para integrar o quadro de pessoal da Administração Pública, autárquica ou fundacional pública. Nesses casos, o quinquênio serve como tempo mínimo de estágio probatório, já que o servidor não pôde demonstrar aptidão em concurso público nem teve, durante dois anos, um acompanhamento que demonstrasse estar apto para desempenhar suas atividades no serviço público".

Os cinco anos de exercício na data da promulgação da Constituição devem ser contados, para fins de aquisição da estabilidade, de forma ininterrupta. Se o servidor saiu de uma função e foi investido em outra, na mesma entidade, o tempo de serviço somente pode ser considerado se não houve um intervalo entre uma e outra. É evidente que não interrompem a contagem os períodos considerados como de efetivo exercício pela legislação infraconstitucional, como férias, licença-saúde, participação em competições desportivas, dentre outros.

No entanto, o Supremo Tribunal Federal entendeu de forma diferente, mas justificável pela especificidade da situação. Pelo voto do Ministro Marco Aurélio, decidiu que

"descabe ter como conflitante com o artigo 19 do Ato das Disposições Constitucionais Transitórias da Carta de 1988 provimento judicial em que se reconhece a estabilidade em hipótese na qual professor, ao término do ano letivo, era 'dipensado' e recontratado tão logo iniciadas as aulas. Os princípios da continuidade, da realidade, da razoabilidade e da boa-fé obstaculizam defesa do Estado em torno das interrupções e, portanto, da ausência de prestação de serviços por cinco anos continuados de modo a impedir a aquisição da estabilidade".[32]

13.10.6 *Servidores não beneficiados pela estabilidade excepcional*

Os §§ 2º e 3º do artigo 19 excluíram do benefício da estabilidade excepcional duas categorias de servidores: (a) os que ocupam cargos, funções e empregos de confiança ou em comissão e os que a lei declare de livre exoneração; (b) os professores de nível superior, "nos termos da lei".

Quanto aos da primeira categoria, é fácil entender a razão da exclusão: tais servidores ocupam cargos, empregos ou funções que, pela própria natureza, não são vocacionados a gerar estabilidade; eles se destinam ao provimento provisório e são sempre passíveis de livre provimento e exoneração. Por sua própria natureza, seus ocupantes são sempre exoneráveis *ad nutum* da autoridade administrativa competente.

---

[32] STF – 2ª Turma – Rextr. nº 176.551-0/SP – Rel. Min. Marco Aurélio, *DJ*, Seção I, 20-3-1998, p. 15. No mesmo sentido: RE 171.141, Rel. Min. Menezes Direito, julgamento em 15-4-2008, 1ª Turma, *DJE* de 30-5-2008.

Porém, se tais servidores estivessem temporariamente ocupando cargos, empregos ou funções dessa natureza, mas fossem servidores, o tempo prestado nessas atividades de confiança poderia ser considerado para completar os cinco anos continuados exigidos pelo *caput* do artigo 19. O que se quis dizer é que o servidor podia ser titular de cargo, emprego ou função de natureza permanente e estar apenas temporariamente em cargo, emprego ou função de confiança; nesse caso, o tempo prestado nesta última atividade pode ser computado para aquisição do benefício.

Quanto aos professores de nível universitário, também fácil é entender a razão pela qual não lhes foi concedida a estabilidade excepcional. A carreira universitária é constituída por vários níveis, que vão sendo conquistados pelo preenchimento de requisitos de mérito apurados em concursos de titularidade, como mestrado, doutorado, livre-docência. A concessão de estabilidade a quem fosse contratado temporariamente, independentemente de sua titulação, poderia implicar um incentivo à estagnação na carreira, já que o professor estaria protegido pela estabilidade no serviço público, ou poderia perpetuar-se na situação em que foi flagrado quando da promulgação da Constituição, sem que tivesse adquirido qualquer título próprio da carreira universitária.

É difícil de entender o sentido da expressão final contida no § 3º do artigo 19: "*nos termos da lei*". O dispositivo é autoaplicável, razão pela qual não parece aceitável o entendimento adotado por Diógenes Gasparini[33] no sentido de que "a norma é de eficácia contida, consoante sistematização de José Afonso da Silva (*Aplicabilidade*, 2. ed., cit., p. 72 e 92), e, enquanto essa norma não vier, aplica-se, sem qualquer restrição, aos professores de nível superior o *caput* do art. 19".

É incontestável a lição de Adilson Abreu Dallari[34] ao comentar o que ele chama de enigmático "nos termos da lei". Segundo o jurista,

> "pode-se extrair daí, com certeza, que ninguém se transformou em professor titular por decurso de prazo, pois esse é o núcleo central do dispositivo em questão, ficando pendente, à espera da legislação que vier a ser editada, a situação de cada um. Ou seja, a lei virá apenas disciplinar a situação dos professores não estabilizados, mas não poderá conceder-lhes estabilidade, pois a prescrição negativa tem eficácia plena e imediata, vedando qualquer comportamento em contrário".

---

[33] Ob. cit., p. 215.
[34] Ob. cit., p. 87.

13.10.7 O artigo 18 do ADCT

O artigo 18 das disposições constitucionais transitórias,[35] que não encontra paralelo nas Constituições anteriores, não deixa dúvida quanto ao seu caráter corretivo e meramente declaratório. E revela, implicitamente, uma realidade ocorrida durante o período que sucedeu a instalação da Assembleia Nacional Constituinte: a concessão de estabilidade a servidores admitidos sem concurso público, por meio de atos legislativos e administrativos.

O dispositivo é inútil, do ponto de vista jurídico, porque, se a estabilidade não tinha fundamento jurídico constitucional na vigência da Constituição anterior, não precisaria a nova Constituição dizê-lo. Os atos que a concederam eram inconstitucionais e assim poderiam ser declarados.

E também não tem sentido que a correção somente atinja as concessões de estabilidade feitas a partir da instalação da Assembleia Nacional Constituinte. Se houve atos legislativos ou administrativos, anteriores a esse período, outorgando estabilidade em desacordo com a Constituição de 1967, tais atos também seriam inconstitucionais e não poderiam produzir efeitos jurídicos.

E não há dúvida de que, na vigência da Constituição de 1967, em sua redação original, a estabilidade só podia ser adquirida por servidores nomeados mediante concurso público, ressalvada a única hipótese prevista no artigo 177, § 2º, das Disposições Gerais e Transitórias. Esse dispositivo outorgou estabilidade aos servidores que contassem, pelo menos, cincos anos de serviço público, na data da promulgação da Constituição. O benefício foi outorgado apenas aos servidores da Administração direta e das autarquias de todos os entes políticos. Os que não tinham cinco anos de serviço público naquela data e não tinham ingressado mediante concurso público ficaram sem a possibilidade de adquirir estabilidade.

A dúvida surgiu com a Emenda nº 1/1969. O artigo 100 repetiu a norma constante do artigo 99 do texto original, ao estabelecer que "serão estáveis, após dois anos de exercício, os funcionários nomeados por concurso". Contudo, o artigo 109, III, acrescentado pela Emenda nº 1/1969, previu lei federal, de iniciativa exclusiva do Presidente da República, definindo *"as condições para aquisição de estabilidade"*, com a exigência de que essa lei federal respeitasse *"o disposto no artigo 97 e seu § 1º e no § 2º do artigo 108"*.

E o artigo 97, § 1º, determinava que *"a primeira investidura em cargo público dependerá de aprovação prévia, em concurso público de provas ou de provas e títulos, salvo os casos indicados em lei"*. Verifica-se que a Constituição Federal deixou que o legislador indicasse casos em que a primeira investidura em cargo público fosse fei-

---

[35] "Art. 18. Ficam extintos os efeitos jurídicos de qualquer ato legislativo ou administrativo, lavrado a partir da instalação da Assembleia Nacional Constituinte, que tenha por objeto a concessão de estabilidade a servidor admitido sem concurso público, da administração direta ou indireta, inclusive das fundações instituídas e mantidas pelo Poder Público."

ta sem concurso público e permitiu que as condições para aquisição de estabilidade fossem definidas em lei federal de iniciativa exclusiva do Presidente da República. Houve opiniões nos dois sentidos. Essa divergência de opiniões foi registrada por Adilson Abreu Dallari,[36] quando afirmava que "a doutrina se dividiu quanto a este ponto: José Celso de Mello Filho afirmava categoricamente a impossibilidade, no que era acompanhado por Manoel Gonçalves Ferreira Filho, mas registrava a opinião respeitável de Hely Lopes Meirelles em sentido positivo".

De qualquer forma, não há dúvida de que, mesmo se fosse possível a aquisição de estabilidade sem concurso público, essa possibilidade somente poderia ser prevista em lei federal de iniciativa exclusiva do Presidente da República.

Em consequência, todos os atos legislativos e administrativos que contrariassem essa exigência seriam inconstitucionais. Não havia necessidade de norma expressa na Constituição de 1988 extinguindo os efeitos jurídicos de tais atos. Além disso, eles seriam inconstitucionais mesmo que promulgados antes da instauração da Assembleia Nacional Constituinte. É possível que a perspectiva de mudança nas regras pertinentes à estabilidade tenha incentivado os legisladores das três esferas de governo a distribuir benesses antes da entrada em vigor da nova Constituição. A correção de tais benesses é que foi alvo do legislador constituinte com a norma do artigo 18 das disposições transitórias.

Na lição de José Afonso da Silva,[37]

> "segundo se depreende da disposição transitória em análise, houve concessão de estabilidade a servidores não concursados durante o processo constituinte. Essa concessão, seja por ato legislativo – incluindo emenda constitucional –, seja por ato administrativo, era inconstitucional. É essa inconstitucionalidade que a disposição transitória está corrigindo, declarando extintos os seus efeitos – o que vale dizer: declarando sem efeito os atos concessórios da garantia".

---

[36] *Regime constitucional dos servidores públicos*. 2. ed. São Paulo: Revista dos Tribunais, 1990. p. 81.
[37] *Comentário contextual à Constituição*. São Paulo: Malheiros, 2005. p. 905.

14

Aposentadoria dos servidores públicos efetivos e pensão dos seus dependentes

Maria Sylvia Zanella Di Pietro

14.1 Aposentadoria e pensão

Aposentadoria é o direito à inatividade remunerada, assegurado ao servidor público em caso de invalidez, idade ou requisitos conjugados de tempo de exercício no serviço público e no cargo, idade mínima e tempo de contribuição. Daí as três modalidades de aposentadoria: por invalidez, compulsória e voluntária.

Pensão é o benefício pago aos dependentes do servidor falecido, nas condições definidas em lei.

Do ponto de vista **formal**, aposentadoria é o ato pelo qual a Administração Pública concede esse direito ao servidor público. E pensão, sob o ponto de vista formal, é o ato administrativo pelo qual a Administração Pública concede esse direito aos dependentes do servidor falecido.

Tanto a aposentadoria como a pensão são atos complexos, uma vez que sujeitos a registro pelo Tribunal de Contas, conforme artigo 71, III, da Constituição Federal. Produzem efeitos jurídicos imediatos, sendo suficientes para que o servidor ou o seu dependente passe a usufruir do benefício; mas os mesmos só se tornam definitivos após a homologação pelo Tribunal de Contas, que tem a natureza de condição resolutiva.

Perante a atual Constituição, tanto a aposentadoria como a pensão têm a natureza jurídica de benefício previdenciário e contributivo, sujeito às normas do artigo 40 da Constituição.

14.2 Regime previdenciário

Dependendo do regime adotado, a aposentadoria do servidor público pode, em tese, apresentar-se como direito de **natureza previdenciária**, dependente de contribuição, ou como direito vinculado ao exercício do cargo público, financiado inteiramente pelo Poder Público, sem contribuição do servidor.

Tradicionalmente, a primeira hipótese era reservada apenas aos servidores contratados pelo regime da CLT, ficando os demais livres de qualquer contribuição. A Emenda Constitucional nº 3, de 1993, introduziu o § 6º no artigo 40 da Constituição, para prever que "as aposentadorias e pensões dos servidores públicos federais serão custeadas com recursos provenientes da União e das contribuições dos servidores, na forma da lei".

Com relação aos servidores estaduais e municipais, o artigo 149, parágrafo único, da Constituição estabelecia que "os Estados, o Distrito Federal e os Municípios poderão instituir contribuição, cobrada de seus servidores, para o custeio, em benefício destes, de sistemas de previdência e assistência social".

A Emenda Constitucional nº 20/1998 alterou a redação do artigo 40 da Constituição, assegurando aos servidores ocupantes de cargo efetivo regime de previdência de caráter contributivo, observados critérios que preservem o equilíbrio financeiro e atuarial. Ela não manteve a redação do § 3º do artigo 40, que impunha o regime contributivo para o servidor federal, e manteve com a mesma redação o artigo 149, § 1º, de modo que se pode afirmar que, diante dessa Emenda, não era obrigatória a instituição desse regime para o servidor. Tratava-se de faculdade a ser exercida, a critério do legislador de cada nível de Governo.

Por isso mesmo, em grande parte dos Estados e Municípios, não foi instituído regime previdenciário para os servidores, a não ser, em alguns deles, para custear a pensão dos dependentes do servidor falecido. Foi o que ocorreu no Estado de São Paulo, em que se continuou a adotar o regime contributivo para a pensão, nos termos da Lei Complementar nº 180, de 12-5-1978. Só recentemente, com a Lei Complementar nº 943, de 23-6-2003, é que foi prevista a contribuição para fins de aposentadoria.

Além disso, outros benefícios que, para o trabalhador, são assegurados também pelo regime previdenciário constituem para o servidor público, do mesmo modo que a aposentadoria, encargos do Estado, previstos no Estatuto do Servidor Público, como é o caso da licença-saúde, licença-maternidade, auxílio-funeral, dentre outros.

Com a Emenda Constitucional nº 41, de 19-12-2003, foi alterada a redação do artigo 149, § 1º, para determinar que

"os Estados, o Distrito Federal e os Municípios instituirão contribuição, cobrada de seus servidores, para o custeio, em benefício destes, do regime previdenciário de que trata o art. 40, cuja alíquota não será inferior à da contribuição dos servidores titulares de cargos efetivos da União".

Vale dizer que o regime previdenciário de caráter contributivo, já aplicado para os servidores federais com base na Emenda Constitucional nº 3/1993, tornou-se obrigatório para Estados e Municípios, em ofensa à autonomia estadual e municipal e, portanto, com infringência ao princípio federativo.

14.3 Princípios da reforma previdenciária

As bases para a chamada reforma previdenciária foram lançadas pela Emenda Constitucional nº 20/1998. O objetivo último é o de reduzir os benefícios sociais – mais especificamente proventos de aposentadoria e pensão – dos servidores públicos ocupantes de cargos efetivos e seus dependentes, colocando-os, paulatinamente, nos mesmos patamares vigentes para o regime geral de previdência social, que inclui o trabalhador do setor privado e os servidores não ocupantes de cargo efetivo. O que se objetiva, na realidade, é a unificação da previdência social. Não podendo ser feita de imediato, tendo em vista as situações consolidadas com base na legislação vigente, pretende-se alcançar esse objetivo de forma paulatina. Daí já terem sido promulgadas duas Emendas Constitucionais instituidoras de "reformas previdenciárias" e já se falar em outras futuras reformas da mesma natureza.

Os principais objetivos da reforma ficaram definidos na Emenda Constitucional nº 20/1998, a saber:

a) previsão de regime previdenciário de caráter contributivo para os servidores ocupantes de cargos efetivos, observados critérios que preservem o equilíbrio financeiro e atuarial (art. 40, *caput*); a instituição desse regime foi mantida em caráter facultativo para Estados e Municípios (art. 149, § 1º);

b) inclusão no regime geral de seguridade social dos servidores ocupantes exclusivamente de cargos em comissão ou de outros cargos temporários e dos servidores ocupantes de empregos públicos (art. 40, § 13);

c) alteração dos requisitos para a aposentadoria voluntária dos servidores ocupantes de cargo efetivo, de modo a prolongar a sua permanência no serviço público e, paralelamente, retardar a sua dependência em relação ao seguro social (art. 40, § 1º, III);

d) previsão da possibilidade de estabelecimento de limite para os proventos de aposentadoria e pensão, igual ao estabelecido para os segurados do regime geral de previdência social, sob a condição de ser instituída a chamada previdência complementar[1] (art. 40, § 14); a ideia é a de que a previdência social responda dentro do limite estabelecido para a seguridade social em geral, ficando eventuais diferenças por conta da previdência complementar, também de caráter contributivo;

e) previsão da possibilidade de instituição de fundos de aposentadoria e pensão para administração dos recursos do regime previdenciário próprio dos servidores (art. 249);

f) vinculação das contribuições sociais ao regime previdenciário (art. 167, XI, combinado com o art. 40, § 12).

Com exceção da norma referente aos novos requisitos para aposentadoria voluntária, a consecução desses objetivos dependia de legislação infraconstitucional. Para esse fim, foi baixada a Lei federal nº 9.717, de 27-11-1998, com normas obrigatórias para União, Estados, Distrito Federal e Municípios. Mas a instituição do regime nos níveis estaduais e municípios ficou dependendo de legislação própria.

Também com exceção da norma referente aos novos requisitos para aposentadoria voluntária, nada se cumpriu.

Na tentativa de possibilitar a implementação da nova sistemática, a Emenda Constitucional nº 41/2003 mantém, basicamente, os mesmos objetivos já definidos na Emenda nº 20/1998, com algumas inovações:

a) obrigatoriedade da instituição do regime previdenciário de caráter contributivo para todos os níveis de governo (redação dada ao art. 149, § 1º);

b) menção expressa ao caráter solidário do regime previdenciário (art. 40, *caput*), com o que se pretendeu dar fundamento à contribuição dos inativos e pensionistas;

c) indicação das fontes de custeio, incluindo contribuição do ente público, dos servidores ativos e inativos e dos pensionistas (art. 40, *caput*);

d) definição de critérios para fixação, em lei, do valor da pensão dos dependentes do servidor falecido (art. 40, § 7º);

e) extinção, respeitados os direitos adquiridos, da paridade entre, de um lado, os proventos e pensões, e, de outro, os vencimentos dos servidores em atividade (nova redação dada aos §§ 7º e 8º do art. 40);

---

[1] Na esfera federal, a Lei nº 12.618, de 30-4-2012, instituiu o regime de previdência complementar para os servidores públicos titulares de cargo efetivo da União, suas autarquias e fundações, inclusive para os membros do Poder Judiciário, do Ministério Público da União e do Tribunal de Contas da União.

f) previsão da garantia de reajustamento dos benefícios para preservar-lhes, em caráter permanente, o valor real, conforme critérios a serem estabelecidos em lei (nova redação do § 8º do art. 40);

g) extinção do direito a proventos integrais, com a previsão de que o cálculo dos proventos de aposentadoria levará em consideração a remuneração utilizada como base para as contribuições do servidor ao regime de previdência social a que estiver vinculado (regime geral ou regime próprio do servidor, conforme o caso), de acordo com o que for definido em lei (art. 40, § 3º); isso significa que, ao instituir o regime previdenciário próprio do servidor, cada ente da federação terá que definir a remuneração sobre a qual incidirá a contribuição, a qual deverá obrigatoriamente ser levada em consideração no cálculo dos proventos; a limitação ao teto de R$ 2.400,00 (atualizado anualmente, pelo Governo Federal), continua condicionada à instituição da previdência complementar por lei de cada esfera de governo (art. 40, § 14, não alterado pela Emenda Constitucional nº 41/2003).

Quanto aos **riscos cobertos pelo regime previdenciário**, existe uma diferença entre o regime geral de previdência social de que trata o artigo 201 da Constituição e o regime próprio do servidor, disciplinado pelo artigo 40. Para o primeiro, os riscos cobertos são: doença, invalidez, morte, idade avançada, maternidade, desemprego involuntário, reclusão e morte, sem prejuízo de outros previstos em lei. Para o servidor vinculado ao regime próprio de previdência social, o artigo 40 não especifica os riscos cobertos. Apenas se presume que, como o dispositivo cuida, no § 1º, das três modalidades de **aposentadoria** (por invalidez, compulsória e voluntária) e, no § 7º, da **pensão por morte**, os riscos cobertos pelo regime previdenciário são a invalidez, a idade e a morte.

A Lei nº 9.717/1998 também não indica os riscos a serem cobertos pelo regime previdenciário. Porém, no artigo 5º, determina que "os regimes próprios de previdência social dos servidores públicos da União, dos Estados e do Distrito Federal não poderão conceder benefícios distintos dos previstos no Regime Geral de Previdência Social, de que trata a Lei nº 8.213, de 24 de julho de 1991, salvo disposição em contrário da Constituição Federal".

Em consequência, tem-se que entender que a definição dos riscos cobertos ficará a cargo da legislação de cada ente federativo, tendo como limite os benefícios previstos para o regime geral de previdência social pela Lei nº 8.213/1991.

Muitos dos benefícios atendidos pelo regime geral de previdência social, como auxílio-doença, auxílio-funeral, licença-maternidade, dentre outros, constituem, para os servidores vinculados ao regime próprio de previdência, encargo que o Estado assume, independentemente de contribuição. Trata-se de vantagens previstas e reguladas por normas estatutárias.

14.4 Regimes previdenciários diferenciados

Pela Emenda Constitucional nº 20, de 15-12-1998, que estabeleceu a **reforma da previdência social** (primeira reforma), o regime previdenciário é previsto para todas as categorias de servidores, porém com duas modalidades um pouco diversas: alguns estão sujeitos ao regime geral da previdência social, estabelecido no artigo 201 e seguintes, em tudo igual ao do trabalhador privado, enquanto outros estão sujeitos ao regime previdenciário próprio do servidor, previsto no artigo 40. A primeira modalidade está disciplinada pela Lei nº 8.212, de 24-7-1991, e a segunda, pela Lei nº 9.717, de 27-11-1998 (alterada pela Lei nº 10.887, de 18-6-2004), que dispõe sobre regras gerais para a organização e o funcionamento dos regimes próprios de previdência social dos servidores públicos da União, dos Estados, do Distrito Federal e dos Municípios; essa lei estabelece algumas normas de âmbito apenas federal e outras normas gerais obrigatórias para todos os níveis de governo, sem afetar a competência de cada qual para instituir o respectivo regime previdenciário, já que se trata de matéria de competência concorrente, em que a União estabelece apenas as normas gerais e os Estados exercem a competência suplementar (art. 24, XII, e parágrafos da Constituição); os Municípios também podem legislar supletivamente com base no artigo 30, II. Para os servidores federais, a matéria estava disciplinada pela Lei nº 9.783, de 28-1-1999, que dispunha sobre a contribuição para o custeio da previdência social dos servidores públicos, ativos e inativos, e dos pensionistas dos três Poderes da União. Essa lei foi revogada pela Lei nº 10.887/2004, que agora disciplina o assunto.

Nos dois regimes está presente a ideia de *previdência social* (como encargo do Poder Público, em oposição à previdência privada), que funciona à semelhança do contrato de seguro, em que o segurado paga determinada **contribuição**, com vistas à cobertura de **riscos futuros**. Os segurados contribuem compulsoriamente, mas nem todos usufruem dos benefícios, porque nem sempre se concretiza a situação de risco coberta pela previdência social. Daí a ideia de **solidariedade**, inerente ao regime de previdência social.

No caso do servidor vinculado ao regime geral da previdência social, a sua aposentadoria, tal como a do trabalhador privado, integra-se, nos termos do artigo 195 da Constituição, com a redação dada pela Emenda Constitucional nº 20, de 15-12-1998, no regime da previdência social mantido com a participação da União, Estados, Distrito Federal e Municípios, além das seguintes contribuições sociais:

    I – do empregador, da empresa e da entidade a ela equiparada na forma da lei, incidente sobre: (a) a folha de salários e demais rendimentos do trabalho pagos ou creditados, a qualquer título, à pessoa física que lhe preste serviços, mesmo sem vínculo empregatício; (b) a receita ou faturamento; e (c) o lucro;

II – do trabalhador e dos demais segurados da previdência social, não incidindo contribuição sobre aposentadoria e pensão concedidas pelo regime geral de previdência social de que trata o artigo 201;

III – sobre a receita de concursos de prognósticos.

Quanto ao regime previdenciário do servidor público, a Emenda Constitucional nº 41/2003 trouxe algumas inovações, a começar pela redação do *caput* do artigo 40, que passou a falar em *regime de previdência de caráter contributivo e solidário, mediante contribuição do respectivo ente público, dos servidores ativos e inativos e dos pensionistas, observados critérios que preservem o equilíbrio financeiro e atuarial*. Vale dizer que definiu as fontes de custeio do regime previdenciário próprio do servidor, incluindo as contribuições dos inativos e pensionistas, que havia sido considerada inconstitucional pelo Supremo Tribunal Federal. Repete-se agora, por emenda constitucional, a exigência que constava da Lei nº 9.717/1998. O Supremo Tribunal Federal, ao apreciar as ADINs de nºs 3.105 e 3.128, ajuizadas, respectivamente, pela Associação Nacional dos Membros do Ministério Público e pela Associação Nacional dos Procuradores da República, entendeu ser constitucional a cobrança de contribuição dos inativos e pensionistas.

Quanto ao montante da contribuição, o artigo 149, § 1º, com a redação dada pela Emenda Constitucional nº 41/2003, impõe aos Estados, Distrito Federal e Municípios alíquota não inferior à da contribuição dos servidores titulares de cargos efetivos da União, o que é sob todos os aspectos inaceitável, tendo em vista que não leva em consideração o fato de que o equilíbrio financeiro e atuarial pode exigir alíquotas diversas em cada ente da federação. Essa contribuição incide sobre os proventos e pensões que superem o limite máximo estabelecido no artigo 202 para o regime geral de previdência social (art. 40, § 18), salvo para os atuais inativos e pensionistas e para os servidores que completaram os requisitos para obtenção dos benefícios na data de publicação da Emenda nº 41/2003. Nesse caso, o artigo 4º e seu parágrafo único preveem contribuição igual à dos servidores ativos, a incidir sobre a parcela dos proventos e da pensão que supere 50% do limite estabelecido pelo artigo 202 (para Estados, Distrito Federal e Municípios) e 60% (para a União). Quanto a essa parte, o Supremo Tribunal Federal, nas mesmas ADINs, entendeu, com base no princípio da isonomia, que deve ser igual para todos o limite acima do qual deverá incidir a contribuição, independentemente de tratar-se de servidor federal, estadual ou municipal e da data em que ocorreu a aposentadoria. Dessa forma, foram consideradas inconstitucionais as expressões *cinquenta por cento do* e *sessenta por cento do*, contidas, respectivamente, nos incisos I e II do parágrafo único do artigo 4º da Emenda nº 41/03. A contribuição passa a incidir, para todos, sobre o montante que superar o valor máximo dos benefícios concedidos pelo Regime Geral da Previdência Social.

Para os aposentados e pensionistas portadores de doença incapacitante, a contribuição prevista no § 18 do artigo 40 "incidirá apenas sobre as parcelas de proventos de aposentadoria e de pensão que superem o dobro do limite máximo estabelecido para os benefícios do regime geral de previdência social de que trata o art. 201 desta Constituição" (conforme § 21 do art. 40, acrescentado pela Emenda Constitucional nº 47/2005).

Pelo sistema instituído pela Emenda nº 20, a vinculação dos servidores públicos ao regime previdenciário é feita da seguinte maneira:

a) os ocupantes de **cargos efetivos** da União, Estados, Distrito Federal e Municípios, bem como suas autarquias e fundações, submetem-se ao artigo 40, ou seja, ao regime previdenciário próprio do servidor público e não ao regime geral de previdência previsto no artigo 201 e seguintes, embora o § 12 do mesmo artigo 40 determine que aos servidores se aplicam *"no que couber, os requisitos e critérios fixados para o regime geral de previdência social"*;

b) para o servidor **ocupante exclusivamente de cargo em comissão**, bem como de outro **cargo temporário** ou de emprego público, aplica-se o regime geral de previdência social (§ 13 do art. 40). A referência ao *servidor ocupante exclusivamente de cargo em comissão* tem por objetivo distinguir essa situação daquela em que o servidor ocupa cargo em comissão, mas é titular de cargo efetivo nos quadros da Administração Pública; este se enquadra no regime previdenciário próprio do servidor.

Verifica-se que não houve qualquer referência ao regime previdenciário dos servidores que exercem **função**. Seria de indagar-se se foi intenção do legislador constituinte excluí-los de qualquer regime previdenciário. A resposta só pode ser negativa. E, se houve essa intenção, ela certamente ficará frustrada e a omissão terá que ser corrigida pela legislação infraconstitucional ou pela via de interpretação, tendo em vista que o artigo 6º da Constituição, inserido no título pertinente aos direitos e garantias fundamentais, inclui nessa categoria os **direitos sociais**, abrangendo, dentre outros, a previdência social.

Conforme visto anteriormente, a Constituição faz referência, em vários dispositivos, a **cargo**, **emprego** e **função**; esta última abrange pelo menos duas modalidades com fundamento constitucional: a função exercida por servidores contratados temporariamente com base no artigo 37, IX, e as funções de confiança referidas no artigo 37, V.

Para as funções de confiança, é justificável a omissão quanto ao seu regime previdenciário, porque, pelo inciso V do artigo 37, com a redação dada pela Emenda Constitucional nº 19, as mesmas só podem ser exercidas por servidor ocupante de cargo efetivo e este, como visto, está necessariamente inserido no regime previdenciário previsto no artigo 40.

Quanto aos servidores contratados temporariamente com base no artigo 37, IX, tem-se que incluí-los, por analogia, no regime geral da previdência, já que o artigo 40, § 13, faz referência a "outro cargo temporário". Trata-se de aplicação do princípio geral de direito, segundo o qual *ubi eadem est ratio, eadem est jus dispositio* (onde existe a mesma razão, deve aplicar-se o mesmo dispositivo), que justifica a aplicação da lei por analogia.

Há que se lembrar também que alguns Estados e Municípios não implantaram o regime jurídico único previsto no artigo 39 da Constituição, em sua redação original. Foi o que ocorreu no Estado de São Paulo, onde até hoje existem servidores que exercem a chamada **função-atividade**, com base na Lei nº 500, de 13-11-1974, que corresponde a funções de caráter permanente, para as quais o ingresso se fazia mediante **processo seletivo**. Tais servidores nem ocupam cargo efetivo a que se refere o caput do artigo 40, nem ocupam cargo em comissão, cargo temporário ou emprego público, referidos no § 13 do mesmo dispositivo. Eles têm uma situação muito semelhante à dos servidores efetivos, à medida que foram admitidos por processo seletivo; seu regime é estatutário, porque estabelecido por lei; a maior parte deles adquiriu estabilidade com base no artigo 19 do Ato das Disposições Constitucionais Transitórias. O caráter de temporariedade e de precariedade da forma de provimento e exoneração, presente nos casos previstos no § 13, não existe com relação a esses servidores. A eles deve aplicar-se, por analogia, o *caput* do artigo 40.

Além disso, os servidores que foram admitidos, a qualquer título, antes da Emenda Constitucional nº 20 (ressalvados os celetistas, que já eram vinculados ao regime previdenciário geral), tinham a sua aposentadoria regida pelos dispositivos constitucionais relativos aos servidores públicos. O artigo 40 da Constituição não fazia qualquer distinção quanto ao tipo de servidor, fosse ele ocupante de cargo ou função; apenas remetia para a legislação a disciplina legal sobre a aposentadoria em cargos ou empregos temporários. Fora essas duas hipóteses, todos os demais servidores faziam jus às modalidades de aposentadoria previstas no artigo 40 e continuam sujeitos a esse dispositivo, já que tiveram os seus direitos preservados pela regra do artigo 3º, § 3º, da Emenda nº 20. Esse dispositivo manteve, expressamente,

> "*todos os direitos e garantias assegurados nas disposições constitucionais vigentes à data de publicação desta Emenda aos servidores e militares, inativos e pensionistas, aos anistiados e aos ex-combatentes, assim como àqueles que já cumpriram, até aquela data os requisitos para usufruírem tais direitos, observado o disposto no artigo 37, XI, da Constituição Federal*".

Ocorre que muitas vezes Municípios não instituem regimes próprios de previdência, adotando o Regime Geral de Previdência Social. Essa possibilidade existe em razão de o legislador federal, amparado no artigo 195, II, da Constituição, com a redação imprimida pela Emenda Constitucional nº 20/1998 – que incluiu entre as fontes de financiamento da Seguridade Social, ao lado da contribuição do trabalhador, a "*dos demais segurados da previdência social*" –, ter previsto como segurado obrigatório da Previdência Social o servidor civil ocupante de cargo efetivo ou o militar da União, dos Estados e do Distrito Federal ou dos Municípios, bem como o das respectivas autarquias e fundações, <u>desde que amparados por regime próprio de previdência social</u> (art. 13 da Lei nº 8.212/1991 e art. 12 da Lei nº 8.213/1991, ambos com a redação dada pela Lei nº 9.876/1999).

Dessa forma, os servidores públicos não amparados por regime de previdência próprio, ainda que titulares de cargos efetivos, são segurados obrigatórios do Regime Geral de Previdência Social. A propósito, confira-se o seguinte aresto do Tribunal Regional Federal da 1ª Região:

> "PREVIDENCIÁRIO. AVERBAÇÃO DE TEMPO DE SERVIÇO. TRABALHADOR URBANO MUNICIPAL. RECONHECIMENTO. PROVA TESTEMUNHAL BASEADA EM INÍCIO DE PROVA DOCUMENTAL. VINCULAÇÃO AO REGIME GERAL DA PREVIDÊNCIA SOCIAL.
>
> 1. Comprovado o tempo de atividade urbana por prova testemunhal baseada em início de prova documental, o suplicante tem direito à averbação para fins previdenciários.
> 2. A responsabilidade pelo recolhimento das contribuições previdenciárias é do empregador, cabendo a fiscalização ao INSS, não devendo tais irregularidades ser imputadas ao autor.
> 3. **Inexistindo regime próprio de previdência, o servidor municipal vincula-se ao Regime Geral da Previdência Social.**
> 4. Apelação e remessa oficial a que se nega provimento" (TRF 1ª Região. 1ª Turma, AC 200143000009844, Rel. Desembargador Federal Antônio Sávio de Oliveira Chaves. j. 29-9-2004, *DJ* 25-10-2004).

Não obstante, o fato de serem vinculados ao Regime Geral de Previdência Social não retira dos servidores municipais titulares de cargos efetivos os direitos previstos no artigo 40 da Constituição da República. Por esse motivo, nas hipóteses em que os proventos pagos pelo INSS forem inferiores aos que o servidor faz jus, nos termos do citado dispositivo constitucional, e desde que não tenha sido criado no âmbito do ente federativo regime de previdência complementar, como faculta o § 14 do artigo 40 da Constituição Federal, deve o Município arcar com a complementação das aposentadorias de seus servidores inativos e das pensões dos dependentes destes últimos. É importante, contudo, que lei municipal discipline a possibilidade de complementação.

Observe-se, entretanto, que dita norma só é aplicável aos servidores titulares de cargos efetivos. Isso porque, consoante o artigo 40, § 13, da Constituição da

República, "*ao servidor ocupante, exclusivamente, de cargo em comissão declarado em lei de livre nomeação e exoneração, bem como de outro cargo temporário ou de emprego público, aplica-se o regime geral de previdência social*".

Assim, os servidores que não são titulares de cargos efetivos não possuem direitos alheios aos conferidos pelas normas do Regime Geral de Previdência Social, motivo por que nada perceberão dos cofres Municipais, resolvendo-se eventual vínculo de aposentação diretamente com o INSS.

Para atender ao objetivo de assegurar recursos para o pagamento de proventos de aposentadoria e pensão, a Emenda Constitucional nº 20 permite, nos artigos 249 e 250, acrescidos à Constituição, a instituição de **fundos** a serem constituídos por lei com recursos provenientes de contribuições e por bens, direitos e ativos de qualquer natureza. O primeiro dispositivo trata do regime previdenciário dos servidores e, portanto, a lei instituindo o fundo terá que ser da competência de cada ente da federação (União, Estados, Distrito Federal e Municípios). O segundo trata do regime geral de previdência social, hipótese em que a instituição do fundo é de competência exclusiva da União, conforme está expresso no dispositivo. Note-se que os dispositivos não obrigam a instituição dos fundos, deixando a sua instituição à decisão discricionária de cada nível de governo.

A Lei de Responsabilidade Fiscal (Lei Complementar nº 101, de 4-5-2000) instituiu, no artigo 68, o Fundo do Regime Geral de Previdência Social, vinculado ao Ministério da Previdência e Assistência Social, com a finalidade de prover recursos para o pagamento dos benefícios do regime geral de previdência social; no § 1º do mesmo dispositivo, indica os bens e receitas que integram o Fundo e, no § 2º, estabelece que o mesmo será gerido pelo INSS, na forma da lei.

Os fundos não têm personalidade jurídica própria e caracterizam-se por serem constituídos por receitas vinculadas a determinados fins. A Lei federal nº 4.320, de 17-3-1964, que estabelece normas gerais de direito financeiro, define os fundos como "*o produto de receitas especificadas que, por lei, se vinculam à realização de determinados objetivos ou serviços, facultada a adoção de normas peculiares de aplicação*" (art. 71). Como os fundos não têm personalidade jurídica própria, normalmente ficam vinculados a determinado órgão, encarregado de sua administração. No caso específico de que se trata, a receita será a decorrente da própria contribuição previdenciária, além de bens, direitos e ativos de qualquer natureza. A forma de sua administração será definida na lei instituidora.

Quanto à aplicação dos recursos provenientes das contribuições sociais, há norma expressa na Emenda Constitucional nº 20 proibindo a sua utilização para a realização de despesas distintas do pagamento de benefícios do regime geral de previdência social (art. 167, XI).

14.5 Modalidades de aposentadoria

À vista da dualidade de regimes previdenciários para os servidores públicos, em função do tipo de vínculo que os une à Administração Pública, a aposentadoria rege-se também por normas diversas. Todos têm direito à aposentadoria **por invalidez, compulsória e voluntária**. Porém, o valor dos proventos varia conforme o tipo de regime previdenciário, como também variam os requisitos exigidos para a outorga do benefício.

Para o servidor vinculado ao regime previdenciário geral, aplicam-se as mesmas normas aplicáveis aos empregados do setor privado (art. 201 e seguintes). A Constituição não especifica as modalidades de aposentadoria, deixando a matéria para a legislação ordinária. Porém, no artigo 201, I, exige que, entre outros benefícios, sejam cobertos obrigatoriamente pela previdência social os eventos de doença, invalidez, morte e idade avançada e, no § 7º, indica os requisitos para a aposentadoria voluntária, a saber:

"I – trinta e cinco anos de contribuição, se homem, e trinta anos de contribuição, se mulher;

II – sessenta e cinco anos de idade, se homem, e sessenta anos de idade, se mulher, reduzido em cinco anos o limite para os trabalhadores rurais de ambos os sexos e para os que exerçam suas atividades em regime de economia familiar, nestes incluídos o produtor rural, o garimpeiro e o pescador artesanal."

Além disso, o § 8º do artigo 201 reduz em cinco anos o tempo de contribuição para o professor que comprove exclusivamente tempo de efetivo exercício em funções de magistério na educação infantil e no ensino fundamental e médio.[2]

---

[2] Pela Súmula 726, o STF havia consagrado o entendimento de que "para efeito de aposentadoria especial de professores, não se computa o tempo de serviço prestado fora da sala de aula". No entanto, em decisão proferida na ADIn 3772 (em 29-10-2008), proposta contra o artigo 1º da Lei Federal nº 11.301/06, que estabeleceu aposentadoria especial para especialistas em educação que exerçam direção de unidade escolar, coordenação e assessoramento pedagógico, o STF, por maioria de votos, decidiu que: "I – A função de magistério não se circunscreve apenas ao trabalho em sala de aula, abrangendo também a preparação de aulas, a correção de provas, o atendimento aos pais e alunos, a coordenação e o assessoramento pedagógico e, ainda, a direção de unidade escolar. II – As funções de direção, coordenação e assessoramento pedagógico integram a carreira do magistério desde que exercidas, em estabelecimentos de ensino básico, por professores de carreira, excluídos os especialistas em educação, fazendo jus aqueles que as desempenham ao regime especial de aposentadoria estabelecido nos arts. 40, § 4º, e 201, § 1º, da Constituição Federal. III – Ação direta julgada parcialmente procedente, com interpretação conforme, nos termos supra" (ADI 3772, Rel. para acórdão Min. Ricardo Lewandowski, DJe-059). Com essa decisão, a Súmula 726 terá alcance mais restrito, porque só abrangerá funções exercidas fora da carreira do magistério.

Verifica-se, portanto, que, para a aposentadoria voluntária, combinam-se os critérios de **tempo de contribuição** e de **idade mínima**.

Quanto ao montante dos proventos, a Constituição nada estabelece, deixando a sua fixação para a legislação ordinária. Porém, o artigo 14 da Emenda Constitucional nº 20 determina que

> "o limite máximo para o valor dos benefícios do regime geral de previdência social de que trata o artigo 201 da Constituição Federal é fixado em R$ 1.200,00, devendo, a partir da data da publicação desta Emenda, ser reajustado de forma a preservar, em caráter permanente, seu valor real, atualizado pelos mesmos índices aplicados aos benefícios do regime geral de previdência social".

Esse valor passou a ser de R$ 2.400,00 a partir da Emenda Constitucional nº 41/2003 (art. 5º), sendo anualmente reajustado em obediência ao comando constitucional.

A Emenda nº 20/1998 também estabelece um limite mínimo para os proventos de aposentadoria e para os benefícios em geral, correspondente ao valor mensal do salário-mínimo (art. 201, § 2º).

Para o servidor público vinculado ao regime previdenciário referido no artigo 40, *caput*, são previstas, no § 1º, três modalidades de aposentadoria:

1. por invalidez;
2. compulsória;
3. voluntária.

Na aposentadoria por **invalidez permanente**, os proventos são proporcionais[3] ao tempo de contribuição, exceto se decorrente de acidente em serviço, moléstia profissional ou doença grave, contagiosa ou incurável, na forma da lei (redação dada pela Emenda Constitucional nº 41/2003); embora a redação dê a impressão de que nestas últimas hipóteses haverá integralidade (já que constituem exceção à regra da proporcionalidade), a Lei nº 10.887, de 18-6-2004, estabeleceu uma forma de cálculo dos proventos que também implica proporcionalidade, porque, pelo artigo 1º, será considerada a média aritmética simples das maiores remunerações, utilizadas como base para as contribuições do servidor ao regime previdenciário a que estiver vinculado, correspondendo a

---

[3] "As únicas parcelas que integram os proventos e que são isentas de proporcionalização, no caso de aposentadoria proporcional, são o adicional por tempo de serviço, a vantagem pessoal dos quintos e a vantagem do art. [7] 193 da Lei 8.112/90. Necessidade de proporcionalização das vantagens pagas a beneficiário de pensão decorrente de aposentadoria proporcional" (TCU, Acórdão 5928/2013 – Primeira Câmara, Rel. Min. Benjamin Zymler, Ata nº 31/2013).

80% de todo o período de contribuição desde a competência de junho de 1994 ou desde o ano de início da contribuição, se posterior àquela data. Poderá até ocorrer que, nas hipóteses em que haveria integralidade (como exceção à regra da proporcionalidade), os proventos sejam menores do que nas hipóteses em que os proventos devem ser proporcionais ao tempo de contribuição. Na realidade, para a regra e para exceção, estabeleceu-se proporcionalidade.[4] Em decorrência disso, não é possível aplicar à aposentadoria por invalidez o artigo 1º da Lei nº 10.887, sob pena de inconstitucionalidade. É o que vêm decidindo o Superior Tribunal de Justiça e o Supremo Tribunal Federal, havendo acórdãos que exigem proventos integrais mesmo quando a doença não esteja especificada em lei.[5]

A Emenda Constitucional nº 70, de 29-3-2012, veio acrescentar o artigo 6º-A na Emenda Constitucional nº 41, de 2003, para determinar que "o servidor da União, dos Estados, do Distrito Federal e dos Municípios, incluídas suas autarquias e fundações, que tenha ingressado no serviço público até a data de publicação desta Emenda Constitucional e que tenha se aposentado ou venha a se aposentar por invalidez permanente, com fundamento no inciso I do § 1º do artigo 40 da Constituição Federal, tem direito a proventos de aposentadoria calculados com base na remuneração do cargo efetivo em que se der a aposentadoria, na forma da lei, não sendo aplicáveis as disposições constantes dos §§ 3º, 8º e 17 do artigo 40 da Constituição Federal".

---

[4] A respeito dos limites à remuneração proporcional, decidiu o TCU: "1. O § 2º do art. 40 da Constituição Federal estabelece um único limite para o cálculo dos proventos, no momento da concessão de aposentadoria, que vem a ser a última remuneração do cargo efetivo. 2. Não é lícita a aplicação do fator de proporcionalidade à última remuneração, de molde a criar um limite próprio (e menor) para a aposentadoria proporcional. 3. A interpretação extensiva da regra constitucional conduz à mitigação indevida do princípio contributivo" (Acórdão 2212/2008 – Plenário, Rel. Min. Benjamin Zymler, *DOU* 10-10-2008).

[5] A 3ª Seção do STJ pacificou o entendimento de que os proventos da aposentadoria por invalidez permanente são integrais em virtude de doença grave; em consequência, a Emenda Constitucional nº 41/03 não se aplica aos casos em questão por força do artigo 40, § 1º, I, da Constituição Federal (MS 14160-DF, Rel. Min. Napoleão Nunes Maia Filho, 3ª Seção, *DJe* 23-3-2010); o mesmo entendimento foi adotado no REsp 942530-RS, Rel. Min. Jorge Mussi, j. em 2-3-2010, *DJe* de 26-4-2010. De acordo com o mesmo STJ, "[...] O direito à isenção do IRPF concedido ao portador de doença grave não exclui o direito à aposentadoria com proventos integrais. Compatibilidade entre os benefícios" (MS 17464/DF, Relator: Ministro HERMAN BENJAMIN, 2ª Turma. Publicação: *DJe* 24-9-2013). No sentido de que o rol de doenças graves especificado em lei não é taxativo, v., além do acórdão supra, também o acórdão do mesmo Tribunal no AgRg no REsp 606089-DF, Rel. Min. Celso Limongi, 6ª Turma, j. em 11-12-2009, *DJe* de 1º-2-2010. No sentido de que a doença grave tem que estar especificada em lei para dar direito a proventos integrais, o STJ decidiu no AgRg no REsp 938788-RS, Rel. Min. Felix Fischer, j. em 20-11-2008, DJe de 2-2-2009, e no AgRg no REsp 1024233-PR, Rel. Min. Maria Thereza de Assis Moura, 6ª Turma, j. em 24-6-2008, *DJe* de 4-8-2008. No mesmo sentido, acórdãos do STF, RE 175980-SP, 2ª Turma, Rel. Min. Carlos Velloso, *DJ* de 20-2-1998, Ementário no 1899-3; e RE 353595, Rel. Min. Marco Aurélio, 1a Turma, j. em 3-5-2005, Revista *NDJ*, v. 6, nº 68, p. 70-72.

Por outras palavras, o legislador quis, com essa Emenda, permitir que os proventos de aposentadoria por invalidez do servidor que ingressou no serviço público até a data da publicação da Emenda nº 41, de 31-12-2003, sejam calculados com base na remuneração do cargo efetivo em que ocorrer a aposentadoria, e não com base na remuneração utilizada para cálculo das contribuições do servidor aos regimes de previdência, ficando afastada, em consequência, a aplicação dos §§ 3º, 8º e 17 do artigo 40 da Constituição. Sejam proventos integrais ou proporcionais, conforme previsto no artigo 40, I, o cálculo será efetuado com base na remuneração do cargo efetivo em que se der a aposentadoria.

A mesma Emenda Constitucional nº 70 determina que se aplica ao valor dos proventos de aposentadoria concedidos com base no *caput* do artigo 6º-A a norma do artigo 7º da Emenda Constitucional nº 41, observando-se igual critério de revisão às pensões derivadas dos proventos desses servidores. Isso significa que, para os servidores que ingressaram no serviço público até 31-12-2003, os proventos da **aposentadoria por invalidez** e a **pensão** de seus dependentes derivada desses proventos respeitarão a regra da paridade com a remuneração dos servidores em atividade, tal como determinado pelo artigo 7º da Emenda Constitucional nº 41/2003.

Para fins de adaptação das aposentadorias já concedidas anteriormente, com base na redação dada ao § 1º do artigo 40 da Constituição, pela Emenda Constitucional nº 20/1998, o artigo 2º da Emenda Constitucional nº 70 fixa o prazo de 180 dias para que a União, os Estados, o Distrito Federal e os Municípios, assim como as respectivas autarquias e fundações procedam à revisão das aposentadorias e das pensões delas decorrentes. No entanto, os efeitos financeiros dessa revisão somente se produzirão a partir da data da promulgação da Emenda Constitucional nº 70, de 29-2-2012.

A Lei nº 8.112/1990, que instituiu o regime jurídico único na esfera federal, indica, no artigo 186, § 1º, as doenças que ensejam a aposentadoria por invalidez, com proventos integrais.

No artigo 212 da mesma lei está definido o acidente em serviço como "o dano físico ou mental sofrido pelo servidor, que se relacione, mediata ou imediatamente, com as atribuições do cargo exercido". O parágrafo único equipara ao acidente em serviço o dano: "I – decorrente de agressão sofrida e não provocada pelo servidor no exercício do cargo; II – sofrido no percurso da residência para o trabalho e vice-versa".

A aposentadoria por invalidez, que está disciplinada pelos artigos 188 e 190, é precedida de licença para tratamento de saúde por período não excedente a 24 meses (art. 188, § 1º, da Lei nº 8.112/1990).

A aposentadoria **compulsória** (em que a invalidez é presumida), pela redação dada ao artigo 40, § 1º, inciso II, da Constituição, pela Emenda Constitucional nº 20/1998. ocorria sempre aos 70 anos de idade, com proventos proporcionais ao tempo de contribuição. Em consequência, somente dava direito a proventos integrais se o funcionário já tivesse completado o tempo de contribuição exigido para a aposentadoria voluntária, ou seja, 35 anos, para o homem, e 30 para a mulher.

Mas a Emenda Constitucional nº 88, de 7-5-2015 (conhecida como Emenda da Bengala), alterou o artigo 40, § 1º, II, da Constituição para assim estabelecer:

> "Artigo 40......................
>
> § 1º ....
>
> ....
>
> II – compulsoriamente, com proventos proporcionais ao tempo de contribuição, aos 70 (setenta) anos de idade, ou aos 75 (setenta e cinco) anos de idade, na forma de lei complementar."

A mesma Emenda acrescentou o artigo 100 no Ato das Disposições Constitucionais Transitórias, com a seguinte redação:

> "Artigo 100. Até que entre em vigor a lei complementar de que trata o inciso II do § 1º do artigo 40 da Constituição Federal, os Ministros do Supremo Tribunal Federal, dos Tribunais Superiores e do Tribunal de Contas da União aposentar-se-ão, compulsoriamente, aos 75 (setenta e cinco) anos de idade, nas condições do artigo 52 da Constituição Federal."

A redação da Emenda foi infeliz.

A Interpretação literal do artigo 40, § 1º, II, permite concluir que, até que seja promulgada a lei complementar nele referida, não existe a aposentadoria compulsória para os servidores públicos. No entanto, é de se supor que não tenha sido essa a intenção do legislador. Como parte do dispositivo já existia antes da alteração feita pela Emenda (a que fixava em 70 anos a idade para a aposentadoria compulsória e a que previa proventos proporcionais ao tempo de contribuição), entende-se que ela continua a aplicar-se pela mesma forma até que seja promulgada a lei complementar, quando poderá ser disciplinada a aposentadoria compulsória aos 75 anos de idade, mantendo-se a regra da proporcionalidade dos proventos ao tempo de contribuição. Por outras palavras, o que se introduziu de novo no dispositivo foi a frase *"ou aos 75 (setenta e cinco) anos de idade, na forma da lei complementar"*.

Dúvida haverá, com certeza, quanto à competência para a promulgação da lei complementar exigida pelo dispositivo: será lei complementar federal ou lei complementar de cada ente federativo, observadas as normas sobre competência para a iniciativa do projeto de lei? A Emenda nada diz. E, na realidade, se fosse intenção tornar a norma aplicável a todos os servidores, não haveria razão para exigir lei complementar ou qualquer outra medida legislativa, porque a Emenda já esgota, por si, o seu conteúdo. Duas razões ocorrem pelas quais o poder constituinte derivado exigiu **lei complementar**: (a) para fugir ao vício de iniciativa em matéria reservada a cada Poder (como demonstrado por Luciano Ferraz[6]); ou para deixar a critério de cada ente federativo a adoção ou não da aposentadoria compulsória aos 75 anos de idade. Como a definição do regime jurídico dos servidores públicos compete a cada esfera de governo e a Emenda não exigiu lei complementar federal, a competência define-se pelas regras de distribuição que decorrem da Constituição. Não há qualquer norma constitucional que outorgue à União competência privativa no que diz respeito ao regime jurídico dos servidores públicos federais, estaduais e municipais. Pelo contrário, o artigo 61, § 1º, "c", somente prevê a iniciativa privativa do Presidente da República para as leis que disponham sobre "servidores públicos da União e dos Territórios, seu regime jurídico, provimento de cargos, estabilidade e **aposentadoria**". Isto significa que para os demais servidores a definição do regime jurídico compete a cada Estado, ao Distrito Federal e a cada Município.

O artigo 100 do Ato das Disposições Constitucionais Transitórias, introduzido pelo artigo 2º da Emenda nº 88/2015, é ainda mais infeliz e desastroso. O intuito expressamente declarado pelo Congresso Nacional, por meio da mídia, foi o de estender o limite de idade para aposentadoria compulsória dos Ministros do STF, para impedir que a atual Presidente da República tenha o poder de indicar novos Ministros para ocupar as vagas que ocorrerem até o término do seu mandato. A exigência de aplicação do artigo 52 da Constituição Federal constitui verdadeira aberração jurídica. Dos quinze incisos do artigo 52, o único que poderia ter aplicação para atender ao disposto na parte final do artigo 100 é o inciso III, que exige aprovação prévia, por voto secreto, após arguição pública, para a escolha dos agentes públicos nele mencionados, dentre os quais não se incluem os Ministros do STF nem os Ministros dos Tribunais Superiores. A Constituição, nos artigos 101, parágrafo único, e 104, parágrafo único, exige que a indicação dos Ministros seja feita pelo Presidente da República depois de aprovada a escolha pela maioria absoluta do Senado Federal. Trata-se de norma que estabelece uma espécie de controle político do Senado Federal sobre os nomes indicados pelo Poder Executivo, constituindo-se em exceção ao princípio da separação de poderes, mas que harmoniza a relação entre os dois Poderes, em consonância com o artigo 2º da Constituição, pelo qual os três Poderes são independentes e **harmônicos** entre si. Além de revelar **tendência** a abolir a "separação de poderes", com a introdução de novo controle do Senado sobre membros de outros Poderes, não previsto na redação original, dada pelo constituinte originário, o dispositivo afronta a própria dignidade inerente aos cargos mais elevados do Poder Judiciário, cuja permanência até a aposentadoria compulsória aos 75 anos de idade ficará dependendo da decisão política do Senado Federal. Na realidade, a exigência afronta a dignidade das próprias instituições atingidas pelo dispositivo. Este somente tem

---

[6] Emenda da Bengala tem tropeços e afronta Constituição Federal. In: <www.conjur.com.br/2015--mai-14/interesse-publico-emenda-bengala- tropecos>.

condições de amoldar-se ao ordenamento constitucional vigente, com a exclusão, por inconstitucionalidade, da parte final do artigo 100, que condiciona a extensão do limite de idade à prévia aprovação do Senado Federal.

Sem essa exclusão, por meio de sua declaração de inconstitucionalidade, é bem possível que o dispositivo acabe não atingindo o objetivo visado com a Emenda (de impedir a indicação de novos Ministros até o fim do mandato da atual Presidente da República), porque é difícil conceber a ideia de que algum dos atuais Ministros queira sujeitar-se a nova arguição pelo Senado para continuar no cargo que ocupa licitamente, com observância dos requisitos constitucionais exigidos pelos artigos 101 e 104 da Constituição. Fácil é imaginar a repercussão que poderia ter a eventual reprovação de algum dos atuais Ministros em nova sabatina perante o Senado Federal. Seria um reconhecimento da própria falha dessa Casa Legislativa ao dar aprovação prévia ao nome indicado pelo Chefe do Poder Executivo, colocando em dúvida a legitimidade da escolha originalmente aprovada e, em consequência, de toda a atuação do Ministro que venha a ser reprovado nessa nova arguição. Parece que o real intuito do Congresso Nacional, com a exigência de nova aprovação pelo Senado, é o de decidir quem, dos atuais Ministros, deve ou não continuar no cargo, conforme critério inteiramente político que pode vir a ser adotado na nova arguição. A Emenda é tão carregada de desvio de poder (possível de ocorrer nos três Poderes do Estado), que afronta o mais elementar senso de moralidade que se espera das instituições que fazem parte do arcabouço constitucional.

O Supremo Tribunal Federal, na ADI-5316, felizmente, adotou, em sede de medida cautelar, algumas decisões que não só corrigem os vícios de que se reveste a Emenda Constitucional nº 88/2015, como define alguns pontos controvertidos, que já vinham dando margem a pleitos judiciais visando à ampliação dos efeitos do artigo 2º da Emenda (que introduz o artigo 100 no ADCT) a outros cargos nela não expressamente previstos. Conforme consta do Informativo nº 786, do STF, de 18 a 22.5.15, foram as seguintes as decisões adotadas no acórdão:

> "O Plenário, por maioria, deferiu pedido de medida cautelar em ação direta de inconstitucionalidade para: a) suspender a aplicação da expressão 'nas condições do art. 52 da Constituição Federal' contida no artigo 100 do ADCT, introduzido pela EC 88/2015, por vulnerar as condições materiais necessárias ao exercício imparcial e independente da função jurisdicional, ultrajando a separação dos Poderes, cláusula pétrea inscrita no art. 60, § 4º, III, da CF; b) fixar a interpretação, quanto à parte remanescente da EC 88/2015, de que o art. 100 do ADCT não pudesse ser estendido a outros agentes públicos até que fosse editada a lei complementar a que alude o art. 40, § 1º, II, da CF, a qual, quanto à magistratura, é a lei complementar de iniciativa do STF, nos termos do art. 93 da CF; c) suspender a tramitação de todos os processos que envolvessem a aplicação a magistrados do art. 40, § 1º, II, da CF e do art. 100 do ADCT, até o julgamento definitivo da

ação direta em comento; e d) declarar sem efeito todo e qualquer pronunciamento judicial ou administrativo que afastasse, ampliasse ou reduzisse a literalidade do comando previsto no art. 100 do ADCT e, com base neste fundamento, assegurasse a qualquer outro agente público o exercício das funções relativas a cargo efetivo após ter completado 70 anos de idade."

O STF entendeu que "a nova sabatina, introduzida pela EC 88/2015, degradaria ou estreitaria a imparcialidade jurisdicional. Seria tormentoso imaginar que o exercício da jurisdição pudesse ser desempenhado com isenção quando o julgador, para permanecer no cargo, carecesse da confiança política do Poder Legislativo, cujos atos seriam muito questionados perante aquele mesmo julgador."

Ainda no mesmo acórdão, o STF definiu o sentido da lei complementar referida no artigo 40, § 1º, II, da CF: no caso da magistratura, à luz da unidade do Poder Judiciário *"não haveria dúvidas de que se trataria da lei complementar nacional, de iniciativa do STF, indicada no art. 93 da CF"*.

Ainda com relação à aposentadoria compulsória, existem as normas estatutárias postas pelos estatutos dos servidores. Na esfera federal, o artigo 187 da Lei nº 8.112/1990 estabelece que a aposentadoria compulsória é automática e será declarada por ato com vigência a partir do dia seguinte àquele em que o funcionário atingir a idade-limite. Justifica-se a norma uma vez que a idade de 70 anos cria uma presunção *juris et de jure* de incapacidade para o serviço público. Aliás, orientação nesse sentido foi firmada pela Formulação nº 78, do antigo DASP (Departamento Administrativo do Pessoal Civil), em consonância com a qual "a aposentadoria compulsória deriva de presunção absoluta de incapacidade". Além disso, pela Formulação nº 96, do mesmo órgão, ficou definido que "a vacância do cargo decorrente de aposentadoria compulsória ocorre no dia imediato em que o funcionário atingir a idade-limite". Tais formulações ainda têm aplicação, porque inteiramente compatíveis com o direito positivo atualmente em vigor.

O mesmo se diga em relação às Formulações 187, 188 e 270. A primeira firmou o entendimento de que "a aposentadoria compulsória se rege pela lei vigente no dia em que o funcionário completa os 70 anos"; a segunda estabelece que "a aposentadoria compulsória do funcionário implica, também, na exoneração do cargo em comissão"; por último, a de nº 270 firmou a tese de que "o tempo que o funcionário permanece em atividade após completar 70 anos de idade não é computável para nenhum efeito". Não é demais ressaltar que a aposentadoria compulsória não se aplica ao servidor público ocupante unicamente de cargo em comissão, pois deve o mesmo ser filiado ao Regime Geral de Previdência Social.[7]

Com relação à **aposentadoria voluntária**, que ocorre a pedido, é preciso distinguir quatro situações: (a) a do servidor já aposentado ou que já complementou os requisitos para aposentadoria até a data da entrada em vigor da

---

[7] STJ, RMS 36.950-RO, Rel. Min. Castro Meira, *DJe* 26-4-2013.

Emenda Constitucional nº 41/2003; (b) a do servidor que ingressou ou vier a ingressar no serviço público, em cargo efetivo, a partir da entrada em vigor da Emenda Constitucional nº 41/2003; (c) a do servidor que ingressou até 16-12-1998 (data da entrada em vigor da Emenda Constitucional nº 20/1998); e (d) a do servidor que ingressou até a data de publicação da Emenda Constitucional nº 41 (31-12-2003).

Pode-se afirmar que a primeira situação é a que já estava consolidada antes da reforma previdenciária; a segunda situação é que se pretende seja permanente, valendo para os futuros servidores que ingressaram ou vierem a ingressar no serviço público a partir da entrada em vigor da Emenda Constitucional nº 41/2003 (31-12-2003), e as duas outras são transitórias, porque definem os direitos dos atuais servidores, inativos e pensionistas.

14.5.1 Servidor já aposentado ou que complementou os requisitos para aposentadoria voluntária até a publicação da Emenda Constitucional nº 41/2003

Os servidores já aposentados ou que completaram os requisitos para aposentadoria voluntária até a publicação da Emenda Constitucional nº 41/2003, seja com base no artigo 40, em sua redação original, seja com base nas disposições transitórias dessa mesma Emenda, têm garantido o direito aos proventos integrais ou proporcionais, conforme o caso, com aplicação do teto previsto no artigo 37, XI, da Constituição. O cálculo dos proventos se faz de acordo com a legislação vigente à época em que foram atendidos os requisitos para aposentadoria. É o que estabelece o artigo 3º, *caput* e § 2º da Emenda Constitucional nº 41/2003. Pelo § 1º do mesmo dispositivo, se tiver completado os requisitos para aposentadoria e tiver, no mínimo, 25 anos de contribuição, se mulher, ou 30, se homem, mas optar por permanecer em atividade, fará jus a um abono de **permanência** equivalente ao valor da sua contribuição previdenciária até completar os requisitos para aposentadoria compulsória.

14.5.2 Servidor que ingressou após a Emenda Constitucional nº 41/2003

Quanto ao servidor que ingressou ou vier a ingressar no serviço público, em cargo efetivo da União, Estados, Distrito Federal, Municípios ou em suas autarquias e fundações, após a entrada em vigor da Emenda Constitucional nº 41/2003, não há opção: ele estará sujeito às regras de aposentadoria estabelecidas pelo artigo 40, §§ 1º, 4º e 5º, com proventos a serem definidos em lei, na forma do § 3º do mesmo dispositivo, e possibilidade de limitação ao montante estabelecido para o regime geral de previdência social de que trata o artigo 201, desde que instituída a previdência complementar.

A aposentadoria voluntária, para esses servidores, ocorre a pedido desde que cumprido tempo mínimo de dez anos de efetivo exercício no serviço público e cinco anos no cargo efetivo em que se dará a aposentadoria, observadas as seguintes condições: (a) 60 anos de idade e 35 de contribuições, se homem, e 55 anos de idade e 30 de contribuição, se mulher; (b) 65 anos de idade, se homem, e 60 anos de idade, se mulher, com proventos proporcionais ao tempo de contribuição.

Conforme se verifica pelo artigo 40, § 1º, com a redação dada pela Emenda Constitucional nº 20/1998, passaram a ser quatro os requisitos para aposentadoria voluntária com **proventos integrais**:

a) tempo de efetivo serviço público: 10 anos;[8]

b) tempo de serviço no **cargo efetivo** em que se dará a aposentadoria: 5 anos;

c) **idade mínima**: 60 anos, para o homem, e 55, para a mulher;

d) **tempo de contribuição**: 35 anos para o homem e 30 para a mulher.

Em consonância com o § 3º do mesmo dispositivo, com a redação dada pela Emenda Constitucional no 41/2003, a forma de cálculo dos proventos será definida em lei, devendo levar em consideração as remunerações utilizadas como base para as contribuições do servidor ao regime de previdência. E, nos termos do § 17, todos os valores de remuneração considerados para o cálculo do benefício previsto no § 3º serão devidamente atualizados, na forma da lei. A matéria foi disciplinada pela Lei nº 10.887, de 18-6-2004 (art. 1º), aplicável, nessa parte, à União, Estados, Distrito Federal e Municípios.

Para **aposentadoria voluntária com proventos proporcionais**, mantêm-se os dois primeiros requisitos, referentes ao tempo de serviço público e ao tempo no cargo efetivo, com alterações quanto aos dois outros requisitos: a **idade mínima** passa a ser de 65 anos para o homem e 60 para a mulher; não se exige um tempo mínimo de contribuição, porém os proventos serão proporcionais ao tempo de contribuição; evidentemente, essa proporcionalidade incide sobre os pro-

---

[8] O TCU firmou jurisprudência sobre o alcance da expressão *serviço público* para efeito de contagem de tempo para aposentadoria: "1. O conceito de 'serviço público' trazido pelo art. 40, § 1º, inciso III, da Constituição Federal de 1988, pelo inciso III do art. 6º da Emenda Constitucional nº 41, de 2003, e pelo inciso II do art. 3º da Emenda Constitucional nº 47, de 2005, deve ser entendido de forma ampla, para abranger também as empresas públicas e sociedades de economia mista. 2. Diverso é o conceito de *serviço público* contido no *caput* do art. 6º da Emenda Constitucional nº 41, de 2003, e no *caput* do art. 3º da Emenda Constitucional nº 47, de 2005, que deve ser tomado de forma restrita, uma vez que as regras contidas nesses artigos, ditas de transição, aplicam-se exclusivamente aos servidores ocupantes de cargo efetivo na Administração Pública direta, autárquica e fundacional, ao tempo da edição dessas emendas" (Acórdão 2921/2010 – Plenário, Rel. Min. Valmir Campelo, *DOU* 9-11-2010).

ventos, tal como definidos em lei, na forma do artigo 40, § 3º, ou sobre o limite de R$ 4.159,00, quando vier a ser aplicado.

As hipóteses de **aposentadoria especial** mantidas pelas Emendas Constitucionais nºs 20/1998, 41/2003 e 47/2005 referem-se apenas aos casos de servidores: "I – portadores de deficiência; II – que exerçam atividades de risco; III – cujas atividades sejam exercidas sob condições especiais que prejudiquem a saúde ou a integridade física" (art. 40, § 4º); bem como às funções de magistério na educação infantil e no ensino fundamental e médio, em que os requisitos de idade e de tempo de contribuição serão reduzidos em cinco anos (art. 40, § 5º). Também não foram mantidas as aposentadorias especiais dos membros da Magistratura, do Ministério Público e dos Ministros do Tribunal de Contas; suas aposentadorias passaram a reger-se pelas normas do artigo 40, conforme redação dada pela Emenda nº 20 aos artigos 73, § 3º, e 93, inciso VI, da Constituição, este último aplicado ao Ministério Público por força do artigo 129, § 4º.

Na falta da lei complementar prevista no artigo 40, § 4º, foi interposto Mandado de Injunção, no qual o Supremo Tribunal Federal supriu a omissão legislativa, estendendo aos servidores públicos a norma do artigo 57, § 1º, da Lei nº 8.213/1991.[9]

Para incentivar a permanência do servidor no serviço público, o § 19 do artigo 40, introduzido pela Emenda nº 41/2003, garante ao servidor que tenha completado as exigências para aposentadoria voluntária estabelecidas no § 1º, III, *a*, e que opte por permanecer em atividade, o direito a um abono de permanência equivalente ao valor da sua contribuição previdenciária até completar as exigências para aposentadoria compulsória, contidas no § 1º, II.

E o servidor que ingressou antes, mas mudou de cargo na mesma ou em outra esfera, sem interrupção?

14.5.3 *Servidor que ingressou antes da Emenda Constitucional nº 20/1998*

Para tais servidores, é possível a opção entre duas hipóteses:

---

[9] "TRABALHO EM CONDIÇÕES ESPECIAIS – PREJUÍZO À SAÚDE DO SERVIDOR – INEXISTÊNCIA DE LEI COMPLEMENTAR – ARTIGO 40, § 4º, DA CONSTITUIÇÃO FEDERAL. Inexistente a disciplina específica da aposentadoria especial do servidor, impõe-se a adoção, via pronunciamento judicial, daquela própria aos trabalhadores em geral – artigo 57, § 1º, da Lei nº 8.213/91" (MI 721/DF – Relator: Min. Marco Aurélio. Julgamento: 30-8-2007). Ao seguir a orientação fixada no julgamento do MI 721/DF (*DJe* de 30-11-2007), na apreciação do MI 795/DF, Rel. Min. Cármen Lúcia, em 15-4-2009, o STF autorizou que os Ministros decidam monocrática e definitivamente os casos idênticos para reconhecer a mora legislativa e suprir a falta da norma regulamentadora a que se refere o artigo 40, § 4º, da Constituição Federal, aplicando aos casos, no que couber, o artigo 57 da Lei nº 8.213/1991.

a) aposentar-se nas condições do artigo 40, § 1º, III, acima expostas, com proventos fixados na forma do § 3º, com possibilidade de aplicação do limite estabelecido para o regime geral de previdência social, desde que, se instituída a previdência complementar; ou

b) aposentar-se com observância de menos requisitos do que os estabelecidos pelo artigo 40, § 1º, III, *a*, porém com aplicação de redutor sobre os proventos.

Essa possibilidade existe, com base no artigo 2º da Emenda nº 41/2003, quando o servidor, cumulativamente:

I – tiver 53 anos de idade, se homem, e 48 anos de idade, se mulher;

II – tiver cinco anos de efetivo exercício no cargo em que se der a aposentadoria;

III – contar tempo de contribuição igual, no mínimo, à soma de: (a) 35 anos, se homem, e 30 anos, se mulher; e (b) um período adicional de contribuição equivalente a 25% do tempo que, na data de publicação daquela Emenda, faltaria para atingir o limite de tempo constante da alínea a desse mesmo inciso.

Em consonância com o § 1º do mesmo dispositivo, os proventos, nesse caso, serão reduzidos na proporção de 3,5% ou de 5%, conforme os requisitos sejam preenchidos até 31-12-2005, ou a partir de 1º-1-2006, respectivamente.

Para os membros da Magistratura e do Ministério Público, bem como para os professores (estes últimos desde que aposentados exclusivamente com tempo de efetivo exercício nas funções de magistério), o tempo de serviço exercido até a data da publicação da Emenda nº 20/1998 será contado com acréscimo de 17%.

Essa categoria de servidores abrangidos pelo artigo 2º da Emenda nº 41/2003 também faz jus ao abono de permanência se, após completar as exigências para aposentadoria voluntária, optar por permanecer em atividade (§ 5º do mesmo dispositivo).[10]

Para eles, não é garantida a paridade[11] entre os seus proventos e os vencimentos dos servidores em atividade, mas apenas o reajustamento dos benefícios

---

[10] "Constitucional. EC 20/1998, art. 8º, § 5º. Servidor. Tempo trabalhado após completar as exigências para aposentadoria. Contribuição previdenciária. Isenção. Se o servidor contribuiu para a Previdência Social no período trabalhado além da data em que poderia ter se aposentado – o que não fez porque ao tempo do requerimento houve controvérsia a respeito da contagem do tempo de serviço, posteriormente dirimida em juízo a favor do servidor –, faz jus à devolução dos valores recolhidos, nos termos da isenção prevista no § 5º do art. 8º da EC 20/1998" (RE 568.377, Rel. Min. Eros Grau, julgamento em 7-10-2008, 2ª Turma, *DJE* de 14-11-2008).

[11] A respeito do alcance da regra da paridade remuneratória, o Supremo Tribunal Federal tem considerado como parâmetro "[..] saber se em atividade os aposentados lograriam o benefício" (AI

previsto no § 8º do artigo 40, para preservar-lhes, em caráter permanente, o valor real, conforme critérios estabelecidos em lei. É o que estabelece o artigo 2º, § 6º, da Emenda nº 41/2003.

14.5.4 Servidor que ingressou no serviço público antes da Emenda Constitucional nº 41/2003

Esta última categoria de servidor tem quatro opções que decorrem do artigo 6º da Emenda nº 41/2003 e uma que decorre do artigo 3º da Emenda Constitucional nº 47/2005:[12]

a) aposentar-se segundo as normas do artigo 40, com proventos fixados de acordo com o § 3º do mesmo dispositivo, e possibilidade de observância ao limite estabelecido para o regime geral de previdência, quando instituída a previdência complementar;

b) aposentar-se com base no artigo 2º da Emenda Constitucional nº 41/2003, com proventos reduzidos pela aplicação do redutor de 3,5% ou 5%, conforme o caso, correspondente a cada ano de antecipação em relação aos requisitos de idade;

c) aposentar-se com proventos integrais, correspondentes à remuneração do cargo em que se aposentou (observado o teto estabelecido pelo inciso XI do artigo 37), desde que o servidor preencha cumulativamente as seguintes condições:

I – 60 anos de idade, se homem, e 55, se mulher;

II – 35 anos de contribuição, se homem, e 30, se mulher;

III – 20 anos de efetivo exercício no serviço público;

486.042-AgR, Rel. Min. Marco Aurélio, julgamento em 25-11-2008, 1ª Turma, *DJE* de 20-3-2009). Nesse sentido destacam-se os seguintes julgados: "Estende-se aos servidores inativos a gratificação extensiva, em caráter genérico, a todos os servidores em atividade, independentemente da natureza da função exercida ou do local onde o serviço é prestado (art. 40, § 8º, da Constituição)" (RE 590.260, Rel. Min. Ricardo Lewandowski, julgamento em 24-6-2009, Plenário, *DJE* de 23-10-2009). "A jurisprudência da Corte é no sentido de que é inviável estender a servidores inativos as vantagens pecuniárias decorrentes de reposicionamento, na carreira, de servidores ativos, com fundamento no art. 40, § 8º, da Constituição" (RE 522.570-AgR, Rel. Min. Ricardo Lewandowski, julgamento em 5-5-2009, 1ª Turma, *DJE* de 5-6-2009).

[12] "Os servidores que ingressaram no serviço público antes da EC 41/2003, mas que se aposentaram após a referida emenda, possuem direito à paridade remuneratória e à integralidade no cálculo de seus proventos, desde que observadas as regras de transição especificadas nos arts. 2º e 3º da EC 47/2005." (RE 590.260, Rel. Min. Ricardo Lewandowski, julgamento em 24-6-2009, Plenário, *DJE* de 23-10-2009).

IV – 10 anos de carreira e 5 anos de efetivo exercício no cargo em que se der a aposentadoria;

d) aposentar-se com proventos integrais desde que preencha cumulativamente as seguintes condições:

I – 35 anos de contribuição, se homem, e 30, se mulher;

II – 25 anos de efetivo exercício no serviço público, 15 anos de carreira e 5 anos no cargo em que se der a aposentadoria;

III – idade mínima resultante da redução, relativamente aos limites do artigo 40, § 1º, inciso III, alínea a, da Constituição Federal, de um ano de idade para cada ano de contribuição que exceder a condição prevista no inciso I do *caput* deste artigo.

Para os servidores que fizerem a terceira ou quarta opção, aplica-se a regra do artigo 7º da Emenda Constitucional nº 41, de 2003 (direito à revisão de proventos e pensão, em igualdade de condições com os servidores em atividade). É o que estabelecem o artigo 2º e o parágrafo único do artigo 3º da Emenda Constitucional nº 47, de 2005.

Esses servidores fazem jus ao abono de permanência se optarem pela aposentadoria com base no artigo 40 da Constituição, ou com base no artigo 2º da Emenda Constitucional nº 41/2003 (duas primeiras opções).

Cabe ainda fazer referência à eventual aposentadoria compulsória dos servidores públicos que *preenchiam as condições para a aposentadoria voluntária* na forma do *caput* do artigo 6º da EC nº 41/2003. Com efeito, o artigo 2º da Emenda Constitucional nº 47/2005 reconheceu a esses servidores o direito à paridade remuneratória com os servidores em atividade. Em uma interpretação meramente literal não seria possível reconhecer o direito à paridade aos servidores que, embora cumprissem todas as condições para aposentadoria voluntária, aposentaram-se compulsoriamente aos 70 anos de idade. Nessas situações, comumente, a existência de *direito adquirido à aposentadoria voluntária é reconhecida pela própria Administração* ao conceder ao servidor o abono de permanência (art. 40, § 19, da CF). Havendo direito adquirido à aposentadoria de acordo com as regras que asseguram a paridade, pode-se perquirir a respeito da oportunidade do exercício de tal direito. Para verificação dessa possibilidade, assume especial relevo a proteção constitucional constante do artigo 5º, XXXVI ("a lei não prejudicará o direito adquirido, o ato jurídico perfeito e a coisa julgada"). No que toca à proteção constitucional ao direito adquirido, há que se relembrar que os direitos fundamentais devem ser interpretados de forma ampliativa, explorando suas máximas potencialidades de efetividade. A interpretação, em síntese, deve sempre tender à proteção do direito e não à sua aniquilação. Assumem importância nesse processo interpretativo o respeito à boa-fé do servidor e também o princípio da razoabilidade, pois, tratando-se de regime de natureza contributiva, não parece razoável restringir o acesso a um regime de aposentadoria mais benéfico pela simples compulsoriedade da aposentadoria. Em situações como essa, há precedente do TCU admitindo que

> "[...] É lícito ao interessado aposentado compulsoriamente optar pela aposentadoria voluntária, com proventos proporcionais ao tempo de contribuição, prevista no art. 40, § 1º, inciso III, alínea *b*, da Constituição Federal, com redação conferida pela Emenda Constitucional nº 20/1998, caso tenha implementado os requisitos para tanto antes da publicação da Emenda Constitucional nº 41/2003" (Acórdão 6232/2009 – Primeira Câmara).

14.6 Valor dos proventos de aposentadoria e pensões

Pelo exposto no item anterior, verifica-se que haverá diferentes valores para os proventos de aposentadoria:

a) os servidores já aposentados e os que já completaram os requisitos para aposentadoria voluntária na data da Emenda Constitucional nº 41/2003, seja com base no artigo 40, em sua redação original, seja com base na redação dada pela Emenda Constitucional nº 20/1998, seja com base nas disposições transitórias dessa mesma Emenda, têm garantido o direito aos proventos integrais ou proporcionais, conforme o caso, com aplicação do teto previsto no artigo 37, XI;

b) os servidores que ingressarem no serviço público após a publicação da Emenda Constitucional nº 41/2003 terão os proventos calculados na forma a ser definida em lei de cada esfera de governo, podendo sujeitar-se ao montante estabelecido para o regime geral de previdência, se instituída a previdência complementar; a norma geral sobre o cálculo dos proventos consta do artigo 1º da Lei nº 10.887/2004, obrigatória, nessa parte, em âmbito nacional;

c) os servidores que ingressaram no serviço público até a entrada em vigor da Emenda Constitucional nº 20/1998, e ainda não completaram os requisitos para aposentadoria na data da publicação da Emenda nº 41/2003, receberão os proventos na forma do item anterior ou, se preferirem, farão jus a proventos integrais com aplicação do redutor de 3,5% (se aposentados até 31-12-2005) ou de 5% (se aposentados posteriormente a essa data), desde que observem os requisitos estabelecidos pelo artigo 2º da Emenda Constitucional nº 41/2003;

d) os servidores que ingressarem no serviço público até a publicação da Emenda Constitucional nº 41/2003, e ainda não completaram, nessa data, os requisitos para aposentadoria, receberão os proventos na forma do item b, ou, se preferirem, na forma do item c, ou, ainda, com proventos integrais, desde que cumpram os requisitos previstos no artigo 6º da referida Emenda ou no artigo 3º da Emenda Constitucional nº 47, de 2005.

Com relação à pensão,[13] o artigo 3º, da Emenda Constitucional nº 41/2003, garante o direito ao montante estabelecido em consonância com as normas anteriores à sua entrada em vigor. É dizer: a regra transitória, no que diz aos pensionistas, é dotada de ultratividade, porquanto garante aos dependentes do servidor o direito de perceberem a pensão de acordo com as normas vigentes ao tempo em que este (servidor) preencheu os requisitos para o gozo da aposentadoria. Logo, mesmo que o servidor contribuinte venha a falecer após o advento da Emenda nº 41/2003 (que trouxe nova regra de cálculo), a pensão dos dependentes deverá ser concedida de acordo com as regras em vigor na data em que os requisitos para a aposentadoria foram preenchidos antes da EC nº 41/2003.[14] A norma harmoniza-se com o entendimento do STF, ao decidir que "a pensão é regida pela norma em vigor na data do falecimento do servidor, presente o ato jurídico aperfeiçoado".[15]

---

[13] O Tribunal de Contas da União expediu orientações importantes aos órgãos e entidades da Administração Federal no tocante à concessão de pensão: "[...] 9.2.1 as pensões civis decorrentes de aposentadorias ocorridas **anteriormente** à Emenda Constitucional 41/2003, ou as concedidas com fundamento no art. 3º da Emenda Constitucional 41/2003, somente gozarão de paridade com os vencimentos dos servidores em atividade se o óbito do servidor ocorreu até 31/12/2003; 9.2.2 para óbitos posteriores a 31/12/2003, os benefícios serão reajustados nos mesmos índice e data aplicáveis aos benefícios do RGPS; 9.2.3 constituem exceção à regra e continuam gozando do benefício de paridade (regra de exceção a partir da edição da Emenda Constitucional 41/2003) as pensões civis originadas por óbitos ocorridos a partir de 1º-1-2004 e que sejam decorrentes de: 9.2.3.1 aposentadorias fundamentadas no art. 3º da Emenda Constitucional 47/2005, por força do parágrafo único do art. 3º dessa Emenda; 9.2.3.2 aposentadorias por invalidez, para servidores que tenham ingressado no serviço público até 31/12/2003, com base no parágrafo único do art. 6º – A da Emenda Constitucional 41/2003, incluído pela Emenda Constitucional 70/2012, observados os efeitos financeiros estipulados no art. 2º da EC 70/2012; 9.2.4 todo e qualquer benefício de pensão civil decorrente de óbito ocorrido a partir de 20-02-2004 (data da publicação no DOU da Medida Provisória 167/2004, posteriormente convertida na Lei 10.887/2004) deve observar a forma de cálculo prevista no § 7º do art. 40 da Constituição Federal de 1988, com a redação dada pela EC 41/2003, bem como o disposto no art. 2º da Lei 10.887/2004" (Acórdão 2553/2013 – Plenário, Rel. Min. Ana Arraes, Ata nº 36/2013 – Plenário).

[14] Nesse sentido: TJMG – Apelação Cível no 1.0024.07.404688-9/003 – Rel. Des. Geraldo Augusto. Publicado em 29-4-2008; e TJPR – 6ª Câmara Cível. Agravo de Instrumento nº 488016-2. Relator Luiz Cezar Nicolau. Julgado em 27-1-2009.

[15] AgRg na Suspensão de liminar 16/SP, Rel. Min. Ellen Gracie, Rel. para o acórdão Min. Marco Aurélio, Tribunal Pleno, *DJ* de 9-3-07, p. 26. No mesmo sentido, acórdão proferido no RE 273.570/

Daí a necessidade de distinguir diferentes situações. Se o óbito ocorreu antes da Emenda Constitucional nº 20/1998, aplica-se o artigo 40, § 5º, em sua redação original: "O benefício da pensão por morte corresponderá à totalidade dos vencimentos ou proventos do servidor falecido, até o limite estabelecido em lei, observado o disposto no parágrafo anterior." O "parágrafo anterior", referido no dispositivo, proibia que os proventos de aposentadoria e pensão excedessem a remuneração do servidor, no cargo efetivo em que se deu a aposentadoria ou que serviu de referência para a concessão da pensão.

O entendimento do STF é no sentido de que o § 5º era autoaplicável, correspondendo a pensão à totalidade dos vencimentos ou proventos do servidor falecido.[16]

Com a entrada em vigor da Emenda Constitucional nº 20/1998, o § 7º veio assim determinar: "Lei disporá sobre a concessão do benefício da pensão por morte, que será igual ao valor dos proventos do servidor falecido ou ao valor dos proventos a que teria direito o servidor em atividade na data de seu falecimento, observado o disposto no § 3º." Este, por sua vez, estabelecia que "os proventos de aposentadoria, por ocasião da sua concessão, serão calculados com base na remuneração do servidor no cargo efetivo em que se der a aposentadoria".

Por sua vez, o § 8º do artigo 40 garantia a paridade da pensão (e também dos proventos de aposentadoria), com os vencimentos dos servidores em atividade.

Vale dizer que a pensão continuou a corresponder à totalidade da remuneração do servidor falecido, sendo calculada sobre a remuneração do servidor no cargo efetivo em que se deu a aposentadoria. Se o servidor estava aposentado por ocasião do falecimento, a pensão era calculada com base na totalidade dos proventos. Além disso, o pensionista fazia jus à paridade com os servidores em atividade.

A situação mudou com a Emenda Constitucional nº 41/2003.

Para as pensões cujo direito foi ou vier a ser adquirido após a entrada em vigor dessa Emenda, aplica-se a norma do § 7º do artigo 40, que remete à lei a fixação do montante do benefício, que será igual à totalidade dos proventos do

---

MA, Rel. Min. Marco Aurélio, *DJ* de 5-5-06, p. 19: "Pensão – Proventos – Vencimentos – Valor. A teor do § 5º do art. 40 da Carta Política da República, a pensão corresponde a 'totalidade dos vencimentos ou proventos do servidor falecido'. Eis o mandamento constitucional a sofrer temperamento próprio à legitimidade quantitativa da parcela. O que se contém na parte final do preceito outro sentido não possui senão o de enquadrar o valor da pensão nos limites próprios aos proventos e vencimentos, sob pena de submissão da regra asseguradora da totalidade referida ao legislador ordinário". Jurisprudência citada por Deborah Fialho Ribeiro Glória. Análise da pensão dos servidores públicos à luz do entendimento do Supremo Tribunal Federal. In: FORTINI, Cristiana (Org.). Belo Horizonte: Fórum, 2009, p. 67-68.

[16] RE 220.827, Min. Maurício Corrêa, *DJ* de 20-3-98; RE 220.713/RS, Min. Sydney Sanches, *DJ* de 13-2-98; RE-AgR 225.550/CE, Rel. Min. Ilmar Galvão, *DJ* de 10-11-00; AgR 265.373, Rel. Min. Marco Aurélio, *DJ* de 2-2-01.

servidor falecido, até o limite máximo estabelecido para os benefícios do regime geral de previdência social de que trata o artigo 201, acrescido de 70% da parcela excedente a esse limite, caso aposentado à data do óbito; ou ao valor total da remuneração do servidor no cargo efetivo em que se deu o falecimento, até o limite máximo estabelecido para os benefícios do regime geral de previdência social de que trata o artigo 201, acrescido de 70% da parcela excedente a esse limite, caso em atividade na data do óbito.

Por sua vez, a regra da paridade foi substituída pela norma do § 8º, com a redação dada pela Emenda Constitucional nº 41: "É assegurado o reajustamento dos benefícios para preservar-lhes, em caráter permanente, o valor real, conforme critérios estabelecidos em lei."

O STF, no RE 603580/RJ, decidiu, em repercussão geral (conforme Informativo nº 786, que "os pensionistas de servidor falecido posteriormente à EC 41/2003 têm direito à paridade com servidores em atividade (EC 41/2003, art. 7º), caso se enquadrem na regra de transição prevista no art. 3º da EC 47/2005. Não têm, contudo, direito à integralidade (CF, art. 40, § 7º, I). Com base nesse entendimento, o Plenário, em conclusão de julgamento, deu parcial provimento a recurso extraordinário em que se discutia eventual direito de pensionistas ao recebimento de pensão por morte de ex-servidor, aposentado antes da EC 41/2003, mas falecido após a sua promulgação, nos mesmos valores (critério da integralidade) dos proventos do servidor falecido, se vivo fosse – v. Informativo 772. O Tribunal asseverou que a EC 41/2003 teria posto fim à denominada 'paridade', ou seja, à garantia constitucional que reajustava os proventos de aposentadoria e as pensões sempre que se corrigissem os vencimentos dos servidores da ativa [...]. A EC 47/2005, entretanto, teria excepcionado essa regra. Nela teria ficado garantida a paridade às pensões derivadas de óbito de servidores aposentados na forma de seu art. 3º, ou seja, preservara o direito à paridade para aqueles que tivessem ingressado no serviço público até 16-12-1998 e que preenchessem os requisitos nela consignados. No caso, o servidor instituidor da pensão ingressara no serviço público e se aposentara anteriormente à EC 20/1998 e, além disso, atendera ao que disposto no citado art. 3º da EC 47/2005. No entanto, essa emenda constitucional somente teria estendido aos pensionistas o direito à paridade, e não o direito à integralidade. Portanto, na espécie, estaria configurado o direito dos recorridos à paridade, porém não o direito à integralidade (RE 603580/RJ, Rel. Min. Ricardo Lewandowski, 20-5-2015)".

Para a pensão dos dependentes dos militares dos Estados, do Distrito Federal e dos Territórios, o artigo 42, § 2º, com a redação dada pela Emenda Constitucional nº 41/2003, manda aplicar o que for fixado em lei específica do respectivo ente estatal.

Para dar cumprimento aos dispositivos constitucionais referentes ao cálculo dos proventos de aposentadoria e pensão, foi promulgada a Lei nº 10.887, de 18-6-2004. Com relação à pensão, o artigo 2º repete a norma do artigo 40, § 7º, da

Constituição. No parágrafo único, manda aplicar ao valor das pensões o limite previsto no artigo 40, § 2º, da Constituição, que veda que os proventos de aposentadoria e a pensão excedam a remuneração do servidor, no cargo efetivo em que se deu a aposentadoria ou que serviu de referência para a concessão da pensão.

14.7 Disposições transitórias

A Emenda Constitucional nº 20, que introduziu inúmeras alterações no regime previdenciário, em especial o do servidor público, trouxe em seu bojo algumas normas de transição, que visam assegurar tratamento diferenciado aos servidores e aos segurados do regime geral de previdência social que já estivessem em atividade na data da entrada em vigor da Emenda. A maior parte das normas não assegura direitos que já tivessem sido adquiridos anteriormente, mas protege, na realidade, expectativas de direito, exatamente para evitar a mudança brusca e sempre traumática para aqueles que, ao entrarem em atividade, contavam com regime previdenciário diverso.

As principais normas de transição são as seguintes:

a) o artigo 3º, que assegurou o direito à concessão de aposentadoria e pensão, a qualquer tempo, aos servidores públicos e aos segurados do regime geral de previdência social, bem como aos seus dependentes, que, até a data da publicação da Emenda, tivessem completado os requisitos para obtenção desses benefícios, com base nos critérios da legislação então vigente; nesse caso, a norma é supérflua, porque está protegendo direitos adquiridos já protegidos pela norma do artigo 5º, XXXVI, da Constituição; tem, contudo, o condão de evitar qualquer tipo de controvérsia a esse respeito; nesse caso, os proventos são calculados de acordo como as normas vigentes à época em que foi completado o requisito para aposentadoria ou pensão (art. 3º, § 2º);

b) o § 1º do artigo 3º, que prevê isenção da contribuição previdenciária, até completar as exigências para aposentadoria contidas no artigo 40, § 1º, III, a, ao servidor nas condições do artigo 3º que opte por continuar em atividade (§ 1º do art. 3º); como a Constituição ampliou os requisitos para a aposentadoria com proventos integrais, houve por bem o legislador constituinte outorgar um incentivo consistente em isenção de contribuição, para que o servidor que já tenha completado o tempo para aposentadoria segundo as normas anteriores continue a trabalhar até completar os novos requisitos;

c) o § 3º do artigo 3º, que mantém todos os direitos e garantias assegurados nas disposições constitucionais vigentes à data da publicação da Emenda aos servidores e militares, inativos e pensionistas, anistiados e ex-combatentes, e aos que já cumpriram, até aquela data, os requisitos para usufruírem tais direitos, observado o disposto no artigo 37, XI, da Constituição Federal; vale dizer que os direitos são respeitados, porém com observância do teto previsto no artigo 37, XI;

d) o artigo 4º, que permite a contagem, como tempo de contribuição, do tempo de serviço considerado para efeito de aposentadoria, cumprido até que a lei discipline a matéria, com a única ressalva para a contagem de tempo de contribuição fictício, vedada pelo artigo 40, § 10; como a Emenda está incluindo requisito novo para aposentadoria, referente ao **tempo de contribuição**, foi preciso considerar como tal o tempo de serviço já prestado anteriormente pelo servidor, sob pena de impor-se ao mesmo condições que, em determinadas situações de longo tempo de serviço já prestado, tornariam difícil ou mesmo inviável a aposentadoria; apenas se vedou seja considerado como tempo de contribuição o tempo de serviço ficto;

e) o artigo 8º, *caput*, (depois revogado pela Emenda Constitucional nº 41/2003) que, ressalvado o direito à opção pela aposentadoria segundo as novas regras do artigo 40, assegura ao servidor que tenha ingressado em cargo público efetivo antes da publicação da Emenda, mas que ainda não tenha completado os requisitos para aposentadoria, o direito de aposentar-se com proventos integrais desde que observados os seguintes requisitos cumulativamente:

1º) tenha 53 anos de idade, o homem, e 48, a mulher;

2º) tenha 5 anos de efetivo exercício no cargo em que se dará a aposentadoria;

3º) conte tempo de contribuição igual, no mínimo, à soma de: (a) 35 anos, se homem, e 30 anos, se mulher; e (b) um período adicional de contribuição equivalente a 25% do tempo que, na data da publicação da Emenda, faltaria para atingir o limite de tempo constante da alínea anterior; para esse fim, é aplicado o artigo 4º da Emenda, que considera como tempo de contribuição o tempo de serviço público já cumprido.

Para o segurado filiado ao regime geral da previdência social, o mesmo direito é assegurado pelo artigo 9º, com os mesmos requisitos de idade e de tempo de contribuição; só não há a exigência, estabelecida para o servidor, de 5 anos de efetivo exercício no cargo em que se dará a aposentadoria, tendo em vista, como é óbvio, que para o segurado da previdência social os proventos são calculados em função do salário-de-contribuição, sendo irrelevante a função que exerce por ocasião da aposentadoria. Também para o professor filiado a esse regime previdenciário, a norma de transição estabelecida no § 2º do artigo 9º é igual à estabelecida para o professor filiado ao regime previdenciário do servidor ocupante de cargo efetivo;

f) o artigo 8º, § 1º (também revogado pela Emenda Constitucional nº 41/2003), que assegura ao servidor, nas condições mencionadas no item anterior, o direito à aposentadoria com **proventos proporcionais** correspondentes a 70% do valor da aposentadoria integral, acrescido de 5% por ano de contribuição que supere a soma do tempo de contribuição e da idade, desde que preencha os seguintes requisitos:

1º) 53 anos de idade, o homem, e 48, a mulher;

2º) 5 anos de efetivo exercício no cargo em que se dará a aposentadoria;

3º) tempo de contribuição igual, no mínimo, à soma de: (a) 30 anos de contribuição, o homem, e 25, a mulher; e (b) um período adicional de contribuição equivalente a 40% do tempo que, na data da publicação desta Emenda, faltaria para atingir o limite de tempo constante da alínea anterior; para esse fim, também é aplicado o artigo 4º da Emenda;

g) os §§ 2º e 3º do artigo 8º (revogados pela Emenda Constitucional nº 41/2003), que asseguram os mesmos direitos previstos nos dois itens anteriores aos Magistrados, Membros do Ministério Público e do Tribunal de Contas, com a diferença de que o tempo de serviço exercido até a publicação da Emenda será contado com o acrés- cimo de 17%, se se tratar de homem (art. 8º, §§ 2º e 3º); a diferença de tratamento para o homem se justifica porque, antes da Emenda, o tempo de serviço para aposentadoria era de 30 anos para os servidores de ambos os sexos; para a mulher mantém-se o mesmo período de 30 anos (agora de contribuição) e, para o homem, eleva-se em 5 anos;

h) O § 4º do artigo 8º (revogado pela Emenda Constitucional nº 41/2003) segundo o qual o professor, servidor da União, dos Estados, do Distrito Federal e dos Municípios, incluídas suas autarquias e fundações, que, até a data da publicação da Emenda, tenha ingressado regularmente em cargo efetivo de magistério e opte pela aposentadoria na forma do disposto no *caput* do artigo 8º, terá o tempo de serviço exercido até a publicação da Emenda contado com o acréscimo de 17%, se homem, e de 20%, se mulher, desde que se aposente, exclusivamente, com tempo de efetivo exercício nas funções de magistério; por outras palavras, o servidor público que já ocupasse, antes da Emenda nº 20, cargo efetivo de Professor, tem as seguintes opções, se ainda não havia completado o tempo de aposentadoria voluntária previsto no artigo 40 da Constituição, em sua redação original: (1ª) tem direito de aposentar-se com proventos integrais, quando cumpridos os requisitos previstos no artigo 8º, I, II e III, hipótese em que o tempo de serviço prestado anteriormente à Emenda é contado com acréscimo de 17% para homem e 20% para mulher; (2ª) opta pela nova aposentadoria tal como prevista no artigo 40, §§ 1º e 4º, hipótese em que ficará isento de contribuição a partir do momento em que completar os requisitos do artigo 8º e até o momento em que completar os requisitos do artigo 40, § 1º, III, *a* (art. 8º, § 5º).

Para o professor vinculado ao regime geral de previdência social, o artigo 9º, § 2º, repete a norma constante do artigo 8º, § 4º, com o mesmo acréscimo de 17% e 25% do tempo de serviço, conforme se trate de homem ou de mulher, e com igual exigência de que a aposentadoria se dê exclusivamente com tempo de efetivo exercício de atividade no magistério.

Todas as pessoas que cumprirem os requisitos constantes das disposições transitórias mencionadas, até a data da entrada em vigor da Emenda Constitucional nº 41/2003, têm direito adquirido aos respectivos benefícios.[17]

Na Emenda Constitucional nº 41/2003, em seu artigo 3º, são garantidos todos os direitos adquiridos até a data de sua publicação, com base nos critérios da legislação então vigente, no que diz respeito à aposentadoria e à pensão. É de difícil compreensão o § 2º desse artigo, quando diz que os proventos, sejam integrais ou proporcionais, e a pensão serão calculados de acordo com a legislação em vigor à época em que foram atendidos os requisitos nela estabelecidos "*ou nas condições da legislação vigente*" (*opção?*). Em se tratando de *direito adquirido*, os proventos e a pensão têm que ser calculados com respeito aos benefícios já incorporados ao patrimônio do servidor à época em que completou os respectivos requisitos, sem prejuízo de outros adquiridos posteriormente. Não há como separar o direito à aposentadoria (integral ou proporcional) e à pensão do benefício pecuniário correspondente. Ainda que se altere a legislação, a integralidade ou a proporcionalidade, conforme o caso, têm que ser respeitadas. Em consequência, a frase final do dispositivo, ao fazer referência às "condições da legislação vigente", tem que ser entendida no sentido de que outras vantagens podem ser acrescidas àquelas a que já fazia jus o servidor na data de publicação da Emenda.

Também tem que ser respeitada a paridade dos proventos e da pensão com os vencimentos e demais vantagens concedidos aos servidores em atividade, seja para os benefícios já concedidos na data da Emenda Constitucional nº 41/2003, seja para os que já completaram os requisitos para obtenção da aposentadoria ou da pensão, nos termos do artigo 3º. A Emenda Constitucional nº 47/2005 estende

---

[17] De acordo com a Súmula nº 359 do STF: "Ressalvada a revisão prevista em lei, os proventos da inatividade regulam-se pela lei vigente ao tempo em que o militar, ou o servidor civil, reuniu os requisitos necessários."

o mesmo benefício aos que ingressaram no serviço público até 16-12-1998 (data da entrada em vigor da Emenda nº 20/1998) e que tenham cumprido os requisitos previstos no artigo 6º da Emenda Constitucional nº 41/2003 ou no artigo 3º da Emenda Constitucional nº 47/2005.

Ainda são de caráter transitório os artigos 4º, 8º e 9º da Emenda nº 41/2003. O primeiro estabelece a forma de contribuição dos atuais inativos e pensionistas, bem como dos servidores que completaram os requisitos para obtenção dos benefícios antes da referida Emenda. O artigo 8º define o montante do teto salarial, enquanto não for definido o valor do subsídio de que trata o artigo 37, XI. E o artigo 9º prevê a aplicação do disposto no artigo 17 do ADCT aos vencimentos, remuneração, subsídios, proventos, pensão ou qualquer outra espécie remuneratória percebidos cumulativamente ou não, incluídas as vantagens pessoais ou de qualquer outra natureza. Na realidade, o dispositivo veda a invocação de direito adquirido por quem esteja recebendo em desacordo com a Emenda Constitucional nº 41/2003.

Como a própria Emenda garante, no artigo 3º, os direitos adquiridos à aposentadoria e pensão, o artigo 9º tem em vista especificamente o novo teto salarial estabelecido pelo artigo 37, inciso XI.

Também são de natureza transitória os artigos 2º e 6º, já comentados em itens precedentes.

14.8 Previdência complementar

A Emenda Constitucional nº 20, no artigo 40, § 14, veio outorgar à União, Estados, Distrito Federal e Municípios a possibilidade de instituir regime de previdência complementar para os seus servidores titulares de cargo efetivo, ou seja, para os que se sujeitam ao regime do artigo 40. Nesse caso, poderão tais servidores ficar sujeitos ao limite máximo estabelecido para os benefícios do regime geral de previdência social de que trata o artigo 201, seja para os proventos de aposentadoria, seja para a pensão por morte. O limite máximo é o estabelecido no artigo 5º da Emenda nº 41/2003, no montante de R$ 2.400,00, atualizado anualmente pelo Governo Federal.

A ideia é de que a previdência social, como encargo do Poder Público, remanesça apenas para cobrir os benefícios limitados a esse valor, ficando para a previdência complementar a cobertura de valores maiores. Cada ente governamental tem competência própria para instituir o regime, mediante lei de iniciativa do Poder Executivo (art. 40, § 15, com a redação dada pela Emenda nº 41/2003).

Essa previdência complementar, disciplinada pela Lei Complementar nº 109, de 29-5-2001, somente é possível para os servidores que ingressarem no serviço público após a instituição do novo regime; para os demais, dependerá de sua expressa opção (art. 40, § 16, da CF).

O § 15 do artigo 40 manda que a lei complementar que venha a dispor sobre a matéria observe o artigo 202. Pelas várias normas contidas nesse dispositivo e em seus parágrafos, tiram-se as seguintes conclusões, aplicáveis a ambos os regimes previdenciários:

a) trata-se de regime de previdência pública, de caráter complementar, e organizado de forma autônoma em relação ao regime geral de previdência social e ao regime de previdência próprio do servidor público;

b) a previdência complementar é administrada por intermédio de entidade fechada de previdência complementar, de natureza pública;

c) a instituição do benefício é facultativa para todos os entes governamentais, baseando-se na constituição de reservas que garantam o benefício contratado e disciplinado por lei complementar (art. 202, *caput*); o fato de a União instituir o regime não obriga os Estados e Municípios a instituírem também;

d) enquanto não instituído, não pode ser aplicado o limite estabelecido para o regime geral de previdência de que trata o artigo 201 (art. 40, § 14);

e) para os servidores que ingressarem no serviço público antes da instituição do regime de previdência complementar, a aplicação desse regime só pode ser feita mediante prévia e expressa opção (§ 16 do art. 40);

f) União, Estados, Distrito Federal e Municípios, bem como suas autarquias, fundações, sociedades de economia mista, empresas públicas e outras entidades públicas não podem aportar recursos às entidades de previdência privada, salvo na qualidade de patrocinador, hipótese em que sua contribuição não poderá exceder a do segurado (art. 202, § 3º); neste caso, a relação entre os entes públicos e as entidades de previdência privada será regulada por lei complementar, que estabelecerá também os requisitos para a designação dos membros das diretorias das entidades fechadas de previdência privada e a inserção dos participantes nos colegiados e instâncias de decisão em que seus interesses sejam objeto de discussão e deliberação; essa lei complementar aplicar-se-á, no que couber, às empresas permissionárias ou concessionárias de serviços públicos, quando patrocinadoras de entidades fechadas de previdência privada (art. 202, §§ 4º e 5º).

A Lei nº 12.618, de 30-4-2012, instituiu o regime de previdência complementar para os servidores públicos titulares de cargo efetivo da União, suas autarquias e fundações, inclusive para os membros do Poder Judiciário, do Ministério Público da União e do Tribunal de Contas da União. Isso significa que o limite máximo do benefício a cargo da União (igual ao estabelecido para o regime geral de previdência social – RGPS) será igual para os que ingressarem no serviço público a partir do início da vigência do regime de previdência complementar e para os que, mesmo tendo ingressado antes da instituição do mesmo regime, façam a opção pelo mesmo no prazo de 24 meses (§ 7º do art. 3º).

Para estimular a opção, o artigo 3º, § 1º, da lei prevê um benefício especial calculado com base nas contribuições recolhidas ao regime de previdência próprio do servidor (tal como definido nos §§ 2º a 4º do mesmo dispositivo), atualizado pelo mesmo índice aplicável ao benefício de aposentadoria ou pensão mantido pelo RGPS (§ 6º), além do direito à compensação financeira de que trata o § 9º do artigo 201 da Constituição (contagem recíproca de tempo na Administração Pública e na atividade privada).

O § 8º do artigo 3º estabelece que o exercício da opção pelo regime de previdência complementar é irrevogável e irretratável, não sendo devida pela União e suas autarquias e fundações públicas qualquer contrapartida referente ao valor dos descontos já efetuados sobre a base de contribuição acima do limite previsto no *caput* do dispositivo.

A Lei nº 12.618/2012 estabelece normas sobre os planos de benefícios, abrangendo os recursos garantidores e as contribuições.

A mesma lei autorizou a União a criar três entidades fechadas de previdência complementar[18,19] com a finalidade de administrar e executar planos de benefícios de caráter previdenciário (art. 4º), a saber, a Fundação de Previdência Complementar do Servidor Público Federal do Poder Executivo (Funpresp-Exe),[20] a Fundação de Previdência Complementar do Servidor Público do Poder Legislativo (Funpresp-Leg) e a Fundação de Previdência Complementar do Servidor Público do Poder Judiciário (Funpresp-Jud). Pelo § 1º do mesmo dispositivo, tais entidades serão estruturadas na forma de fundação de natureza pública, com personalidade jurídica de direito privado, e gozarão de autonomia administrativa, financeira e gerencial.

---

[18] Fundação de Previdência Complementar do Servidor Público Federal do Poder Executivo (Funpresp-Exe), para os servidores públicos titulares de cargo efetivo do Poder Executivo; Fundação de Previdência Complementar do Servidor Público Federal do Poder Legislativo (Funpresp-Leg), para os servidores públicos titulares de cargo efetivo do Poder Legislativo e do Tribunal de Contas da União e para os membros deste Tribunal; e Fundação de Previdência Complementar do Servidor Público Federal do Poder Judiciário (Funpresp-Jud), para os servidores públicos titulares de cargo efetivo e para os membros do Poder Judiciário.

[19] A respeito da constitucionalidade da estruturação dessas entidades como fundações com personalidade de direito privado, confira: CARMONA, Paulo Afonso Cavichioli. A constitucionalidade da natureza jurídica das entidades gestoras do Regime de Previdência Complementar para os Servidores Públicos Federais. *Fórum Administrativo* – FA, Belo Horizonte, ano 13, nº 154, dez. 2013. Disponível em: <http://bid.editoraforum.com.br/bid/PDI0006.aspx?pdiCntd=98588>. Acesso em: 18 dez. 2013.

[20] Pelo Decreto nº 7.808, de 20-9-12, foi criada a Fundação de Previdência Complementar do Servidor Público Federal do Poder Executivo – Funpresp-Exe.

14.9 Contagem de tempo para aposentadoria

Quanto à contagem de tempo, o artigo 40, § 9º, determina que "*o tempo de contribuição federal, estadual ou municipal será contado para efeito de aposentadoria e o tempo de serviço correspondente para efeito de disponibilidade*".[21] A diversidade de redação no que se refere à contagem para aposentadoria e para disponibilidade permite a conclusão de que, para a primeira, só pode ser computado o *tempo de contribuição* e, para a segunda, o tempo de serviço público, independentemente de contribuição. A distinção se justifica porque a aposentadoria passou a ser benefício de natureza previdenciária, o mesmo não ocorrendo com a disponibilidade, que constitui garantia do servidor estável, em caso de extinção ou desnecessidade do cargo, assegurada com *remuneração proporcional ao tempo de serviço*, nos expressos termos do artigo 41, § 3º.

O § 10 do artigo 40, acrescentado pela Emenda Constitucional nº 20, determina que "*a lei não poderá estabelecer qualquer forma de contagem de tempo de contribuição fictício*". É comum a legislação estabelecer como tempo de serviço público aquele exercido em atividades que não têm essa natureza, como o tempo de estágio, de advocacia em caráter privado, de serviço considerado relevante etc. Essa contagem não está proibida pelo novo dispositivo constitucional; o que ele veda é que seja considerado esse tempo como sendo de contribuição; para o requisito referente ao **tempo de contribuição** a contagem ficta não é admitida.

Ainda sobre a contagem de tempo, há a norma do artigo 201, § 9º, da Constituição, segundo a qual

> "*para efeito de aposentadoria, é assegurada a contagem recíproca do tempo de contribuição na administração pública e na atividade privada, rural e urbana, hipótese em que os diversos regimes de previdência social se compensarão financeiramente, segundo critérios estabelecidos em lei*".

A compensação financeira está disciplinada pela Lei nº 9.796, de 5-5-1999, e regulamentada pelo Decreto nº 3.112, de 6-7-1999.

Essa contagem já era prevista na legislação ordinária (Lei nº 6.226, de 14-7-1975), com alterações posteriores, cujos interstícios desapareceram com a entrada em vigor da Constituição. A Lei nº 8.112/1990, no artigo 103, inciso V, determina que será contado apenas para efeito de aposentadoria e disponibilidade "o tempo de serviço em atividade privada, vinculada à Previdência", nenhuma exigência fazendo quanto a interstício.

---

[21] O TCU considera vedada a averbação de tempo de serviço prestado à atividade privada mediante recibo para efeitos de aposentadoria e disponibilidade, salvo se comprovada a existência de contribuição social para o regime geral de previdência (Acórdão 6148/2013, Primeira Câmara, Rel. Min. Valmir Campelo, Ata nº 32/2013 – 1ª Câmara).

A Lei nº 9.711, de 20-11-1998, alterou a redação do artigo 94 da Lei nº 8.213, de 24-7-1991, para determinar que

> "para efeito dos benefícios previstos no Regime Geral de Previdência Social ou no serviço público é assegurada a contagem recíproca do tempo de contribuição na atividade privada, rural e urbana, e do tempo de contribuição ou de serviço na administração pública, hipótese em que os diferentes sistemas de previdência social se compensarão financeiramente".

Diante das alterações introduzidas pela Emenda Constitucional nº 20, que exigem, para aposentadoria voluntária, **dez anos de efetivo exercício no serviço público** (art. 40, § 1º, III), volta a haver o interstício; ou seja, para o servidor contar, para fins de aposentadoria voluntária, o tempo de contribuição na atividade privada, terá que ter completado 10 anos de efetivo exercício no serviço público. Essa condição não existe nas aposentadorias por invalidez e compulsória.

No caso de aposentadoria com base no artigo 6º da Emenda nº 41/2003, o tempo de permanência no serviço público é de 20 anos.

Por fim, com relação à possibilidade de renúncia à aposentadoria – após a publicação da Emenda nº 41/2003 – para averbar o respectivo tempo de serviço no cargo efetivo atualmente em exercício, visando nova inativação (em se tratando de acumulação lícita entre proventos de inatividade e remuneração de cargo efetivo), o TCU entendeu que

> "apenas após a efetiva renúncia da aposentadoria anterior, o tempo de serviço que lhe deu suporte e foi nela empregado pode ser novamente utilizado para respaldar a aquisição de direito à nova aposentadoria, ou seja, somente a partir desse momento, pode haver a transmutação da mera expectativa de direito em direito adquirido, vedada a concessão de efeitos retroativos ao ato de renúncia, regendo-se, desse modo o novo ato de aposentadoria pelo direito positivo vigente por ocasião do implemento dos seus requisitos".[22]

---

[22] Acórdão nº 1468/05-Plenário, Rel. Min. Walton Alencar Rodrigues.

15

A cassação de aposentadoria após a instituição do regime previdenciário do servidor

Maria Sylvia Zanella Di Pietro

15.1 A cassação de aposentadoria no direito positivo

A cassação de aposentadoria tem sido prevista como penalidade nos Estatutos dos Servidores Públicos.

Na esfera federal, a Lei nº 8.112, de 11-12-1990 (que dispõe sobre o regime jurídico dos servidores públicos civis da União, das autarquias e das fundações públicas federais), no artigo 134, determina que "será cassada a aposentadoria ou a disponibilidade do inativo que houver praticado, na atividade, falta punível com a demissão".

No Estado de São Paulo, a Lei nº 10.261, de 29-10-1969 (Estatuto dos Funcionários Públicos Civis do Estado de São Paulo), inclui a cassação de aposentadoria ou disponibilidade entre as penas disciplinares (art. 251, VI), aplicável, nos termos do artigo 259, se ficar provado que o inativo:

I – praticou, quando em atividade, falta grave para a qual é cominada nesta lei a pena de demissão ou de demissão a bem do serviço público;

II – aceitou ilegalmente cargo ou função pública;

III – aceitou representação de Estado estrangeiro sem prévia autorização do Presidente da República;

IV – praticou a usura em qualquer de suas formas.

A justificativa para a previsão de penalidade dessa natureza decorre do fato de que o servidor público não contribuía para fazer jus à aposentadoria. Esta era considerada como direito decorrente do exercício do cargo, pelo qual respondiam os cofres públicos, independentemente de qualquer contribuição por parte do servidor.

Com a instituição do regime previdenciário contributivo, surgiu a tese de que não mais é possível a aplicação dessa penalidade, tendo em vista que o servidor paga uma contribuição, que é obrigatória, para garantir o direito à aposentadoria.

15.2 Jurisprudência do Supremo Tribunal Federal

O regime previdenciário de caráter contributivo para o servidor público foi instituído pelas Emendas Constitucionais n°s 3/2003 (para os servidores federais), 20/1998 (para os servidores estaduais e municipais, em caráter facultativo, a critério dos Estados e Municípios) e 41/2003 (para os servidores de todas as esferas de governo, em caráter obrigatório).

No entanto, mesmo antes da instituição desse regime, já havia algumas vozes que se levantavam contra esse tipo de penalidade. O argumento mais forte era o de que a aposentadoria constituía um **direito** do servidor que completasse os requisitos previstos na Constituição: era o direito à inatividade remunerada, como decorrência do exercício do cargo por determinado tempo de serviço público. Alegava-se que a punição era inconstitucional, porque atingia ato jurídico perfeito. Com esse argumento, algumas ações judiciais foram propostas, pleiteando a invalidação da punição, chegando, algumas delas, ao conhecimento e julgamento do Supremo Tribunal Federal.

A Corte Suprema adotou entendimento diverso. No Mandado de Segurança nº 21.948/RJ, em que foi Relator o Ministro Néri da Silveira (j. 29-9-1994), alegava-se a inconstitucionalidade dos incisos III e IV do artigo 127, da Lei nº 8.112/1990, que previam as penas de demissão e de cassação de aposentadoria ou disponibilidade, sob o argumento de que, quando aplicada a pena de demissão, o servidor já havia completado o tempo para aposentadoria. O argumento foi afastado, sob o fundamento de que o artigo 41, § 1º, da Constituição Federal prevê a demissão; e que a lei prevê inclusive a cassação de aposentadoria, aplicável ao inativo, se resultar apurado que praticou ilícito disciplinar grave, quando em atividade.

O mesmo entendimento foi adotado no Mandado de Segurança nº 22.728/PR. O Relator, Ministro Moreira Alves, afastou o argumento de que a pena de cassação de aposentadoria é inconstitucional por violar ato jurídico perfeito, baseando-se no referido precedente.

Outro acórdão foi proferido pelo Tribunal Pleno, em 6-3-02, no Mandado de Segurança nº 23.299/SP, já na vigência da Emenda Constitucional nº 20/1998 (conhecida como Emenda da Previdência Social). O Relator foi o Ministro Sepúlveda Pertence, que não enfrentou o tema diante da mudança no regime jurídico da aposentadoria e adotou a mesma tese já aplicada aos casos precedentes. O mesmo precedente foi invocado pelo Ministro Carlos Velloso, como Relator no Recurso Ordinário em MS nº 24.557-7/DF.

No julgamento do Agravo Regimental no Mandado de Segurança nº 3.219-9/RS, o Ministro Eros Grau, como Relator, anotou que, não obstante o caráter contributivo de que se reveste o benefício previdenciário, o Tribunal tem confirmado a possibilidade de aplicação da pena de cassação de aposentadoria. O julgado baseou-se, ainda uma vez, no precedente, relatado pelo Min. Sepúlveda Pertence.

Mais recentemente, novo posicionamento foi adotado pelo Supremo Tribunal Federal, em acórdão proferido pela 2ª Turma (RE-610.290/MS, Relator Min. Ricardo Lewandowski), em cuja ementa consta que:

> "[...] o benefício previdenciário instituído em favor dos dependentes de policial militar excluído da corporação representa uma contraprestação às contribuições previdenciárias pagas durante o período efetivamente trabalhado".

Nesse caso, alegava-se que era inconstitucional o artigo 117 da Lei Complementar nº 53/1990, do Mato Grosso do Sul, que instituiu o benefício previdenciário aos dependentes de policial militar excluído da corporação. A decisão foi pela constitucionalidade do dispositivo legal, por se tratar de benefício previdenciário, de caráter contributivo. Ponderou o Ministro que "entender de forma diversa seria placitar verdadeiro enriquecimento ilícito da Administração Pública que, em um sistema contributivo de seguro, apenas receberia as contribuições do trabalhador, sem nenhuma contraprestação".

Note-se que o acórdão trata da pensão dos dependentes e não da aposentadoria.

Todos esses acórdãos estão mencionados em voto do Desembargador Paulo Dimas Mascaretti, como Relator do Mandado de Segurança nº 2091987-98.2014.8.26.0000, da Comarca de São Paulo. No acórdão também são citados importantes trabalhos doutrinários, defendendo a insubsistência da pena de cassação de aposentadoria após a instituição do regime previdenciário do servidor. Tratava-se de hipótese de pena de demissão a bem do serviço público, publicada no *Diário Oficial do Estado* de 8-3-2014, quando o interessado já estava aposentado compulsoriamente, desde 8-1-2014, em razão de ter completado 70 anos de idade. Em consequência, a autoridade impetrada procedeu, de ofício, à retificação do ato de punição, convertendo a demissão em cassação de aposentadoria, por decisão publicada no *Diário Oficial* de 17-9-2014.

Nesse acórdão é mencionado o meu entendimento no sentido de que "a previdência social (como encargo do poder público, em oposição à previdência privada), funciona à semelhança do contrato de seguro, em que o segurado paga determinada contribuição, com vistas à cobertura de riscos futuros". Esse é realmente o entendimento que tenho adotado.[1]

A decisão foi tomada pelo órgão especial do Tribunal de Justiça, por maioria de votos, em acórdão que examina o assunto em profundidade, com menção à jurisprudência e à doutrina. O Desembargador Eros Picelli fez declaração de voto discordando do voto do relator, baseando-se na natureza tributária da contribuição previdenciária. Para o ilustre Desembargador, "o caráter contributivo da Previdência Social significa dizer que todo trabalhador e todo servidor público deve contribuir para o sistema de maneira obrigatória. Não quer dizer que o fato de contribuir gera o direito absoluto de receber benefício". E acrescenta que:

> "[...] a obrigação tributária é de pagar contribuição social, o que independe do direito de receber benefício previdenciário."

Posteriormente, o STF voltou a apreciar o assunto, decidindo pela constitucionalidade da cassação da aposentadoria, inobstante o caráter contributivo de que se reveste o benefício previdenciário (Ag. Reg. Na STA nº 729-SC, Informativo nº 791, de 22 a 26-6-2015).

15.3 Da resistência à extinção da cassação de aposentadoria

É possível reconhecer que a regra que permite a cassação de aposentadoria geral gera dois tipos opostos de repulsa (ou de resistência):

a) De um lado, a repulsa pela penalidade em si, que é aplicada quando o inativo já está com idade avançada e com grande dificuldade ou mesmo impossibilidade de encontrar outro trabalho, seja no setor público, seja no setor privado. No acórdão mencionado, proferido pelo Órgão Especial do Tribunal de Justiça de São Paulo, o inativo já tinha se aposentado compulsoriamente por ter completado 70 anos de idade.

b) De outro lado, a não aplicação da penalidade de cassação de aposentadoria por ilícito praticado quando o inativo ainda estava em atividade gera outro tipo de repulsa, que é o fato de o servidor acabar não sendo punido na esfera administrativa (ainda que possa ser punido na esfera penal e responder civilmente pelos danos causados ao erário, inclusive em ação de improbidade administrativa).

---

[1] DI PIETRO, Maria Sylvia Zanella. *Direito administrativo*. 28 ed. São Paulo: Atlas, 2015, p. 707; DI PIETRO, Maria Sylvia Zanella (coordenadora). *Tratado de direito administrativo*. São Paulo: Revista dos Tribunais, vol. II, p. 448. A mesma tese foi por mim adotada em parecer publicado sob o título de Previdência social do servidor público, na *Revista Trimestral de Direito Público* – RTDP, São Paulo: Malheiros, 1999, vol. 26, p. 168-185.

Como Procuradora do Estado de São Paulo que fui durante 24 anos, tive em mãos alguns processos disciplinares que culminaram com a aplicação da pena de cassação de aposentadoria. E confesso que sempre senti repulsa pelas consequências que essa punição trazia para o servidor inativo e também para seus dependentes, especialmente nos casos em que o mesmo já estava em idade avançada.

Não há na legislação estatutária qualquer norma que impeça um servidor demitido de vir a ocupar outro cargo público ou que impeça de trabalhar aquele que teve a aposentadoria cassada. No Estatuto paulista, o artigo 39 cuida da readmissão, exigindo, no § 1º, que a readmissão do ex-funcionário demitido seja precedida de reexame do respectivo processo administrativo, em que fique demonstrado não haver inconveniente, para o serviço público, na decretação da medida. No § 2º, o dispositivo determina que, "observado o disposto no parágrafo anterior, se a demissão tiver sido a bem do serviço público, a readmissão não poderá ser decretada antes de decorridos 5 (cinco) anos do ato demissório".[2]

Em se tratando de demissão, não há impedimento a que o servidor demitido volte a ocupar outro cargo público, uma vez que preencha os respectivos requisitos, inclusive a submissão a concurso público, quando for o caso. Se assim não fosse, a punição teria efeito permanente, o que não é possível no direito brasileiro. E não há dúvida de que, se vier a ocupar outro cargo, emprego ou função, o tempo de serviço ou de contribuição, no cargo anterior, será computado para fins de aposentadoria e disponibilidade, com base no artigo 40, § 9º,[3] da Constituição Federal. Mesmo que outra atividade seja prestada no setor privado ou em regime de emprego público (regido pela CLT, em que o servidor é enquadrado no Regime Geral de Previdência Social), esse tempo de serviço ou de contribuição no cargo em que se deu a demissão tem que ser considerado pelo INSS, por força da chamada contagem recíproca, prevista no artigo 201, § 9º,[4] da Constituição.

Façamos um paralelo com o trabalhador filiado ao Regime Geral de Previdência Social (a cargo do INSS). O que acontece quando demitido do emprego por justa causa, por ter praticado falta grave?

---

[2] A readmissão era definida, no *caput* do artigo 39, como "*o ato pelo qual o ex-funcionário, demitido ou exonerado, reingressa no serviço público, sem direito a ressarcimento de prejuízos, assegurada, apenas, a contagem de tempo de serviço em cargos anteriores, para efeito de aposentadoria e disponibilidade*". Era um ato discricionário da Administração Pública. Entende que não mais subsiste esse instituto, porque possibilita o reingresso no serviço público sem concurso público, contrariando o artigo 37, II, da Constituição.

[3] § 9º do art. 40. "*O tempo de contribuição federal, estadual ou municipal será contado para efeito de aposentadoria e o tempo de serviço correspondente para efeito de disponibilidade.*"

[4] § 9º do art. 201. "*Para efeito de aposentadoria, é assegurada a contagem recíproca do tempo de contribuição na administração pública e na atividade privada, rural e urbana, hipótese em que os diversos regimes de previdência social se compensarão financeiramente, segundo critérios estabelecidos em lei.*" A matéria está disciplinada pela Lei nº 9.796/1999.

O trabalhador tem dois tipos de vínculos:

a) um vínculo de emprego com a empresa, regido pela CLT;
b) um vínculo de natureza previdenciária, com o INSS, ou seja, com o sistema de seguridade social.

Se ele for demitido, mas já tiver completado os requisitos para aposentadoria, ele poderá requerer o benefício junto ao órgão previdenciário. Se ele não completou os requisitos, poderá inscrever-se como autônomo e continuar a contribuir até completar o tempo de contribuição; ou poderá iniciar outro vínculo de emprego que torne obrigatória a sua vinculação ao regime de seguridade social; ou poderá ingressar no serviço público, passando a contribuir para o Regime de Previdência Próprio do Servidor, também em caráter obrigatório. De qualquer forma, fará jus à já referida contagem do tempo de contribuição anterior.

Vale dizer que, para fins previdenciários, é absolutamente irrelevante saber quantos empregos a pessoa ocupou e quais as razões que o levaram a desvincular-se de uma empresa e vincular-se a outra. Se ele for demitido, com ou sem justa causa, nada pode impedi-lo de usufruir dos benefícios previdenciários já conquistados à época da demissão.

A mesma regra aplica-se aos servidores públicos celetistas e temporários, que são necessariamente vinculados ao Regime Geral de Previdência Social, nos termos do artigo 40, § 13, da Constituição. Se forem demitidos por justa causa, porque praticaram ilícito administrativo, essa demissão não os fará perder os benefícios previdenciários já conquistados ou a conquistar, mediante preenchimento do tempo de contribuição exigido em lei.

Com relação ao servidor estatutário ocupante de cargo efetivo, não é e não pode ser diferente a conclusão, a partir do momento em que se alterou a natureza de sua aposentadoria.

Antes da instituição do Regime Previdenciário Próprio do Servidor, a aposentadoria era um direito decorrente do exercício do cargo, financiado inteiramente pelos cofres públicos, sem contribuição do servidor. Era um direito vinculado ao cargo, como tantos outros previstos na legislação constitucional e estatutária, como a estabilidade, a remuneração, as vantagens pecuniárias, as férias remuneradas, as licenças remuneradas e tantos outros.

Note-se que a pensão, ao contrário dos outros direitos ligados ao cargo, já tinha natureza previdenciária contributiva, desde longa data. No Estado de São Paulo, a contribuição paga ao antigo Ipesp era destinada ao pagamento da pensão aos dependentes do servidor falecido. Atualmente, com a instituição do Regime Previdenciário próprio do Servidor, a pensão continua com a mesma natureza contributiva, agora também aplicada à aposentadoria.

Houve declarada intenção do governo de aproximar o regime de aposentadoria do servidor público e o do empregado do setor privado. Tanto assim que o artigo 40, § 12, da Constituição (introduzido pela Emenda Constitucional nº 20/1998) manda aplicar ao Regime Previdenciário próprio dos Servidores Públicos titulares de cargo efetivo, no que couber, os "requisitos e critérios fixados para o Regime Geral de Previdência Social".

Além disso, vários dispositivos do artigo 40, com as alterações introduzidas pelas Emendas Constitucionais 20/98 e 41/03, fazem referência à exigência de observância, na aposentadoria e na pensão, do limite estabelecido para a seguridade social. É o caso do § 3º (sobre cálculo dos proventos de aposentadoria), do § 7º (sobre cálculo da pensão), do § 14 (sobre previdência complementar), do § 21 (sobre contribuição dos inativos e pensionistas). Todos esses dispositivos fazem referência ao limite máximo estabelecido pelo artigo 201, aplicável ao Regime Geral de Previdência Social.

Sendo de caráter **contributivo**, é como se o servidor estivesse "comprando" o seu direito à aposentadoria; ele paga por ela. Daí a aproximação com o contrato de seguro. Se o servidor paga a contribuição que o garante diante da ocorrência de riscos futuros, o correspondente direito ao benefício previdenciário não pode ser frustrado pela demissão. Se o governo quis equiparar o regime previdenciário do servidor público e o do trabalhador privado, essa aproximação vem com todas as consequências: o direito à aposentadoria, como benefício previdenciário de natureza contributiva, desvincula-se do direito ao exercício do cargo, desde que o servidor tenha completado os requisitos constitucionais para obtenção do benefício.

Qualquer outra interpretação leva ao enriquecimento ilícito do erário e fere a moralidade administrativa. Não tem sentido instituir-se contribuição com caráter obrigatório e depois frustrar o direito à obtenção do benefício correspondente. Assim, se a demissão não pode ter o condão de impedir o servidor de usufruir o benefício previdenciário para o qual contribuiu nos termos da lei (da mesma forma que ocorre com os vinculados ao Regime Geral de Previdência Social), por força de consequência, também não pode subsistir a pena de cassação de aposentadoria, que substitui, para o servidor inativo, a pena de demissão.

Não se pode invocar, para afastar essa conclusão, o caráter solidário do regime previdenciário, para significar que "todos pagam para todos, independentemente do direito individual", como alega o Desembargador Eros Picelli em seu voto.

Não há dúvida de que a **solidariedade** é uma das características da previdência social, quando comparada com a previdência privada. Em parecer que proferimos sobre Previdência social do servidor público estadual,[5] apontamos, com

---

[5] In *Revista Trimestral de Direito Público – RTDP*, já referida na nota de rodapé nº 1, com citação dos seguintes autores: GONÇALVES, Nair Lemos, *Novo benefício da Previdência Social*, São Paulo: Ibrasa, 1976, p. 18 e ss.; Almansa Pastor, citado por Nair Lemos Gonçalves, na mesma obra; LEITE,

base na doutrina, as seguintes características do seguro social e que o distinguem do seguro privado:

a) **obrigatoriedade**, pois protege as pessoas independentemente de sua concordância, assegurando **benefícios irrenunciáveis**;

b) **pluralidade das fontes de receita**, tendo em vista a impossibilidade dos segurados em manter, por si, o sistema e cobrir todos os benefícios; daí a participação do Estado (e agora, com o mesmo fundamento, dos aposentados e pensionistas) no custeio do sistema;

c) **desproporção entre a contribuição e o benefício**, exatamente como decorrência da pluralidade das fontes de receita;

d) **ausência de lucro**, já que é organizada pelo Estado.

O fato de ser a solidariedade uma das características do seguro social não significa que os beneficiários não tenham **direito** de receber o benefício. Eu diria que a solidariedade até reforça o direito, porque ela foi idealizada exatamente para **garantir** o direito dos segurados ao benefício. De outro modo, não haveria recursos suficientes para manter os benefícios da previdência social. A solidariedade significa que pessoas que não vão usufruir do benefício contribuem para a formação dos recursos necessários à manutenção do sistema de previdência social; é o caso dos inativos e pensionistas[6] e também dos servidores que não possuem dependentes mas têm que contribuir necessariamente para a manutenção do benefício de terceiros; são as hipóteses em que à contribuição não corresponde qualquer benefício. Mas para os servidores assegurados, à contribuição tem necessariamente que corresponder um benefício, desde que preenchidos os requisitos previstos na Constituição e na legislação infraconstitucional.

A Emenda Constitucional nº 41/2003, para permitir a contribuição dos inativos e pensionistas, incluiu no *caput* do artigo 40 o vocábulo "solidário" para qualificar o regime de previdência contributivo. Mas isto não afasta o **direito individual** dos beneficiários, já que o mesmo dispositivo define critérios para cálculo dos benefícios, a saber, dos proventos de aposentadoria e da pensão, nos §§ 1º, 2º e 3º. Não há dúvida de que a contribuição do servidor dá o direito ao recebimento dos benefícios.

João Antônio G. Pereira, *Curso elementar de direito previdenciário*, São Paulo: LTr, 1977.

[6] A Emenda Constitucional nº 41/2003 foi perversa com os inativos e pensionistas, ao prever a sua contribuição para a previdência social (quando já usufruem de benefícios previdenciários segundo a legislação vigente à época em que completaram os respectivos requisitos); a exigência destoa do regime geral de previdência social, tendo em vista que o artigo 195, II, que expressamente veda a incidência de contribuição sobre aposentadoria e pensão concedidas pelo regime geral de previdência social de que trata o art. 201.

O argumento utilizado pelo Ministro Lewandowski com relação à pensão é inteiramente aplicável à aposentadoria. Afirma o Ministro que "não se trata de um benefício gratuito concedido aos dependentes do policial militar, porém de uma contraprestação às contribuições previdenciárias por eles pagas durante o período efetivamente trabalhado". Ele ainda ressalta que entendimento diverso seria "placitar verdadeiro enriquecimento ilícito da Administração Pública que, em um sistema contributivo de seguro, apenas receberia a contribuição do trabalhador, sem nenhuma contrapartida".

O caráter contributivo e retributivo do regime previdenciário do servidor também foi ressaltado pelo Ministro Celso de Mello na ADI nº 2010. Para ele, a "existência de estrita vinculação causal entre contribuição e benefício põe em evidência a correção da fórmula, segundo a qual não pode haver contribuição sem benefício".

A relação entre benefício e contribuição decorre de vários dispositivos da Constituição, mas consta expressamente do artigo 40, § 3º:

> "§ 3º Para o cálculo dos proventos de aposentadoria, por ocasião da sua concessão, serão consideradas as remunerações utilizadas como base para as contribuições do servidor aos regimes de previdência de que trata este artigo e o art. 201, na forma da lei."

O que ocorre é que a legislação estatutária não se adaptou inteiramente ao novo regime de aposentadoria e continua a prever a pena de cassação de aposentadoria, sem levar em consideração que ela se tornou incompatível com o regime previdenciário. Além disso, há uma resistência grande dos entes públicos, de abrir mão desse tipo de penalidade, seja por não terem tomado consciência das consequências de alteração do regime do servidor, seja por revelarem inconformismo com a incompatibilidade da referida penalidade com o regime previdenciário contributivo agora imposto a todos os servidores públicos.

15.4 Termo inicial da instituição do regime previdenciário do servidor

É importante fazer uma observação quanto ao momento da instituição do regime previdenciário do servidor público.

Os autores mencionados no acórdão, já referido, proferido pelo Órgão Especial do Tribunal de Justiça, fazem referência à Emenda Constitucional nº 3/1993, que instituiu contribuição para os **servidores públicos federais** apenas, e à Emenda Constitucional nº 20/1998, que instituiu o regime previdenciário contributivo para os servidores públicos titulares de cargos efetivos em todos os entes da federação.

No entanto, não se pode esquecer que para Estados e Municípios a instituição desse regime somente se tornou obrigatória com a Emenda Constitucional nº 41/2003. Na vigência da Emenda nº 20/1993, a instituição do regime ficava a critério de cada Estado, cada Município e do Distrito Federal.

Com efeito, o artigo 149, parágrafo único, da Constituição, em sua redação original, estabelecia que "*os Estados, o Distrito Federal e os Municípios* **poderão** *instituir contribuição, cobrada de seus servidores, para o custeio, em benefício destes, de sistema de previdência e assistência social*".

Esse despacho foi mantido com a Emenda Constitucional nº 20/1998, de modo que continuou sendo *facultativa* a instituição do regime contributivo para os servidores dos Estados, Distrito Federal e Municípios.

Foi com a Emenda Constitucional nº 41/2003 que essa instituição se tornou obrigatória. O § 1º do artigo 149 passou a determinar que "*os Estados, o Distrito Federal e os Municípios* **instituirão** *contribuição, cobrada de seus servidores, para o custeio, em benefício destes, do regime previdenciário de que trata o artigo 40, cuja alíquota não será inferior à da contribuição dos servidores titulares de cargos efetivos da União*". Note-se que esses entes federativos têm competência para legislar supletivamente sobre previdência social.

São dois dispositivos da Constituição tratando da competência legislativa nessa matéria: (a) o artigo 22, XXIII, que prevê a competência privativa da União para legislar sobre "seguridade social"; (b), o artigo 24, XII, outorga à União, aos Estados e ao Distrito Federal competência para legislar concorrentemente sobre "previdência social". Os Municípios exercem igual competência com fundamento no artigo 30, II. A duplicidade de competências (uma privativa e a outra concorrente) permite concluir que a competência da União refere-se à seguridade social disciplinada pelos artigos 194 e seguintes da Constituição. A competência concorrente refere-se ao regime previdenciário dos servidores públicos: nesse caso, a União baixa *normas gerais* (nos termos dos parágrafos do artigo 24), enquanto Estados, Distrito Federal e Municípios legislam suplementarmente.

Portanto, para esses entes federativos, é preciso verificar a data de instituição do regime contributivo. No Estado de São Paulo, o regime contributivo já estava instituído para a pensão (independentemente de previsão constitucional, sendo disciplinada pela Lei Complementar nº 180, de 12-5-1978). Assim sendo, qualquer que seja a conclusão quanto à subsistência da cassação de aposentadoria, é inconcebível que a aplicação dessa penalidade leve à cassação da pensão dos dependentes, como muito bem realçou o Ministro Lewandowski no Acórdão já referido.

Para a aposentadoria, a contribuição só foi instituída pela Lei Complementar nº 943, de 23-6-2003 (antes mesmo da Emenda Constitucional nº 41/2003, que é de dezembro de 2003). Portanto, entendo que, a partir da instituição do regime previdenciário no Estado de São Paulo, é que a cassação de aposentadoria deixou de existir, por ser incompatível com o regime contributivo e retributivo hoje vigente.

É importante lembrar que o artigo 4º da Emenda Constitucional nº 20/1998 estabeleceu uma ficção jurídica para tornar possível a nova sistemática de *contagem de contribuição* e não de tempo de serviço. Esse dispositivo determina que "*o tempo de serviço considerado pela legislação vigente para efeito de aposentadoria, cumprido até que a lei discipline a matéria, será contado como tempo de contribuição*".

15.5 Conclusão: incompatibilidade da cassação de aposentadoria com o regime previdenciário do servidor

A pena de cassação de aposentadoria deixou de existir a partir da instituição do regime previdenciário. Isto não impede que o servidor responda na esfera criminal, se o ilícito administrativo corresponder a ilícito penal (crime ou contravenção) e no âmbito da lei de improbidade administrativa, respondendo pela reparação civil dos prejuízos eventualmente causados ao erário.

O termo inicial da instituição previdenciário não é o mesmo para os servidores dos três níveis de governo. Em cada esfera, o termo inicial a ser considerado é a data da lei infraconstitucional instituidora do regime previdenciário contributivo.

Referências bibliográficas

ARAUJO, Florivaldo Dutra de. Teto remuneratório e vantagens pessoais: a posição do Supremo Tribunal Federal. *RDM*, nº 12, abr./jun. 2004, p. 155.

ATALIBA, Geraldo. Da irredutibilidade de vencimentos. *Revista da AMAGIS*, v. 1, nº 1, 1983, p. 90-92.

BACELLAR FILHO, Romeu Felipe. *Princípios constitucionais do processo administrativo disciplinar*. São Paulo: Max Limonad, 1998.

BANDEIRA DE MELLO, Celso Antônio. *Natureza e regime jurídico das autarquias*. São Paulo: Revista dos Tribunais, 1968.

_____. *Regime constitucional dos servidores da Administração Direta e Indireta*. São Paulo: Revista dos Tribunais, 1990.

_____. *Curso de direito administrativo*. 28. ed. rev. e atual. até a Emenda Constitucional 67. São Paulo: Malheiros, 2011.

_____. *Conteúdo jurídico do princípio da igualdade*. São Paulo: Malheiros, 2002.

BARROSO, Luís Roberto. *Temas de direito constitucional*. 2. ed. Rio de Janeiro: Renovar, 2002.

BASTOS, Celso. Sociedades de economia mista. Regime de Trabalho. Da aplicabilidade do art. 37, XI da CF. *Cadernos de Direito Constitucional e Ciência Política*, São Paulo: Revista dos Tribunais, ano 3, nº 13, out./dez. 1995.

BORGES, Antônio de Moura. O fornecimento de informações a administrações tributárias estrangeiras, com base na cláusula da troca de informações, prevista em tratados internacionais sobre matéria tributária. *Direito em ação*, v. 1, nº 1, p. 21-42, dez. 2000.

CAMMAROSANO, Márcio. *Provimento de cargos públicos no direito brasileiro*. São Paulo: Revista dos Tribunais, 1984.

CANOTILHO, J. J. Gomes. *Direito constitucional e teoria da Constituição*. 7. ed. Coimbra: Almedina, 2003.

CARVALHO FILHO, José dos Santos. *Manual de direito administrativo*. 24. ed. Rio de Janeiro: Lumen Juris, 2011.

DALLARI, Adilson Abreu. *Regime constitucional dos servidores públicos*. 2. ed. rev. e atual. de acordo com a Constituição Federal de 1988. São Paulo: Revista dos Tribunais, 1992.

DI PIETRO, Maria Sylvia Zanella. Funcionário público: acumulação de cargos e funções, proventos. BDA: *Boletim de Direito Administrativo*, São Paulo, v. 7, nº 2, p. 91-99, fev. 1991.

_____. O que muda na remuneração dos servidores? *BDA*, p. 421-428, jul. 1998.

_____. *Direito administrativo*. 28. ed. São Paulo: Atlas, 2015.

ESPÍRITO SANTO, Paulo André. A funcionalidade do sistema tributário nacional. In: ROSA, Eugênio (Coord.). *A reforma tributária da Emenda Constitucional no 42/2003*: "aspectos polêmicos e controvertidos". Rio de Janeiro: Lumen Iuris, 2004.

FERRAZ, Luciano. Concurso público e direito à nomeação. In: MOTTA, Fabrício (Coord.). *Concurso público e Constituição*. Belo Horizonte: Fórum, 2005.

_____. Responsabilidade do Estado por Omissão Legislativa – Caso do art. 37, X da Constituição da República. In: FREITAS, Juarez (Org.). *Responsabilidade civil do Estado*. São Paulo: Malheiros, 2005.

_____. Lei de responsabilidade fiscal e medidas para a redução das despesas de pessoal: perspectiva de respeito aos direitos dos funcionários públicos estáveis. In: ROCHA, Valdir de Oliveira. *Aspectos relevantes da lei de responsabilidade fiscal*. São Paulo: Dialética, 2001.

_____. O teto dos sem teto. *Jurídica Administração*, Salvador, v. 9, nº 5, 2004.

_____. Concurso público e direito à nomeação. In: MOTTA, Fabrício (Coord.). *Concurso público e Constituição*. Belo Horizonte: Fórum, 2005.

FERRAZ, Sérgio; DALLARI, Adilson Abreu. *Processo administrativo*. São Paulo: Malheiros, 2001.

FREITAS, Juarez. O intérprete e o poder de dar vida à Constituição. In: GRAU, Eros Roberto; GUERRA FILHO, Willis Santiago (Org.). *Direito Constitucional – Estudos em homenagem a Paulo Bonavides*. São Paulo: Malheiros, 2001. p. 237-242.

_____. Parecer. Disponível em: <http://www.aifsp.org.br>. Acesso em: 22 fev. 2008.

_____. *O controle dos atos administrativos e os princípios fundamentais*. 2. e 3. ed. São Paulo: Malheiros, 1999 e 2004.

GABARDO, Emerson. *Princípio constitucional da eficiência administrativa*. São Paulo: Dialética, 2002. p. 122.

GOMES, Joaquim Barbosa. *Ação afirmativa & princípio constitucional da igualdade*: o Direito como instrumento de transformação social. A experiência dos EUA. Rio de Janeiro: Renovar, 2001.

GOMES, Rodrigo Carneiro. Inteligência policial: para combater crime, Estado tem de compartilhar dados. *ADV Advocacia dinâmica*: boletim informativo semanal, v. 27, no 5, p. 107-105, 4 fev. 2007.

GRAU, Eros Roberto. Teto de remuneração de servidores. *Revista Trimestral de Direito Público*, nº 9, São Paulo: Malheiros, 1995.

HOLIDAY, Gustavo Calmon. A similaridade remuneratória entre as carreiras jurídicas – uma imposição constitucional. *Revista Jurídica da Associação dos Procuradores do Estado do Espírito Santo*. Rio de Janeiro: Lumen Juris, 2008.

HORTA, Raul Machado. *Estudos de direito constitucional*. Belo Horizonte: Del Rey, 1995.

JUSTEN FILHO, Marçal. As limitações constitucionais à remuneração do servidor público. *Revista Trimestral de Direito Público*, nº 10, São Paulo: Malheiros, 1995.

LOURENÇO, Álvaro Braga. Regime jurídico dos empregados das empresas estatais. *Direito administrativo empresarial*. Rio de Janeiro: Lumen Juris, 2006.

MADEIRA, José Maria Pinheiro. *Servidor público na atualidade*. 6. ed. Rio de Janeiro: Lumen Juris, 2007.

MAZZILI, Hugo Nigro. A isonomia de vencimentos à luz da Constituição de 1988. *Justitia – Órgão do Ministério Público de São Paulo*, nº 144.

MEDAUAR, Odete. *A processualidade no direito administrativo*. São Paulo: Revista dos Tribunais, 1993.

_____. *O direito administrativo em evolução*. 2. ed. São Paulo: Revista dos Tribunais, 2003.

_____. *Direito administrativo moderno*. 2. ed. São Paulo: Revista dos Tribunais, 2006.

MEIRELES, Ramiro de Campos. *A administração pública e o servidor público na constituição federal*. 2. ed. rev., atual. e ampl. Goiânia: AB, 2001.

MEIRELLES, Hely Lopes. *Direito administrativo brasileiro*. São Paulo: Malheiros, 2003.

MODESTO, Paulo. A reforma da previdência e a definição de limites de remuneração e subsídio dos agentes públicos no Brasil. *Revista Eletrônica de Direito do Estado*, Salvador, Instituto de Direito Público da Bahia, nº 1, jan./mar. 2004. Disponível em: <www.direitodoestado.com.br>. Acesso em: 21 de jan. 2005.

_____. Teto constitucional de remuneração dos agentes públicos: uma crônica de mutações e emendas constitucionais. *Jus Navigant*. Teresina, ano 6, nº 49, 1º fev. 2001. Disponível em: <http://jus.uol.com.br/revista/texto/328>. Acesso em: 19 jan. 2011.

MORAES, Alexandre de. *Direito constitucional administrativo*. São Paulo: Atlas, 2002.

MOREIRA, Egon Bockmann. *Processo administrativo*. São Paulo: Malheiros, 2007.

MOREIRA, João Batista Gomes. *Direito administrativo*: da rigidez autoritária à flexibilidade democrática. Belo Horizonte: Fórum, 2005.

MOTTA, Fabrício (Coord.). *Concurso público e Constituição*. Belo Horizonte: Fórum, 2005.

PONTES FILHO, Valmir. Parecer. Disponível em: <http://www.sindifiscal.com.br>. Acesso em: 20 fev. 2008.

POZZO, Antônio Araldo Ferraz Dal; MAZZILI, Hugo Nigro; BURLE FILHO, José Emmanuel. A isonomia de vencimentos na Constituição de 1988. *Justitia – Órgão do Ministério Público de São Paulo*, nº 147.

ROCHA, Cármen Lúcia Antunes. *Princípios constitucionais dos servidores públicos.* São Paulo: Saraiva, 1999.

_____. Ação afirmativa: o conteúdo democrático do princípio da igualdade jurídica. *Revista Trimestral de Direito Público*, 15, 1996.

_____. *Princípios constitucionais dos servidores públicos.* São Paulo: Saraiva, 1999.

SILVA, José Afonso da. *Curso de direito constitucional positivo.* São Paulo: Revista dos Tribunais, 1998.

_____. *Comentário contextual à Constituição.* São Paulo: Malheiros, 2005.

SUNDFELD, Carlos Ari. Inadmissibilidade da acumulação de cargo público com emprego em empresa estatal. *Revista de Direito Público*, São Paulo. v. 23, nº 93, p. 146-149, jan./mar. 1990.

TÁCITO, Caio. Acumulação de proventos – direito adquirido – constitucionalidade. *Revista de Direito Administrativo*, Rio de Janeiro, v. 242, p. 365-370, out./dez. 2005.

TAVOLARO, Agostinho Toffoli. A reforma tributária na Emenda Constitucional 42/2003. *Revista tributária e de finanças públicas*, São Paulo, v. 9, nº 41, p. 229-234, nov./dez. 2001.

TENÓRIO, Igor. Da troca de informações fiscais. *Consulex*, v. 5, nº 99, p. 54-56, fev. 2001.

TORRES, Ricardo Lobo. As emendas constitucionais nºs 41 e 42. *Curso de direito financeiro e tributário.* 9. ed. São Paulo: Saraiva, 2006.

VIEIRA DE ANDRADE, José Carlos. *Os direitos fundamentais na Constituição Portuguesa de 1976.* 3. ed. Lisboa: Almedina, 2006.

ZANCANER, Weida. Razoabilidade e moralidade: princípios concretizadores do perfil constitucional do estado social e democrático de direito. *Revista Diálogo Jurídico*. Salvador: CAJ – Centro de Atualização Jurídica, ano I, nº 9, dez. 2001. Disponível em: <www.direitopublico.com.br>. Acesso em: 26 fev. 2009.

Formato	17 x 24 cm
Tipologia	Charter 11/13
Papel	Offset Chambril Book 90 g/m² (miolo)
	Supremo 250 g/m² (capa)
Número de páginas	256
Impressão	Geográfica Editora